MARCOS MELLO FERREIRA PINTO

SISTEMA FINANCEIRO IMOBILIÁRIO BRASILEIRO, CONTRATOS E A CIRCULAÇÃO DE CRÉDITO

MARCOS MELLO FERREIRA PINTO

SISTEMA FINANCEIRO IMOBILIÁRIO BRASILEIRO, CONTRATOS E A CIRCULAÇÃO DE CRÉDITO

Del Rey
editora

Belo Horizonte
2018

EDITORA DEL REY LTDA
www.livrariadelrey.com.br

Editor: Arnaldo Oliveira

Editor Adjunto: Ricardo A. Malheiros Fiuza

Editora Assistente: Waneska Diniz

Diagramação: Alfstudio

Revisão: RESPONSABILIDADE DO AUTOR

Capa: Alfstudio

Editora / MG
Rua dos Goitacases, 71 – Loja 24A – Centro
Belo Horizonte-MG – CEP 30190-909
Comercial:
Tel.: (31) 3293 8233
vendas@editoradelrey.com.br
Editorial:
editoraassistente@editoradelrey.com.br

F383s Ferreira Pinto, Marcos Mello
Sistema financeiro imobiliário brasileiro, contratos e a circulação de crédito. / Marcos Mello Ferreira Pinto. Belo Horizonte: Del Rey, 2018.

252 p.
ISBN: 978-85-384-0512-2

1. Sistema Financeiro Imobiliário (Brasil) (SFI). 2. Direito imobiliário. 3. Contrato de financiamento. 4. Alienação fiduciária. I. Título.

CDD: 332.3223 CDU:336.732(81)(061.3)

Dedico este trabalho ao esforço e ao amor da minha família, irmãs e pais, que sempre me apoiaram e demonstraram incondicional amor e compreensão.

AGRADECIMENTOS

A meu pai, por sua dedicação a mim e pela possibilidade que me deu de me inscrever no mestrado em Lisboa. Seu esforço pessoal foi indispensável para que essa e muitas portas se abrissem na minha vida.

À minha mãe, pelo carinho e por acreditar, mesmo que não seja verdade, que sou o filho mais brilhante do mundo.

À Fernanda, minha companheira de vida e estudos, cuja admiração e amor me permitiram dedicar todos os fins de semana possíveis aos estudos, compreendendo os momentos em que não pude dar a ela a atenção devida.

À minha avó Alda e ao meu falecido avô Fernando, pela inspiração constante na luta pela vida e pelo amor familiar, que me deram, sem dúvida, a base necessária para toda a dedicação demandada nesse período.

Ao meu primo Julio Jeha, cuja colaboração nas barreiras linguísticas permitiu o enriquecimento do presente trabalho.

À Laura, por assumir durante todo esse tempo, de forma brilhante, os afazeres do escritório, cumulando minhas e suas obrigações para que eu pudesse ter mais tempo livre para a obra.

Ao Professor Dr. Romano Martinez, pela forma sempre amável e os calorosos debates e ensinamentos travados durante os seminários.

Por fim, ao meu orientador, Dr. Manuel Januário Costa Gomes, cuja presteza sem igual e orientação impecável permitiram a execução do presente trabalho.

PREFÁCIO

Apresentar a obra do Advogado e Professor Marcos Mello Ferreira Pinto – *Sistema Financeiro Imobiliário, Contratos e a Circulação de Crédito* – é motivo de especial honraria e satisfação.

Trata-se de dissertação com a qual o Professor Marcos conquistou o grau de Mestre pela Universidade de Lisboa.

Com a atenção voltada para as mais relevantes questões relacionadas à dinâmica da produção e da circulação de bens e serviços, o Professor Marcos dedicou seu estudo à análise crítica da reformulação legislativa que redesenhou a conformação dos negócios imobiliários.

A dissertação é marcada pela objetividade, simplicidade e concisão, com as quais o autor discorre sobre a evolução das figuras da fidúcia romana, da fidúcia germânica e do *trust*, bem como sua repercussão na moderna construção legislativa sobre a transmissão fiduciária nos sistemas legislativos de tradição romana, notadamente na Itália, França, Alemanha, Portugal e países da América espanhola.

Sobre essa base histórico-doutrinária o autor trata especificamente da natureza jurídica da propriedade fiduciária em garantia e sua aplicação nas operações de financiamento imobiliário, por meio dos contratos de alienação fiduciária de bens imóveis, de cessão fiduciária de direitos creditórios oriundos da comercialização de imóveis e de securitização de créditos imobiliários.

As características da garantia fiduciária de bem imóvel são exploradas de forma ampla, especialmente com vistas à sua aplicação no ambiente das incorporações imobiliárias, em relação ao qual o autor destaca as semelhanças e dessemelhanças entre a promessa de compra e venda com pagamento parcelado e a compra e venda com pagamento parcelado e pacto adjeto de alienação fiduciária, advertindo para a confusão que na prática, vez por outra, se verifica em relação aos efeitos da extinção desses diferentes contratos.

Como bem salienta o autor, não há como tratar indistintamente espécies contratuais de natureza diversa, sobretudo em relação à promessa de venda e ao financiamento com pacto adjeto de alienação fiduciária, para as quais há regimes jurídicos específicos, instituídos por leis especiais, que definem modos peculiares de extinção, compatíveis com as distintas estrutura e função desses contratos.

A promessa de compra e venda tem por objeto a transmissão da propriedade, é contrato autônomo, cuja formação e execução independe de qualquer outro contrato; já a alienação fiduciária em garantia é contrato acessório, cuja existência depende da existência de outro contrato, que é aquele pelo qual se constitua a obrigação a ser garantida. Disso resulta que a extinção do contrato por inadimplemento da obrigação do devedor importa, no caso da promessa, em resolução, com o retorno das partes ao estado anterior e a consequente recuperação da propriedade plena pelo promitente vendedor, que restitui as quantias pagas pelo inadimplente, deduzida a multa e demais encargos. Diferente é a extinção do contrato de financiamento com garantia fiduciária, que se efetiva mediante realização de dois públicos leilões, visando converter o imóvel em dinheiro para pagamento do credor-fiduciário, que entrega ao devedor o saldo porventura aí apurado.

O procedimento de extinção do contrato de financiamento com garantia fiduciária segue rito que, ressalvadas as particularidades típicas da propriedade resolúvel, é coerente com os princípios comuns a qualquer execução do crédito, pelos quais o credor-fiduciário leva a leilão o bem vinculado ao cumprimento da obrigação e se apropria do *quantum* necessário ao pagamento da dívida, tal como regulado pelo art. 685-A do Código de Processo Civil. [1]

A partir dessa configuração, o autor discorre sobre as consequências do inadimplemento da obrigação do devedor-fiduciante e estabelece cotejo entre a norma que regula o leilão do bem objeto da garantia fiduciária e a norma do art. 53 do Código de Defesa do Consumidor – CDC, segundo o qual é nula a cláusula que, em caso de extinção do contrato por inadimplemento da obrigação do devedor, preveja a perda total das quantias pagas em razão de promessa de compra e venda e de compra e venda com pacto adjeto de alienação fiduciária.

---

1 *Dispositivo correspondente no CPC de 2015: art. 876, caput*

O cotejo permite perceber a inexistência de conflito entre essas normas, sobretudo porque o leilão é procedimento típico de acertamento de haveres entre credor e devedor, dado que viabiliza a apuração de valor suficiente para satisfação do crédito e de saldo a ser entregue ao devedor. Nesse sentido, o autor invoca a jurisprudência dominante, segundo a qual a eventual restituição ao devedor deve observar o critério definido no art. 27 da Lei nº 9.514/1997 em razão da sua adequação e especificidade.[2]

Outro aspecto suscitado pelo autor é a exoneração da obrigação do devedor de pagar o saldo remanescente, caso não se apure no leilão quantia suficiente para pagamento da dívida. O perdão da dívida é mecanismo de compensação que só se justifica em casos merecedores de proteção especial, como, por exemplo, os financiamentos habitacionais destinados à população de baixa renda, não se justificando nos financiamentos de moradias de padrão alto, nem nas operações de consórcio e muito menos nos financiamentos para atividades empresariais em geral.

Em relação aos consórcios, o perdão da dívida beneficiaria individualmente a pessoa do consorciado-devedor, mas causaria prejuízo irreparável a toda a comunidade dos demais participantes do grupo, pois essas pessoas é que teriam que pagar, por rateio, o saldo devedor não amortizado pelo consorciado inadimplente. Essa lacuna já foi preenchida pela Lei nº 11.795/2008 relativamente às operações dos consórcios, mas persiste em relação aos demais financiamentos de valor superior ao das habitações de interesse social, justificando-se a alteração do § 5º do art. 27 da Lei nº 9.514/1997 para limitar o perdão da dívida às operações de financiamento de imóvel habitacional cujo valor não exceda a 700 salários mínimos e, bem assim, para excluir desse benefício as operações de financiamento não habitacional.

Mereceu apreciação especial do autor a questão relativa à definição do preço do imóvel para efeito do leilão e, nesse aspecto, merece maior atenção a aplicação do requisito estabelecido pelo inciso VI do art. 24 da Lei nº 9.514/1997, segundo o qual o contrato de alienação fiduciária deve conter "a indicação, para efeito de venda em público leilão, do valor do imóvel e dos critérios para a respectiva revisão."

---

2 AgRg no Agravo de Instrumento nº 932750/SP, relator Ministro Hélio Quaglia Barbosa, 4ª Turma do STJ, DJU 8/2/2008.

A disposição legal que determina que as partes indiquem o preço do imóvel para leilão e lhes faculta definir "critérios para a respectiva revisão" abre a mais ampla perspectiva de qualquer forma de aferição de valor, viabilizando, assim, a escolha de critério de avaliação capaz de assegurar o necessário equilíbrio da relação obrigacional no momento do acertamento de haveres decorrente da extinção do contrato.

Esses e outros relevantes aspectos suscitados pelo Professor Marcos qualificam sua dissertação como importante contribuição para o estudo do moderno sistema de garantias e a tornam obra de extraordinária utilidade para estudantes e profissionais que cada vez com maior frequência têm de enfrentar, estudar e resolver inúmeras e variadas situações relacionadas ao assunto, que, sendo atual e candente, tem permeado grande parte dos negócios creditícios celebrados no país.

Melhim Namem Chalhub

SUMÁRIO

1

INTRODUÇÃO

O setor bancário e o da construção civil encontravam-se absolutamente divorciados no Brasil da década de 1990. O financiamento ao setor imobiliário, fosse para aquisição de moradias ou de imóveis comerciais, era residual. As instituições financeiras, diante de uma série de fatores jurídicos e institucionais (risco judicial), não tinham segurança ou confiança nos instrumentos existentes para garantir seus investimentos e financiamentos.

A hipoteca, no Brasil, instituto milenar de garantia real de bens imóveis, encontrava-se, e encontra-se, desmoralizada. Entre os fatores que levaram à perda de confiança dos credores na hipoteca pode-se citar:

a) a inoponibilidade da hipoteca em relação aos créditos tributários e trabalhistas em uma eventual falência, antes do advento da Lei nº. 11.101, de 9 de fevereiro de 2005;

b) a súmula 308 do STJ, que torna inoponível a hipoteca celebrada para financiar a construção e compra do terreno aos compradores das unidades incorporadas: "A hipoteca firmada entre a construtora e o agente financeiro, anterior ou posterior à celebração da promessa de compra e venda, não tem eficácia perante os adquirentes do imóvel";

c) a morosidade do procedimento judicial de execução hipotecária para recuperação dos créditos vencidos e não pagos;

d) a ausência de um título eficaz para as instituições financeiras captarem recursos no mercado investidor para financiar a aquisição de imóveis.

O primeiro obstáculo citado, que contribuiu de forma substancial para a elaboração da Lei nº. 9.514/97, perdeu sua relevância em face da nova lei de falências introduzida no ordenamento brasileiro em 2005, a qual permitiu o efetivo exercício do direito de preferência do credor hipotecário na falência do devedor. Entretanto, faz parte do contexto histórico para formação do instituto da alienação fiduciária de bens imóveis em garantia a compreensão das limitações existentes na época para o financiamento imobiliário pela tradicional forma de garantia hipotecária.

A súmula 308 do STJ teve um efeito ainda mais devastador para a união entre o setor financeiro e o da construção civil, pondo por terra a oponibilidade da hipoteca aos adquirentes das unidades incorporadas. Os bancos financiavam as construtoras na compra de terrenos e na posterior incorporação e construção de unidades. Em garantia desse financiamento, recebia, em hipoteca, o imóvel adquirido, com suas acessões futuras.

Em decorrência da súmula 308 do STJ, entretanto, os compradores das unidades ficavam desobrigados de cumprir o contrato de hipoteca. Ou seja, o banco, que tinha o terreno como garantia real da dívida, passava a ter somente um crédito quirografário e sem qualquer garantia, fora a pessoal, em relação ao financiamento efetuado para o empreendimento. A lógica econômica do negócio seria tal que a instituição financeira, ao emprestar os recursos à construtora-incorporadora para aquisição do terreno e construção, iria garantir o empréstimo por meio de hipoteca. Os adquirentes pagariam uma parte do preço à construtora e outra ao banco financiador para quitação da hipoteca celebrada pela construtora.

Nesse caso, qual seria a segurança do banco ao financiar a construção? Nenhuma. Tal falta de segurança jurídica, negada em instituto tão secular como a hipoteca, em nome da proteção ao consumidor, impossibilitava ou dificultava o financiamento bancário ao setor imobiliário.

Para solucionar o problema, a Lei nº. 9.514/97 criou a figura do patrimônio de afetação ou patrimônio em separado. O referido instituto ainda aguarda sua prova de fogo nos tribunais brasileiros, não se podendo afirmar qual será a posição do Judiciário em relação à matéria, face à súmula 308 do STJ.

O terceiro fator para a perda de confiança do setor bancário na hipoteca como instrumento eficaz para garantir os mútuos para aquisição de imóveis decorre de problemas institucionais do Judiciário brasileiro. A execução hipotecária é morosa. O tempo necessário para a constrição e expropriação do bem do devedor hipotecário inadimplente, em uma execução hipotecária, é extremamente elevado e incompatível com as necessidades e o princípio da rapidez do Direito bancário.[1]

Por outro lado, como quarto fator, as instituições financeiras não tinham instrumentos jurídicos eficazes para captar recursos para aplicação no financiamento de imóveis. Faltava no ordenamento jurídico brasileiro uma regulamentação adequada para securitização e títulos sólidos representativos dos créditos hipotecários (imobiliários). Os certificados de recebíveis imobiliários, títulos de crédito nominativos, criados pela Lei nº. 9.514/97, tinham por objetivo gerar instrumentos eficientes para cessão dos créditos das alienações fiduciárias e, assim, captar novos recursos para aplicação no referido sistema.[2]

Sendo que uma série de obrigações e encargos financeiros do fiduciante devedor tem sua origem nos certificados de recebíveis imobiliários – CRI e no procedimento de securitização, o objetivo da lei é claro em garantir que esses títulos (CRI) sejam pagos com o produto das alienações fiduciárias que os garantem. O inadimplemento generalizado ou quebra da estrutura jurídica da alienaçao fiduciária e das obrigações assumidas pelos fiduciantes, pela interferência do Judiciário na economia dos contratos, poderá gerar, no Brasil, uma crise sistêmica nas proporções da crise dos Estados Unidos da América nos anos de 2008 e 2009, embora não se trate de garantias hipotecárias de segunda linha (*subprime*).

O sucesso da Lei nº. 9.514/97 é inegável no Brasil. Nunca se financiou tanto a aquisição de bens imóveis pelas instituições financeiras. Mas o Código de Defesa do Consumidor representa um risco oculto e que passou à margem das instituições financeiras, em decorrência da bonança econômica de 2006 a 2014. O artigo 53 do Código de Defesa do Consumidor (CDC) prevê a devolução das prestações pagas pelo fiduciante no caso da resolução do contrato. Um dos focos do presente trabalho é estudar a aplicação do citado artigo ao contrato de alienação fiduciária em garantia de bem imóvel, concluindo por sua aplicabilidade ou inaplicabilidade e especular sobre os efeitos dessa questão no Sistema Financeiro Imobiliário como um todo.

---

1 O problema não é exclusivamente brasileiro. Segundo António Menezes de Cordeiro, "em agosto de 2005, estimava-se em mais de 60.000 o número das execuções hipotecárias paralisadas" (Manual de Direito Bancário, p. 161) em Portugal.

2 A securitização e os certificados de recebíveis imobiliários também fazem parte do projeto de dissertação, devendo ser estudados de forma integrada com a alienação fiduciária em garantia de bens imóveis.

1.1 A SOLUÇÃO BRASILEIRA, ALIENAÇÃO FIDUCIÁRIA EM GARANTIA DE BENS IMÓVEIS. SISTEMA FINANCEIRO IMOBILIÁRIO – LEI Nº. 9.514/97.

Os recursos são escassos. Nessa premissa assenta-se a busca, no mercado, pelos recursos necessários à execução das mais variadas atividades produtivas do homem moderno. O mercado, diante das diversas oportunidades existentes, direciona seus recursos para as aplicações com a melhor relação entre risco e rentabilidade (mais-valia).

Até a criação dos certificados de recebíveis imobiliários (CRI) e do sistema financeiro imobiliário (SFI), o setor da construção civil não tinha instrumentos para concorrer pelos recursos necessários para a execução de seus objetivos sociais na escala demandada pela sociedade brasileira. O sistema criado pela lei possibilitou ao setor imobiliário uma aproximação com o sistema financeiro para captar os recursos necessários ao atendimento dos anseios sociais em busca da satisfação do direito à moradia (art. 23, inciso IX, Constituição da República) e da dignidade da pessoa humana (art. 1º., inciso III, Constituição da República).

No mercado de capitais e no sistema financeiro modernos, em que há uma crescente necessidade de simplificação e agilidade nas transações, o negócio fiduciário encontrou um campo vasto para ser aplicado e utilizado. Há muito, influenciado pelo poderio econômico dos Estados Unidos da América e a larga utilização do *trust* anglo-saxão, o setor financeiro vem lançando mão dos negócios fiduciários, seja na gestão de fundos ou como garantia.

No Brasil dos anos 60 iniciou-se a adoção de instrumentos jurídicos que buscavam "importar" o *trust* para o Direito pátrio, em especial no setor financeiro. As leis n º. 4.728 de 1965 e n º. 4.864 de 1965 instituíram no Brasil dois negócios fiduciários: a alienação fiduciária em garantia de bens móveis e a cessão fiduciária de direitos creditórios.

O negócio fiduciário, recebido de forma ampla no mercado de capitais e no financeiro, por ser um instrumento que exerce importante papel na expansão do crédito, como garantia contratual e na gestão de capitais, por intermédio dos fundos de investimentos, representa um contrato essencial ao sistema financeiro do país.

As qualidades do negócio fiduciário, quais sejam, velocidade, flexibilidade e simplicidade, fizeram com que a fidúcia se tornasse instrumental na captação de recursos necessários à expansão do setor imobiliário, tão ávido por capital, contribuindo para a geração de empregos e a expansão econômica nacional da primeira década do século XXI.

O sistema financeiro imobiliário foi concebido para suprir uma série de deficiências no sistema público de financiamento habitacional, com recursos dos cofres públicos ou geridos por entes públicos. A legislação regulamentou a criação de companhias securitizadoras em moldes similares às dos Estados Unidos da América, com a finalidade de aquisição e securitização de créditos imobiliários em geral e a emissão e colocação de certificados de recebíveis imobiliários no mercado financeiro. A lei buscou criar uma solução de mercado para o conhecido déficit habitacional brasileiro, fomentando, por meio desse arcabouço jurídico, um sistema seguro, rápido e eficiente para o sistema financeiro captar recursos e emprestá-los às pessoas que desejem adquirir bens imóveis.

A peça central desse sistema é o contrato de mútuo com garantia fiduciária de um bem imóvel. O sistema foi concebido, em linhas gerais, da seguinte forma: 1) as incorporadoras e construtoras constroem e vendem as unidades, exercendo estritamente sua função social; 2) as instituições financeiras ou as próprias construtoras financiam a aquisição do imóvel à massa de consumidores por meio de contratos padronizados e cercados de garantias legais, ou seja, mútuos com garantia por alienação fiduciária; 3) os vários contratos de mútuo garantidos por alienação fiduciária são cedidos pelos financiadores às instituições financeiras ou companhias securitizadoras que remuneram às cedentes; 4) a instituição cessionária reúne os créditos dos diversos mútuos garantidos por alienação fiduciária em um único título (certificado de recebíveis imobiliários – CRI) procedendo à chamada securitização, alienando esses títulos no mercado para os poupadores e captando novos recursos para serem aplicados ao sistema.

Para a compreensão do SFI, é necessário perceber que há um circuito entre os compradores dos imóveis e a poupança popular. A rentabilidade das aplicações na poupança, realizadas pelo conjunto da sociedade nas instituições financeiras, dependerá do sucesso nas execuções dos contratos que financiam a aquisição dos imóveis. No SFI existe uma verdadeira solução de mercado, em que o financiamento com participação do Estado fica dispensado. Em decorrência desse circuito, qualquer modificação na estrutura jurídica dos negócios e no equilíbrio econômico dos contratos afetará, em último plano, a poupança popular (as aplicações financeiras).

O alerta para a necessidade dessa abordagem sistêmica do SFI torna-se importante para setores do Judiciário, que costuma, *data venia*, ter uma visão negativa dos contratos. Quando o Judiciário for chamado a intervir nas relações contratuais existentes no SFI, em nome de uma pseudoproteção do consumidor individual, terá de perceber que, se modificar o equilíbrio econômico dos contratos, estará atingindo, em última instância, a poupança popular.

O ciclo é mais facilmente compreendido com um exemplo prático. Suponhamos que o Judiciário, em nome da defesa do consumidor, entenda que uma determinada cláusula do contrato de mútuo garantido por alienação fiduciária seja abusiva, reduzindo, digamos, os juros do contrato. Ao aplicar o Direito de forma míope sobre aquele caso individual, solucionando a eventual dificuldade de um único consumidor, o Judiciário estará, na verdade, causando prejuízos, não aos bancos e às construtoras, mas à poupança popular, que tem suas aplicações remuneradas pelos CRIs.

2

O DIREITO BANCÁRIO E A ALIENAÇÃO FIDUCIÁRIA EM GARANTIA DE BENS IMÓVEIS

O contrato de alienação fiduciária em garantia, peça central do Sistema Financeiro Imobiliário (SFI), não é exclusivo das instituições financeiras. Entretanto, é preciso verificar se o SFI, como um todo, segue a lógica dos princípios do Direito bancário a ponto de se poder classificá-lo com um contrato bancário ou de natureza bancária, em decorrência das observações dos princípios desse ramo do Direito.

2.1 PRINCÍPIO DA SIMPLICIDADE

É o princípio pelo qual os contratos celebrados pelos sistemas financeiros, e dentro deles, devam procurar um ideal de simplicidade comercial. Todas as exigências formais devem ser as mais simples possíveis, seja nos controles administrativos, fiscais, registro e na formalização dos atos praticados, reduzindo-se aqueles entraves burocráticos aos negócios, que representam um aumento do custo de oportunidade.

Por isso, as disposições do SFI que venham reduzir a burocracia e os formalismos aos atos seguem esse princípio, como, por exemplo, na forma meramente escritural dos títulos representativos dos créditos imobiliários ou na possibilidade de cessão de créditos decorrentes dos negócios imobiliários por mero endosso em um título representativo do crédito. A dispensa de escritura pública para a celebração da alienação fiduciária e dos contratos de compra e venda de imóveis financiados dentro do SFI, permitindo-se adotar um instrumento particular escrito, é outro fator observado pelo legislador para atender ao princípio da simplicidade do Direito bancário.

2.2 PRINCÍPIO DA RAPIDEZ

A rapidez decorre da necessidade de tornar mais eficaz a prática de atos e facilitar a tomada de decisão. A rapidez bancária é atingida pela normatização dos atos praticados, permitindo descentralizar as decisões. Se os atos são sempre praticados dentro de um conjunto de normas predeterminadas, a decisão será sempre mais fácil. Um correlato disso é a adoção das cláusulas contratuais gerais e dos contratos por adesão. Para garantir agilidade nas negociações, as instituições procuraram sempre adotar modelos e fórmulas para tornar mais rápida a atuação dos seus órgãos.

Além da adoção de formas predeterminadas, a rapidez bancária também se manifesta na busca constante por tornar as transações desmaterializadas, sem a necessidade de tradição de documentos, se fazendo por atos escriturais informatizados, quando possível.

2.3 PRINCÍPIO DA PONDERAÇÃO BANCÁRIA

É o princípio da prevalência da realidade patrimonial. A banca deve ponderar os riscos e as garantias e decidir a forma de contratar. Quanto melhor a garantia, mais fácil será a decisão do financiador de emprestar; na outra linha, quanto piores e ineficientes as sanções advindas da execução de uma garantia, mais desmotivada estará a banca a emprestar.

No SFI procurou-se motivar a banca a financiar a aquisição de bens imóveis, criando-se uma garantia eficiente e que propiciasse uma rápida recuperação do crédito em caso de incumprimento do devedor. Assim, a banca, que teria dúvidas de emprestar recebendo em garantia uma hipoteca, poderá facilmente conceder o mesmo empréstimo se receber em garantia a propriedade imobiliária, por meio da alienação fiduciária, já que, como veremos, oferece melhores ferramentas na execução da garantia.

3

O NEGÓCIO FIDUCIÁRIO CLÁSSICO E FIDÚCIAS MODERNAS

3.1 CONCEITO DE NEGÓCIO FIDUCIÁRIO CLÁSSICO

A alienação fiduciária é espécie do gênero negócio fiduciário. Antes de passar à espécie precípua, objeto desse trabalho, há de se observar o gênero. Para alguns autores, como Pedro Pais de Vasconcelos[1], não há como definir ou conceituar fidúcia. Segundo o referido autor, melhor seria uma descrição geral dos elementos que, presentes, caracterizariam a fidúcia. O contrato fiduciário é descrito como um contrato atípico, construído geralmente por referência a um tipo contratual conhecido susceptível de ser adaptado a uma finalidade diferente da sua própria, por meio de uma convenção obrigacional de adaptação. Constitui um único negócio e não uma dualidade negocial. Nem sempre, se bem que mais frequentemente, integra **uma atribuição real ou patrimonial ao fiduciário**. Por vezes, é construído por uma omissão, de uma atribuição por omissão.

Isso permite, ao fiduciante, que a titularidade da coisa ou do direito se mantenham no fiduciário, quando lhe deveriam ser transmitidos. "Pode também a atribuição patrimonial consistir não **na investidura do fiduciário numa situação jurídica real**, obrigacional ou outra, do fiduciário, tendente à **prossecução de finalidades** não incluídas entre as próprias dos negócios tipificados. Contém um projeto interno de justiça tipicamente baseado sobre a confiança. Pode ser atuada egoísta ou altruistamente, assim como **pode funcionar a favor do fiduciante, do fiduciário ou de terceiro**. Tanto opera como atribuições causas como com atribuições abstratas, como, por exemplo, em Direito cam-

---

1 VASCONCELOS, Pedro Pais de. *Contratos atípicos*. Lisboa: Ed. Almedina, 2002. p. 254 e ss.

biário. Desempenha no ordenamento jurídico uma função genética de novos tipos contratuais, constitui o expoente máximo da autonomia privada e integra-se fundamentalmente em termos de equidade e boa fé".[2]

No Direito brasileiro, possivelmente em decorrência da tipificação de algumas formas de negócios fiduciários os doutrinadores têm procurado dar uma definição mais precisa ao negócio fiduciário, mesmo que seja mais restritivo que a discrição geral adotada no Direito comparado.

Para Melhim Namem Chalhub, "a fidúcia encerra a idéia de uma convenção pela qual uma das partes, o *fiduciário*, recebendo da outra (*fiduciante*) a propriedade de um bem, assume a obrigação de dar-lhe determinada destinação e, em regra, de restituí-lo uma vez alcançado o objetivo enunciado na convenção". [3] Mais adiante o autor completa:

> Assim, o negócio de natureza fiduciária é negócio bilateral composto por dois acordos que criam uma situação *sui generis*, pela qual uma parte (alienante-fiduciante) transmite a propriedade de certos bens à outra parte (adquirente-fiduciário), que, embora passando a exercer os direitos de proprietário, *erga omnes*, assume, no campo obrigacional, nas suas relações com o fiduciante, o dever de dar os bens adquiridos a destinação determinada pelo próprio fiduciante e com este acordada na forma do citado pacto adjeto.

Assim, para Chalhub, o negócio fiduciário se caracteriza pela presença da transferência do domínio e pela criação de um conjunto de obrigações referentes à destinação do patrimônio transferido.

José Carlos Moreira Alves define a fidúcia como:

> o contrato pelo qual alguém (o fiduciário) recebe de outrem (o fiduciante) a propriedade de uma coisa infungível, mediante a *mancipatio* ou a *in jure cessio*, obrigando-se, de acordo com o estabelecido num pactum oposto ao ato de entrega, a restituí-la ao fiduciante, ou dar-lhe determinada destinação. Tratando-se de contrato real, bilateral, imperfeito, de boa-fé.[4]

Tem-se, com base nos elementos característicos, que a fidúcia é uma convenção bilateral pela qual o fiduciário recebe do fiduciante a titularidade de

---

2 VASCONCELOS, Pedro Pais de. *Contratos atípicos*. Lisboa: Ed. Almedina, 1995. p. 259.

3 CHALHUB, Melhim Namen. *Negócio fiduciário*. Rio de Janeiro: Ed. Renovar, 1998. p. 11.

4 ALVES, José Carlos Moreira. *Direito romano*. 5. ed. Rio de Janeiro: Forense, 1995. vol. 3, p. 143.

um ou mais bens e direitos individualizados ou individualizáveis, assumindo a obrigação de lhes dar um destino específico. Esses bens e direitos constituirão um patrimônio em separado do patrimônio pessoal do fiduciário, obrigando-se o fiduciário a exercer a propriedade dentro dos limites e para obtenção dos objetivos estabelecidos no pacto fiduciário, em benefício do fiduciante ou de quem ele indicar (beneficiário).

3.2 FIDÚCIA ROMANA

O negócio fiduciário tem raízes históricas no Direito romano. No ordenamento jurídico romano existiam duas formas de fidúcia, a *cum creditore* e a *cum amico*. Apesar de terem contornos jurídicos bem diferentes da fidúcia moderna, o seu estudo é importante para compreensão do instituto jurídico em questão.

A fidúcia romana, como Gaio a define, é constituída por uma atribuição real recebida pelo fiduciário com a obrigação de restaurar o bem ao patrimônio do alienante, após a conclusão dos objetivos da fidúcia. Segundo Giuseppe Messina, a fidúcia romana era uma *mancipation* pactuada com a obrigação do adquirente de *remancipare*, indicando que se dava pela *mancipatio* ou pela *in iure cessio*.[5]

A fidúcia romana não tinha natureza real, mas obrigacional. Diante da infidelidade do fiduciário, cabia ao fiduciante apenas ação para exigir o cumprimento da obrigação. Dado a sua natureza, o fiduciante não poderia reivindicar a coisa, já que a propriedade atribuída ao fiduciário era plena. Ele podia vender ou dar destinação diversa da pactuada, somente respondendo de forma pessoal pela infidelidade. O fiduciante não tinha ação real para opor-se à destinação diversa da pactuada pelo fiduciário. Entretanto, a *usureception fiduciae* permitiu a retomada do bem alienado em um contrato de fidúcia, desde que estivesse, ainda, na esfera patrimonial do fiduciário.[6]

Como já referido, no Direito romano havia duas espécies de fidúcia: a fidúcia *cum creditore*, em que o bem era transmitido pelo devedor (fiduciante) ao credor (fiduciário), o qual se comprometia a restituir o bem após o pagamento

---

5 1941, p. 107.

6 CRUZ, Sebastião Costa. *Direito romano*. Coimbra: Almedina, 1969. p. 243.

da dívida e a fidúcia *cum amico*, em que o bem era transmitido para o fiduciário para guarda, conservação e gestão para posterior restauro ao patrimônio do fiduciante, quando cessadas as condições pactuadas e que deram causa à fidúcia.

Observa-se que, nas duas espécies de fidúcia do Direito romano, a transmissão da propriedade era plena ao fiduciário. O bem transmitido ao fiduciário integrava seu patrimônio, respondendo, inclusive, pelas obrigações pessoais do fiduciário.

3.3 FIDÚCIA GERMÂNICA

A fidúcia germânica diferenciava-se da fidúcia romana quanto à natureza da transmissão. O fiduciante transmitia a coisa sob condição resolutiva. Na fidúcia germânica, especialmente quando não tinha função de garantia, existia um intermediário denominado *salmann*, que recebia o bem do alienante e comprometia-se a retransmiti-lo ao beneficiário adquirente. O *Salmann* era fiduciário do bem com direito real sobre a coisa transmitida. Entretanto, o direito real era limitado pela *contracarta* ou *pacto fiduciário*. Visto que a propriedade do fiduciário era resolúvel e não plena, o fiduciante ou os beneficiários tinham ação real sobre a coisa para revê-la. Assim, era tida como ineficaz a venda arbitrária feita pelo fiduciário a terceiro.

Atualmente, no Direito alemão, o fiduciário é conhecido como *Treuhänder*. Larenz, citado por Vasconcelos, define a fidúcia germânica atual como um contrato pelo qual "o fiduciante confia em administração ao fiduciário um objeto do seu patrimônio, isto é, lhe transfere de tal modo que o fiduciário deve exercer em seu próprio nome o direito transmitido, mas não utilizá-lo em seu proveito próprio".[7] Aliás, a utilização da propriedade estava limitada pelo conteúdo da contracarta. Tal limitação dá eficácia real ao negócio. Segundo Chalhub, o caráter resolutório da propriedade transferida ao fiduciário tinha eficácia *erga omnes*, tendo o fiduciante ação real sobre a coisa.[8]

7 LARENZ, Karl, citado em VASCONCELOS. *Contratos atípicos*, p. 266.

8 1998, p. 19.

Na atualidade do Direito alemão, Eden distingue três formas de negócio fiduciário: a *Verwaltungstreuhand*, a *Sicherrungstreuhand* e a *Nutzungstreuhand*.[9] As duas primeiras são fidúcia em administração e garantias respectivamente. A *Nutzungstreuchand* é a uma forma de fidúcia em garantia em que credor e devedor transferem o bem a um terceiro, de confiança de ambos. A fidúcia, nesse caso, será em relação ao devedor em garantia e em relação ao credor em administração do bem dado em fidúcia.

Entretanto, a construção da fidúcia germânica por Schultze, baseada na propriedade resolúvel, não teve aplicação prática. Segundo STEFAN GUNDMANN[10] e PESTANA DE VASCONCELOS[11], em regra, os contratantes optam no Direito alemão pela fidúcia de tradição romana, em decorrência das limitações que a propriedade resolúvel pode oferecer aos negócios fiduciários para administração.

3.4 TRUST

O *trust* teve origem nas práticas (*use*) das ordens religiosas estabelecidas na Inglaterra, em decorrência dos gravames, restrições e limitações à propriedade da terra próprios do sistema feudal. As ordens religiosas transmitiam a titularidade dos bens a pessoas que tinham a capacidade de serem proprietários de terra (*seised).* Ao tornarem-se titulares (*legal tenants),* assumiam uma obrigação, prestando um juramento para usar os bens em proveito das ordens religiosas.

A *common law* não tutelava as questões do *use;* o beneficiário não tinha nenhum direito real ou pessoal contra aquele em que pôs confiança *(trust).* Quando os fiduciantes (*cestui que use)* buscavam a tutela de seus direitos contra o fiduciário (*feofee in use)* infiel tinham de recorrer à tutela jurisdicional do chanceler (normalmente doutores em Direito canônico) que, por intermédio da *equity*, aplicavam sua noção de justiça, protegendo o *cestui que use.* O *use*,

---

9 EDEN, *Treuhandschaft*, p. 26-27, citado em VASCONCELOS. *Contratos atípicos*, p. 284.

10 STEFAN GRUNDMANN, *Der treuhandvertrag, insbesondere die werbende Treuhand.* Müchen: C.H. Beck, 1997, p. 297.

11 VASCONCELOS, Luís Miguel D. P. Pestana de. *A cessão de créditos em garantia e a insolvência – em particular da posição do cessionário na insolvência do cedente.* Coimbra: Coimbra Editora, p. 46.

assim, com base no Direito canônico aplicado pelo chanceler, desenvolveu-se no instituto que hoje é conhecido como *trust*.

A Chancelaria impôs normas à prática do *use* para obrigar o fiduciário a restituir o bem ao fiduciante. O chanceler, diante dos pedidos dos *cestui que use*, determinava a devolução dos bens pelo *feofee in use*, sob pena de prisão. Essa pena acabou por criar, dentro da *equity*, a confiança no cumprimento das obrigações no *use*.

O instituto atual do *trust* tem como marco inicial o *Trustee Act* de 1893. Por meio desse marco regulatório, o *trust* tomou as feições modernas pelas quais institui-se o *trust* pela transmissão da propriedade dos bens para o *trustee*, que assume obrigações de administrá-los, na forma do contrato, em favor de um beneficiário ou do fiduciante. Entre as obrigações do *trustee* está a de restituir o patrimônio ao beneficiário ou fiduciante, uma vez implementadas as condições do contrato.

O instituto atual do *trust* assenta-se por força das imposições da Corte em um modelo rígido de confiança e consciência do *trustee*. A Corte, no Direito inglês, faz uma construção mista entre o que poderia ser, para os sistemas continentais, direito obrigacional e direito real. Para a Corte, o direito de propriedade do *trustee* somente é limitado pela consciência do *trustee* de faltar com sua função ou de abusar dela. Diga-se, os atos praticados pelo *trustee* dentro dos limites do *trust* reputar-se-ão válidos. O beneficiário, por outro lado, somente terá direito a reivindicar a coisa se o *trustee* violar a confiança, praticando ato de disposição do bem a título gratuito. Diante de uma alienação onerosa do bem dado em *trust* a terceiro de boa-fé, que desconhece a existência do *trust*, a Corte tem entendido que o beneficiário perde todos os direitos sobre o bem, podendo somente reembolsar-se do valor do negócio.

Assim, a consciência do *trustee* de estar agindo dentro dos limites do *trust* dá, aos negócios praticados, validade jurídica, inclusive quanto aos atos de alienação do bem dado em *trust* (confiança). Se os atos são praticados dentro do limite do *trust* e diante de terceiro de boa-fé, a propriedade do *trustee* é plena, não podendo ser diferenciada da propriedade que não seja afetada por nenhum limite.[12]

---

12 WORTLEY, B. A. Le trust et ses applications modernes en droit anglais. *Revue Internationale de Droit Comparé*, 1962. p. 699.

No Direito anglo-saxão, diferente do Direito continental, a propriedade é passível de desmembramento, podendo existir mais de um direito de propriedade sobre a mesma coisa. Dentro dessa construção, o *trustee* tem o *legal title* sobre o bem que possui para os fins e nos limites estabelecidos pelo *settlor* ou pela Corte. O beneficiário também tem um direito de propriedade sobre a mesma coisa chamado de *equitable* ou *beneficial title* (propriedade econômica).[13]

Ao definir o *trust*, Phillip H. Pettit esclarece essa dicotomia da propriedade, atribuindo ao *trustee* a propriedade nominal ou legal, enquanto o *cestui que trust* é o proprietário substancial ou real. [14] A dupla propriedade sobre o mesmo bem não deve ser confundida com condomínio ou enfiteuse. Cada proprietário tem direito exclusivo e real sobre o mesmo bem (propriedade de fruição e propriedade de garantia). Entretanto, a propriedade do *trustee* é relativa e limitada ao fim para qual foi constituída.

Além do direto real decorrente da dicotomia da propriedade, a instituição do *trustee* na propriedade do bem é baseada na confiança que o *settlor* tem na pessoa do *trustee* e no conjunto de normas, deveres, imposições e coerções impostas pela Corte. O tribunal, ao decidir as questões atinentes ao *trust*, acabou por criar uma série de regras para o *trustee*, que aumentaram a confiança do *settlor*, ou seja, além da fidúcia na pessoa do *trustee*, o *trust* assenta-se na confiança do próprio instituto jurídico. Assim, são dois os elementos que garantem o beneficiário: o direito real (propriedade econômica) e a certeza da tutela da Corte na defesa de seus interesses.

Assim, nos dizeres de Hart,[15] o *trust* moderno tem os seguintes elementos caracterizadores: 1) existência de uma obrigação contratual ou imposta pela Corte (lei); 2) restrições ao poder jurídico que o *trustee* tem sobre o patrimônio do *trust;* 3) a separação entre a propriedade útil (econômica) e a *legal title*;

---

13 HANBURY, Harold Greville; MAUDSLEY, Ronald Harling. *Modern equity*. 12. ed. London: Stevens, 1985. p. 113.

14 PETTIT, Phillip H. *Equity and the law of trust*. 7th ed. London: Butterworths, 1980, p. 23: "A trust is an equitable obligation, binding a person (who is called a trustee) to deal with property over which he has control (which is called the trust property) either for the benefit of persons (who are called the beneficiaries or cestuis que trust of whom he may himself be one, and any of whom may enforce at the instance of the Attorney General, or for some other purpose permitted by law though enforceable."

15 HART, Walter G. What is a trust? *The Law Quarterly Review*, v. 15, n. 59, July 1899, p. 48.

4) a legitimidade de qualquer dos beneficiários para exigir o cumprimento das obrigações assumidas pelo *trustee.*

Uma indagação comum dos juristas sobre o instituto do *trust* é sobre os efeitos da insolvência do *trustee* ou beneficiário em caso de existência de um patrimônio dado em *trust.* Chalhub ensina que, em decorrência dessa dicotomia da propriedade, o patrimônio pessoal do *trustee* não se confunde com o patrimônio do *trust.* [16] O patrimônio recebido pelo *trustee* é afetado pelas obrigações do *trust*, permanecendo fora do alcance dos credores do *trustee.* O patrimônio do *trust,* assim, somente responde pelas obrigações assumidas enquanto o *trustee* estiver agindo dentro dos limites e na busca dos objetivos das suas obrigações assumidas no *trust.*

3.5 *TRUST RECEIPT*

Trata-se de uma espécie de *trust* com objetivo de garantia de crédito (*cum creditore).* É largamente utilizado nos Estados Unidos da América, nas operações de financiamento de bens de consumo. Alves descreve o instituto como sendo uma operação envolvendo vendedor, financiador e comprador.[17] O financiador, normalmente uma instituição financeira, recebe o bem e entrega ao devedor-comprador, que emite o *trust receipt*, em que afirma ser possuidor da coisa em nome do financiador.

Por esse contrato, o financiador fica como titular do domínio formal, ou seja, assume a função de fiduciário, enquanto o financiado é titular do domínio útil da coisa, passando a ser o *beneficiary.* O vendedor seria o *settlor.*

Nesse contrato, o beneficiário pode alienar a coisa, em nome do fiduciante, por valor mínimo determinado por ele, mas sempre para pagar a dívida. O financiador (fiduciário) pode vistoriar o uso do bem e retomá-lo, caso o fiduciante não respeite as condições do contrato.

O *trust receipt* difere-se do penhor por ser uma garantia real sobre bem próprio, visto que no penhor a garantia é sobre bem de terceiro, já que há efetivamente a transferência da propriedade formal para o financiador fiduciário.[18]

---

16 CHALHUB. *Negócio fiduciário.* p. 31.

17 ALVES. *Direito romano.* p. 25.

18 CAMARGO, Cândido. Da alienação fiduciária em garantia e fundos contábeis de natureza financeira à Lei de Mercado de Capitais. *Arquivos do Ministério da Justiça*, n. 103, p. 37.

3.6 *CLASSICAL MORTGAGE*

O *mortgage* original anglo-saxão tinha uma configuração diversa da hipoteca romana. A garantia do *mortgage* clássico se dava pela transferência da propriedade ao credor, que se obrigava a restituir a coisa após a quitação do débito. Caso a dívida não fosse paga, o credor ficava com o bem.

A perda do bem para o credor em caso de inadimplemento era extremamente gravosa ao devedor, pois, mesmo que a dívida fosse menor que o valor do bem dado em garantia, o devedor não tinha direito ao que sobejasse o valor da dívida.

Otto de Souza Lima afirma que, em decorrência da gravidade do inadimplemento, as Cortes que aplicavam a *equity* modificaram a condição decorrente da *common law*, que importaria na perda definitiva do bem, para criar a *equity of redemption*, a qual dava ao devedor um prazo de 12 anos para pagar a dívida vencida e readquirir o bem.[19] Para não colocar o credor em uma posição de insegurança durante todo esse prazo, a Corte lhe conferia uma ação para pôr termo à *equity of redemption*. Assim, ao devedor era dado um prazo para purgar a mora, sob pena de configurar o incumprimento definitivo, que acarretaria a perda definitiva da propriedade dada em garantia.

O prazo para purgar a mora (*foreclosure)* associada ao *equity of redemption* deu à propriedade do credor na *mortgage* clássica a característica de uma propriedade resolúvel. O *mortgage* clássico deu lugar à atual hipoteca, quando do surgimento da *Law of Property Act*, de 1925, que extinguiu a transferência da propriedade do bem ao credor, assemelhando o instituto à hipoteca romana em que há garantia real sobre bem alheio.

3.7 O *TRUST* E OS SISTEMAS CONTINENTAIS

Dada a flexibilidade e a estrutura jurídica do *trust*, tornou-se um anseio nos sistemas jurídicos de origem romana a adaptação do instituto aos Direitos pátrios. Um exemplo citado por Vasconcelos (1995) são os fundos de investimento em que o fiduciante transfere ao fiduciário recursos para administração e aplicação no mercado financeiro, cuja regulamentação no Direito dos valores mobiliários constitui uma marcante etapa na importação desse instituto.

---

19 LIMA, Otto de Souza. *Negócio fiduciário*. São Paulo: Ed. RT, 1959. p. 145.

Entretanto, diante da existência dessa dupla forma de propriedade, torna-se difícil a importação do instituto do *trust* aos sistemas de origem romana. Foi Pierre Lepaulle quem construiu, por meio da noção de patrimônio afetado ou patrimônio de afetação, uma ponte para essa importação. Para o autor, os bens dados em fidúcia são afetados, ou seja, a propriedade do fiduciante sobre os bens que constituem o *trust* é afetada pelo objeto das obrigações assumidas: "El trust es uma afectación de bienes garantizada por la intervención de um sujeto de derechos, que tiene la oblicación de hacer todo lo que sea razonablemente necessário para realizar esa afectación, y que es titular de todos los derechos que sean útiles para cumplir dicha obligación."[20] Na busca dessa adaptação do *trust* aos sistemas de origem romana, há de se dar especial ênfase ao fideicomisso argentino e mexicano que, adotando a ideia de patrimônio de afetação, adaptaram o instituto do *trust* de forma, diga-se de passagem, brilhante, sem fugir do conceito Romano de unidade patrimonial. A doutrina assim delimita as características da propriedade fiduciária e os efeitos no patrimônio, que passa a ser dividido em função da afetação dos bens que o constituem:

> Nesse conceito, o proprietário de certos bens transmite-os para atender a determinados fins (de investimento, garantia ou administração, por exemplo), atribuindo a essa transmissão caráter puramente fiduciário; aquele que recebeu os bens tem sobre eles um domínio restrito (domínio fiduciário) e com essa propriedade fiduciária constitui um patrimônio de afetação, com a destinação específica e única de cumprimento da finalidade definida no ato de sua constituição.[21]

A propriedade fiduciária e a constituição do patrimônio afetado pela fidúcia, como acima definidos, permitiram a adoção no nosso sistema de um direito real limitado ao fiduciário e deram ao fiduciante a mesma segurança jurídica existente no *trust* quanto ao direito real sobre os bens objetos da fidúcia.

As figuras jurídicas a seguir estudadas (item 5) são análogas ao *trust*, tendo em vista que adotaram dois elementos essenciais da figura: o patrimônio

---

20 LEPAULLE, Pierre. La naturaleza del trust. *Revista General de Derecho y Jurisprudencia*, México, 1932, t. III, p. 115.

21 CHALHUB. *Negócio fiduciário*. p. 35.

determinado e sua afetação. O fiduciário recebe a propriedade fiduciária - limitada pelo pacto fiduciário - com os poderes limitados pela lei ou pelo contrato no interesse do fiduciante ou quem ele indicar. Uma vez que a propriedade recebida pelo fiduciário é limitada, o patrimônio permanece único e exclusivo. Entretanto, parte dele estará afetada pelas limitações da propriedade fiduciária.

4

NEGÓCIO INDIRETO, SIMULAÇÃO, NEGÓCIO FIDUCIÁRIO MODERNO, CLASSIFICAÇÃO, EFEITOS, VALIDADE E EFICÁCIA DOS NEGÓCIOS FIDUCIÁRIOS, MODALIDADES

4.1 NEGÓCIO INDIRETO

Boa parte da doutrina tradicional classifica os negócios fiduciários como espécie de negócio indireto. A questão dos negócios indiretos tem pouca relevância quanto ao contrato de alienação fiduciária brasileira em face da tipicidade do contrato, já que há coerência do fim objetivado pelas partes na alienação fiduciária em garantia, ou seja, ser aquela do tipo.[1] Entretanto, em decorrência da necessidade de uma completa compreensão do gênero (negócio fiduciário) para a adequada aplicação da espécie (alienação fiduciária em garantia), há de se fazer uma pequena digressão sobre o tema.

Em geral, a doutrina se divide quanto à distinção entre negócio indireto e o negócio fiduciário.[2] A primeira corrente defende que o negócio fiduciário seria uma espécie do gênero negócio indireto, estando, portanto, contido um no outro. Segundo Santoro-Pasarelli y Dominedo, os contratos indiretos não existem, somente podendo se falar em contratos fiduciários; ou seja, para o autor todos os contratos indiretos seriam fiduciários.[3] A terceira corrente, à

1 Nos negócios indiretos, como se passará a demonstrar nesse capítulo, há divergência entre o meio e o fim obtido no contrato. Assim, será indireto o negócio quando o fim atingido pelas partes não corresponder ao fim típico do contrato utilizado.

2 MOTORELL, Mariano Navarro. *La Propiedade Fiduciaria*, v. 17, Barcelona: Bosch, 1950, p. 1.333 e FERRARA, Luigi. *Della simulazione dei negozi giuridici*, 3. ed., Milano: Società Editrice Libraria, 1909, p. 86.

3 SANTORO-PASARELLI Y DOMINEDO citado em Motorell, *La Propiedade Fiduciaria*, p 134.

qual se filia Orlando Gomes,[4] defende que o negócio fiduciário e o indireto são autônomos e não têm relação direta, apesar de terem pontos em comum.

O negócio indireto consiste na adoção de um tipo na estrutura do negócio jurídico com fim distinto daquele objetivado pelo tipo adotado. O fim poderá ser de outro tipo ou atípico[5].

A questão relevante no contrato indireto resulta na busca do regime jurídico a ser aplicado, caso o meio e o fim refiram-se, como é óbvio que irão, a tipos distintos. A vontade das partes é adotar o regime jurídico do tipo eleito como meio e modificado para a obtenção do fim específico pretendido, porque, senão, teriam adotado o tipo equivalente ao fim pretendido. Se as parte celebram um contrato de locação financeira de um veículo com possibilidade de compra ao final, caso esse não seja típico, pretendem como fim desse contrato a venda do bem em prestações. Entretanto, as partes elegem o regime jurídico da locação para o negócio, por entenderem que seria mais conveniente do que outro meio de financiamento. O julgador não poderia, em tese, aplicar o regime jurídico do tipo fim, especialmente se estiver em confronto com o tipo meio, sob pena de desrespeitar a autonomia privada e a vontade das partes.

Isso não quer dizer que, nos contratos indiretos, o contrato fim não tenha uma função de complementar a interpretação do negócio. O princípio da boa-fé demanda a relevância do fim realmente pretendido pelas partes. Entretanto, conforme expõe Menezes Cordeiro, a interpretação e a integração do contrato quando da aplicação do Direito material não pode ser feita a ponto de resultar que as partes, ou uma delas, se tivessem previsto a aplicação da norma do tipo fim, não teriam celebrado o contrato.[6] Assim, supondo que o contrato de alienação fiduciária em garantia fosse atípico, seria qualificado como um contrato fiduciário e indireto. As partes celebrariam uma compra e venda com o objetivo não de alienar a coisa ao comprador, mas de garantir a dívida que o comprador tem a receber do vendedor. Tendo em vista a sistemática da aplicação do Direito e a vontade das partes, o juízo, ao ser chamado para analisar o caso concreto, em princípio, deveria aplicar as normas referentes à compra e

---

4 GOMES, Orlando. *Alienação Fiduciária em Garantia*. São Paulo: Ed. RT, 1959, p. 26.

5 Não há como confundir o contrato indireto com o contrato simulado: no primeiro não há nas partes qualquer intenção de enganar terceiros; nele, as partes efetivamente querem o objetivo contratado e nada têm a esconder de terceiros.

6 CORDEIRO, António Menezes, *Da Boa Fé no Direito Civil*, Lisboa, 1984, II, p. 1072.

venda de bens ao negócio. Contudo, poderia invocar as normas referentes às garantias reais ou mútuo, naquilo que não fossem incompatíveis com a compra e venda. Assim, seria uma alienação fiduciária em garantia atípica.

4.2 SIMULAÇÃO E O NEGÓCIO FIDUCIÁRIO

Pontes de Miranda expõe de forma clara que para a caracterização da simulação é essencial que exista a intenção de prejudicar terceiros ou de violar regra jurídica, sendo essa intenção elemento central e necessário "do suporte fático de qualquer dos incisos do art. 102 do Código Civil".[7] No negócio fiduciário, diferentemente do simulado, as partes efetivamente querem o resultado. Como é típico dos negócios fiduciários, o meio é excessivo e distinto em relação à finalidade. Todavia, as partes têm efetiva vontade ao celebrar o contrato por aquele meio para atingir a finalidade pretendida. Nessa mesma linha de pensamento, José Beleza dos Santos ensina que nos negócios fiduciários não existe uma divergência entre a vontade real e a vontade declarada.[8]

Para Pais de Vasconcelos, o caráter real ou fictício da vontade não é um elemento eficiente para distinção dos negócios.[9] Para o autor, há de se investigar o que as partes põem em vigor e o que modificam na ordem jurídica.

> No contrato relativamente simulado, é o contrato dissimulado que é posto em vigor embora sob a aparência do contrato simulado. No contrato fiduciário, o que se passa é diferente. A situação jurídica em que o fiduciário é investido e o acto que opera a investidura são efectivamente postos em vigor e ganham vigência no Direito. Na simulação relativa, o contrato simulado é criador de aparência; na fidúcia, o tipo adotado investe o fiduciário na titularidade.[10]

Assim, como exemplo, no negócio fiduciário há efetivamente a transferência de uma propriedade ao fiduciário, enquanto no simulado, a transferência é só aparente e não real.

---

7 MIRANDA, Pontes de. *Tratado de Direito Privado*, t. 4, p. 373 e 375. O artigo no novo Código Civil referente à simulação é o art. 167.

8 SANTOS, José Beleza dos. *A simulação em direito civil*. Coimbra: Coimbra Editora, 1921, I, p. 144.

9 VASCONCELOS, Pedro Pais de. ob. cit, p. 300.

10 Ob. cit, p. 300.

Além disso, podem-se citar as seguintes divergências: 1) o negócio simulado é negócio ficto, não real; 2) o negócio simulado tem por objetivo criar uma ilusão, uma aparência, enquanto no fiduciário as partes efetivamente realizam o negócio; 3) no negócio fiduciário existe uma incoerência entre o meio e o resultado, o que não ocorre na simulação e 4) no simulado não há efetiva transferência de direitos, no fiduciário opera-se a transmissão.

4.3 NEGÓCIO FIDUCIÁRIO MODERNO

O negócio fiduciário, em decorrência da sua estrutura, sempre foi um método de inovação do Direito. Pais de Vasconcelos mostra como a fidúcia é útil para a criação de novas figuras contratuais.[11] Afirma o autor que a fidúcia permite a ampliação dos modos de contratar, dando às partes a possibilidade de inovar para atender suas necessidades. As necessidades e os anseios da sociedade moderna levam à celebração de negócios com contornos que fogem à rigidez dos tipos existentes.

Os negócios fiduciários surgem, em geral, dentro da necessidade da sociedade de realizar negócios que o ordenamento jurídico em vigor não contempla. Todos os dias, a atividade econômica requer novos instrumentos para a realização de novas formas de negócios, podendo o ordenamento não dispor de todos os meios adequados para atender às necessidades econômicas. Isso leva as partes, muitas vezes, a adaptar antigos institutos para atender sua necessidade, o que nem sempre é possível.

A sociedade moderna tem uma premissa: a velocidade dos negócios é importante. Nesse contexto, o negócio fiduciário poderá criar garantias novas, mais adequadas à sociedade moderna, aficionada pela velocidade das coisas e dos negócios, que as garantias tradicionais do Direito romano, sujeitas a demorados processos executivos.

O conceito moderno de fidúcia pós-romana teve início na obra de Regelsberger em 1880. O autor define a fidúcia como "um negócio seriamente desejado, cuja característica consiste na incongruência ou heterogeneidade entre o escopo visado pelas partes e o meio jurídico empregado para atingi-

11 VASCONCELOS, Pedro Pais de. ob. cit, p. 294.

-lo."[12] Gassetti, citado por Souza Lima, criticava a definição de Regelsberger, sob o fundamento de que não haveria a alegada desproporção entre o meio empregado e o fim desejado, pois o meio adotado seria o único para atingir o fim perseguido, definindo o negócio fiduciário como "uma manifestação de vontade pela qual se atribui uma titularidade de direito em nome próprio mas no interesse, ou também no interesse, do transmitente ou de um terceiro."[13] Discorda-se das críticas de Grassetti, já que, de fato, o excesso do meio sobre o fim é característica do negócio fiduciário. No negócio fiduciário as partes se utilizam de um contrato típico para finalidade econômica diversa da causa. O negócio típico utilizado extravasa a intenção das partes em relação ao tipo adotado, produzindo consequências jurídicas excessivas para atingir o fim efetivamente desejado. As partes querendo garantir uma dívida, por exemplo, poderiam celebrar uma hipoteca; no entanto, optam por transferir a propriedade para o credor. Há claramente um excesso no meio, porque o objetivo das partes era prestar uma garantia real e não transmitir a propriedade plena para o credor.

Para contrapor-se a esse excesso de meio sobre o fim, as partes celebram o pacto fiduciário (contracarta), em que o fiduciário obriga-se a exercer seu domínio somente para os fins do negócio e dentro dos limites estabelecidos. Ao impor obrigações ao fiduciário, o pacto fiduciário pretende limitar os efeitos reais da transmissão do domínio. Contudo, a efetividade do pacto fiduciário está condicionada à boa-fé do fiduciário, que, a rigor, somente tem a obrigação pessoal de observar os limites da fidúcia.

A boa-fé exigida do fiduciário é o elemento caracterizador da fidúcia ou confiança que o fiduciante deposita no fiduciário. Há efetivamente o risco de o fiduciário abusar do seu direito, não tendo outro remédio jurídico o fiduciante senão exigir o cumprimento da obrigação pessoal do fiduciário. A obrigação do fiduciário não tem caráter real, tendo ele a propriedade plena dos bens que lhe foram confiados, podendo, inclusive, dispor dos bens sem que o fiduciante possa se opor ao negócio em si, reavendo o bem dado em fidúcia.

---

12 ALVES, José Carlos Moreira. ob. cit., p. 3.

13 *Apud* Lima, Otto de. ob. cit., p. 162.

4.4 CLASSIFICAÇÃO DO NEGÓCIO FIDUCIÁRIO

Pode-se extrair, dos elementos que caracterizam o negócio fiduciário descritos por Pontes de Miranda, que o contrato fiduciário será *bilateral, oneroso* ou *gratuito, principal* ou *acessório, solene* ou *não solene, e tem por objeto coisa determinada ou determinável.* [14] O contrato é bilateral porque há a participação de pelo menos duas partes que têm obrigações e direitos entre elas. O fiduciante obriga-se a transferir o bem ou direito ao fiduciário que, em contrapartida, obriga-se a dar-lhe a destinação convencionada e restituí-lo ao fiduciário ou terceiro indicado quando esgotada (cumprida) a obrigação convencionada. O fiduciário, ainda, obriga-se a respeitar as restrições sobre o seu direito de pro-

---

14 "sempre que a transmissão tem um fim que não é a transmissão mesma, de modo que ela serve a negócio jurídico que não é o de alienação àquele a que se transmite, diz-se que há fidúcia ou negócio fiduciário. Se a regra jurídica prevê, explicitamente, a categoria jurídica do negócio jurídico fiduciário, como acontece com os fideicomissos, tudo se passa em termos de interpretação, incidência e aplicação da lei. Se não há regra jurídica especial, ou que possa ser regra entendida como permissiva dos negócios fiduciários, o primeiro problema é o de se saber se existem, ou não, no sistema jurídico, negócios jurídicos fiduciários (...) A transmite a C, para que C transmita a B; A transmite a B, para que B administre; A cede a C crédito contra B, para que cobre a B. O outro fim é, aí, heterotópico; está fora do negócio jurídico da transmissão. Não se confunde com o negócio jurídico simulado, porque o fim do negócio jurídico simulado foi querido, ao passo que, na fidúcia, se quer o outro fim. Ao fiduciário transmite-se o bem da vida, posto que, em virtude da natureza do negócio jurídico fiduciário, só lhe caiba proceder de acordo com a lei, se essa previu a figura jurídica, ou de acordo com as declarações ou manifestações de vontade que lhe confiaram o outro fim. O elemento novo, que há no negócio jurídico fiduciário, é a confiança, a fidúcia (em sentido pós-romano). Aquele a quem se faz a transmissão, posto que tenha todos os poderes e faculdades do adquirente e, pois, do proprietário diante do transmitente está obrigado a exercer o seu direito de acordo com o fim da fidúcia, inclusive, se for o caso, de restituir o bem da vida que se transmitiu. No negócio jurídico fiduciário, o fim é o fim próprio do negócio, mas há outro que coincide ser o fim econômico. Dá-se, então, diferenciação entre o fim técnico do negócio jurídico e o fim posterior, econômico. Satisfaz-se à técnica, mas quer-se algo mais, plus, que não está no negócio jurídico. Em verdade, negócio jurídico fiduciário é negócio jurídico mais fidúcia. A relação jurídica daquele é uma (A); a da fidúcia é outra (B). Essa é que faz o fiduciário ter o dever e a obrigação de exercer os seus direitos, oriundos da relação jurídica (A), tal como lhe ficou confiado na relação jurídica (B). Foi F. Regelsberger, em, 1880 (Zwei Beiträge zur Lehre von der Cession, Archiv fur die civilistische Praxis, 63 e 173), quem designou tais negócios jurídicos como negócios fiduciários, para substituir a expressão de J. Kohler (Studien uber Mentalreservarion und Simulation, Jährbucher fur die Dogmatik, 16, 140) 'negócio encoberto' (verdektes Geschäft), não só porque o negócio da transmissão não é encoberto, nem encobre, como porque na expressão caberiam negócios simulados. Melhor seria dizerem-se 'negócios jurídicos com fidúcia' para se frisar a dualidade de relações jurídicas. Ao lado da relação jurídica, oriunda da aquisição, está a relação jurídica da fidúcia, entre o fiduciante e o fiduciário." MIRANDA, Pontes de. *Tratado de Direito Privado,* Borsoi, 1954, Rio de Janeiro, v. III, p. 115-117.

priedade enquanto perdurar o pacto fiduciário. Poderá ser oneroso o negócio, se o fiduciário fizer jus a uma contraprestação pela administração dos bens e direitos, ou se o fiduciário se obrigar a remunerar o fiduciante pela propriedade que lhe é atribuída, como, por exemplo, no caso do administrador do fundo de investimento que se obriga a remunerar as aplicações. O negócio fiduciário poderá ser *gratuito* se a transmissão da propriedade ao fiduciário for independente de qualquer contraprestação por qualquer das partes. O negócio será *principal* quando se tratar de fidúcia para administração de patrimônio, estando delimitados, nesse caso, o negócio fiduciário e o contrato com todas as obrigações e direitos das partes, inclusive a remuneração a que faz jus o fiduciário ou fiduciante. Por outro lado, será *acessório* quando o negócio fiduciário servir como garantia à execução de outro contrato, como mútuo. Será *solene* o negócio fiduciário quando for exigida a forma prescrita em lei para transmissão da coisa dada em fidúcia, ou *não solene* quando não se exigir forma prescrita em lei. O último requisito, segundo Pontes de Miranda, é que o objeto do negócio seja determinado ou determinável, podendo ser bem móvel, imóvel ou direito.

4.5 TEORIA UNITÁRIA, TEORIA DUALISTA, UNIÃO DE NEGÓCIOS, CONTRATO MISTO E A ESTRUTURA DO NEGÓCIO FIDUCIÁRIO

Há de se verificar se o negócio fiduciário teria natureza unitária, ou seja, se seria um único contrato, ou uma união de negócio, ou, ainda, um negócio misto. Para os que negam a existência de um contrato único, o negócio fiduciário seria a conjugação de dois contratos, um real positivo (transmissão da propriedade) e outro obrigacional negativo (obrigações do fiduciário).

A doutrina brasileira e a portuguesa têm adotado a teoria unitária em face da existência de uma causa única para o negócio, qual seja a *causa fiduciae*.[15] Para os autores, ao formalizar o negócio fiduciário, as partes não têm intenção de fazer dois atos com finalidades distintas, mas sim celebrar um único negócio que cria uma conexão entre esses dois aspectos, resultando em um contrato misto, "produzindo um complexo de modificações subjetivas da relação jurídica preexistente, de uma parte, mediante a simultânea constituição de obri-

15 CHALHUB, 1998, p. 51; CARVALHO, 1952, p. x/1.

gações vinculadas àquela transmissão de domínio".[16] No negócio fiduciário, as partes não querem a subsistência de uma das partes sem a outra, ou seja, não querem que prevaleça a transferência do domínio sem o cumprimento das obrigações e vice-versa. Há, assim, uma interdependência entre os negócios de transmissão do domínio e a constituição de obrigações.

Seguindo a doutrina portuguesa, que muito bem define as questões em matéria de união de contratos e de contratos mistos, conforme os ensinamentos de Vaz Serra, os mistos podem ser "contratos combinados ou gêmeos", em que um dos contraentes se obriga a várias prestações principais, correspondentes a diferentes tipos de contrato, e o outro contratante se obriga a uma prestação unitária" e contratos mistos *stricto sensu*, nos quais "um elemento [...] representa, ao mesmo tempo, um contrato de outro tipo." [17]

Menezes Cordeiro[18] divide os contratos mistos em quatro tipos, a saber: 1) contratos múltiplos ou combinados – "aqueles em que uma das partes se encontra adstrita a prestações próprias de vários tipos contratuais, face à outra, obrigada a uma prestação única"; 2) contratos de tipo duplo ou geminados – "aqueles em que uma das partes está adstrita a uma prestação típica dum contrato e a outra a uma prestação própria de outro"; 3) contratos mistos *stricto sensu* ou cumulativos ou indiretos – aqueles feitos de forma que, utilizando-se de um tipo, regulamentam outro tipo dentro do contrato; 4) contratos complementares – em que há obrigações acessórias comuns a outro tipo que se aderem ao tipo contratual utilizado.

Por sua vez, a união de contratos difere-se dos contratos mistos na medida em que os primeiros exigem a existência de mais de um contrato, enquanto nos mistos há um único contrato.[19]

Adotando-se a teoria unitária dos contratos fiduciários, tem-se que o *negócio fiduciário* será um único contrato *misto duplo* ou *geminado*, já que o fiduciante está obrigado a cumprir obrigação típica da compra e venda e o fiduciário deverá cumprir obrigações de outro tipo.

---

16 CHALHUB, ob. cit., p. 51.

17 SERRA, Adriano Vaz. União de contratos – contratos mistos, in *BMJ* 91, p. 41 e seguintes.

18 CORDEIRO, MENEZES. ob. cit., obrigações, I, p. 425.

19 ob. cit, p. 429; VAZ SERRA. ob. cit., p. 13.

4.6 VALIDADE E EFICÁCIA DOS NEGÓCIOS FIDUCIÁRIOS ATÍPICOS

A questão da validade jurídica do contrato fiduciário assenta-se em verificar se a divergência entre o fim pretendido pelas partes e o fim típico do tipo contratual adotado tem como consequência jurídica a invalidade do negócio. Pais de Vasconcelos[20] defende de forma cristalina que a divergência entre o fim desejado pelas partes e o fim típico do contrato adotado somente tem o condão de classificar o contrato em típico ou atípico. Assim, segundo o autor, na transmissão de domínio em garantia, nos sistemas em que é atípico, as partes não celebram um contrato típico que acarrete a transferência do domínio, já que o fim pretendido é incompatível com o tipo adotado. A consequência jurídica natural é declarar que o contrato seria atípico e não inválido. Pais de Vasconcelos argumenta ainda que, se utilizarmos a concepçao de causa do contrato como função, os argumentos de que no negócio fiduciário a causa divergente gera antijuridicidade não se sustenta, já que no negócio fiduciário sempre há uma função correspondente ao fim. Assim, segue o autor, "na apreciação da licitude, os contratos fiduciários não divergem dos demais, e o que está em questão é a apreciação do conteúdo e do fim do contrato perante os critérios axiológicos do sistema".[21]

Adotando-se as teorias acima, tem-se que o negócio fiduciário atípico somente poderá ser considerado ilícito no mérito, ou seja, se seu conteúdo representar fraude à lei por violação a dispositivos de ordem pública e a proibições, como as previstas no artigo 53 do Código de Defesa do Consumidor e nos artigos 1.365 ou 1.428 do Código Civil Brasileiro (CCB), que se enquadram, como se verá mais adiante, na proibição geral do pacto comissório no Direito brasileiro.

Na mesma linha de Pais de Vasconcelos, Vaz Serra é da opinião que existindo fim lícito e razoável e a causa fiduciária, ou seja, presente o elemento de confiança, deve-se ter como lícito o negócio fiduciário.[22]

No Direito brasileiro, por sua vez, dada a tipicidade de algumas espécies de negócios fiduciários, em especial da alienação fiduciária em garantia, a discussão sobre a validade e eficácia do negócio fiduciário ficou mais restrita. Assim,

---

20 VASCONCELOS, Pedro Pais de. ob. cit., p. 278.

21 ob. cit, p 280.

22 SERRA, Adriano Vaz. Cessão de créditos ou de outros direitos, in *BMJ*, número especial I, p. 164.

para a validade do negócio fiduciário no ordenamento jurídico brasileiro, basta que o objeto seja lícito, a forma prescrita ou não defesa em lei e que as partes sejam capazes,[23] dispensando-se qualquer reflexão sobre a divergência entre o fim pretendido pelas partes e o fim típico do contrato adotado. Também, torna-se irrelevante a matéria referente à antijuridicidade quanto à inexistência de função no contrato.

Assim, o negócio fiduciário será válido e eficaz sempre que não representar fraude à lei, aplicando-se ao referido negócio a mesma regra adotada quanto aos contratos indiretos "que estes se terão por proibidos toda vez que tiverem por fim ou função produzir os efeitos que a lei, ao vedar os negócios diretos, visa proibir".[24]

Conclui-se, portanto, que a regra para a validade ou invalidade do negócio fiduciário típico será a mesma adotada para as outras formas contratuais, reconhecendo-se ilícito somente se praticado em fraude à lei ou com o fim de frustrar sua aplicação.

4.7 PRINCÍPIO DA TIPICIDADE DOS DIREITOS REAIS

Ainda sobre a questão da validade do negócio fiduciário atípico tem-se de verificar a questão, em decorrência do princípio da tipicidade dos direitos reais. No Direito brasileiro, quando não estamos diante das formas tipificadas dos negócios fiduciários, como alienação fiduciária em garantia ou cessão fiduciária de créditos, por exemplo, a questão toma relevância. Nos sistemas em que os negócios fiduciários não são típicos em nenhuma de suas espécies a questão é ainda mais intrigante.

Existe uma dificuldade em se "admitir a atipicidade de contratos com efeitos reais".[25] Pais de Vasconcelos, de forma cristalina, demonstra a diferença em efeitos reais e dos direitos reais *stricto sensu*. Nos dizeres do autor,

> no que respeita os negócios fiduciários causais, entendidos como os atípicos, é hoje sem discussão que o princípio da tipicidade dos direitos reais e

---

23 ESPÍNOLA, *Manual,* v. 3, parte I, nº 112, pgs. 470-474 e CARVALHO SANTOS, *Comentários ao art. 102*, v. 2, 2. ed., p. 385.

24 CAMPOS, Francisco. *Direito civil.*, Freitas Bastos, Rio de Janeiro, 1956, 1. ed., p. 243.

25 PAIS DE VASCONCELOS, ob. cit., p. 281.

> o seu "numerus clausus", só abrange os direitos reais, como direitos subjetivos, e não se entende os contratos com efeitos reais, em cujo campo rege com toda a sua plenitude o princípio da autonomia privada, nada impedindo, portanto, a "admissibilidade" de contratos reais "quoad effectum" atípicos.[26]

Transportando-se o entendimento ao sistema brasileiro, há de se verificar a questão da tipicidade da propriedade fiduciária e averiguar se essa poderia abranger todas as formas de negócios fiduciários, inclusive os atípicos, até mesmo para dar ao negócio fiduciário, além de efeito real, o direito real de propriedade fiduciária (ver item 6.2).

O artigo 1.225 do CCB enumera os direitos reais admitidos no Direito brasileiro. São eles: a propriedade, a superfície, as servidões, o usufruto, o uso, a habitação, o direito do promitente-comprador do imóvel, o penhor, a hipoteca e a anticrese. A propriedade fiduciária prevista no CCB, no artigo 1.361 e seguintes, dentro do título dos direitos reais, é um direito real. Entretanto, o código define a propriedade fiduciária como a propriedade resolúvel de coisa móvel infungível transmitida somente com escopo de garantia.

A limitação quanto à utilização do instituto sobre coisa móvel foi um descuido do legislador. A lei especial 9.514/97, que está em vigor, anterior ao Código Civil, já tinha criado a propriedade fiduciária sobre bem imóvel, o que demandaria uma revisão do texto do Código Civil como norma geral. Assim, a correta leitura do artigo, em decorrência da existência da propriedade fiduciária sobre bens imóveis (Lei nº. 9.514/97), seria a propriedade fiduciária como uma propriedade resolúvel de coisa móvel ou imóvel, com escopo de garantia.

4.8 AS MODALIDADES DE NEGÓCIOS FIDUCIÁRIOS

A finalidade do negócio fiduciário, seja de garantir uma dívida ou de administração de um patrimônio, constitui eficiente método para classificação da fidúcia. A alienação com o escopo de garantia é a primeira forma de negócio fiduciário do Direito romano. Por esse negócio o devedor transmite a propriedade ao credor, não em dação em pagamento, mas como forma de garantir

---

26 Ob. cit, p. 282.

o cumprimento da obrigação. Trata-se de uma garantia acessória do crédito em que há efetiva transmissão do domínio ao credor.[27]

Dos três elementos necessários à compra e venda – coisa, preço e consenso –, no negócio fiduciário em garantia, o preço denota uma aparente distorção em relação ao tipo contratual. O preço deve ser certo ou determinável, equivalente e verdadeiro. Tendo em vista a finalidade da venda com escopo de garantia que é feita com o propósito de transmitir a propriedade de uma forma limitada e não definitiva, o eventual desequilíbrio aparente entre o preço e o bem transmitido não afetará a validade da transmissão. Vale dizer, se a transmissão da propriedade fosse plena e definitiva, haveria desequilíbrio, já que o valor do bem transmitido poderia ser superior ao valor da dívida. Entretanto, essa afirmativa não é verdadeira, diante da limitação imposta à transição, que é temporária.

Chalhub acrescenta que a eventual desproporção entre o preço e a coisa não é relevante porque o negócio não é uma dação em pagamento, não podendo o fiduciário ficar com a coisa em pagamento da dívida, sendo obrigado "a vendê-la para pagar-se, restituindo ao fiduciante o que sobrejar".[28] Tal limitação decorre da natureza da propriedade fiduciária que é funcionalizada. A propriedade somente serve para garantir a dívida, nada mais. Assim, o exercício da propriedade nunca será pleno mas limitado ao objetivo de garantia.

Outro negócio fiduciário muito utilizado no Direito bancário é a cessão fiduciária de direitos creditórios para cobrança ou garantia. Trata-se de modalidade de negócio fiduciário em garantia e administração, um verdadeiro negócio misto. Por esse negócio, o cessionário (banco) é investido na condição de credor para cobrar a dívida. Recebido os créditos, o banco (fiduciário) fica com os valores apurados até que o fiduciante pague a dívida ou se paga com os produtos das cobranças realizadas.[29]

Entre os negócios fiduciários para administração, chamam a atenção os fundos de investimento, largamente utilizados nos mercados de capitais e no sistema financeiro. Por esse negócio os poupadores transferem aos administradores dos fundos certa quantia em dinheiro para que administrem e apliquem conforme sua consciência. A confiança depositada na instituição vai além da

---

27 FRANCESCO FERRARA *apud* LIMA, Otto de Souza, op. cit., p. 234.

28 Chalhub, 1998, p. 62.

29 VASCONCELOS, 1995, p. 295.

certeza da devolução da quantia aplicada e seus rendimentos. O fiduciante confia plenamente na capacidade técnica dos fiduciários em administrar os recursos a eles entregues.

Também na administração das sociedades, há vasta utilização dos negócios fiduciários. O sócio pode ceder suas cotas sociais ou ações a um fiduciário que irá assumir a posição de sócio perante a sociedade para, nos contornos do pacto fiduciário, exercer seus direitos pessoais. O fiduciário societário é verdadeiro sócio com poderes iguais a um dos sócios, podendo praticar todos os atos inerentes ao sócio fiduciante, respeitados os limites do contrato.

Segundo Souza Lima "o fiduciário é um verdadeiro acionista, proprietário efectivo da ação, tanto nas relações internas como nas externas, e por isso exerce legitimamente os direitos sociais e intervém nas assembléias, sem que o fim econômico da representação seja mais do que o motivo da transferência".[30] Assim, o titular das ações transferidas em fidúcia poderá, a princípio, exercer todos os direitos como se efetivo acionista fosse.

A fidúcia de ações poderá ser feita com finalidade de administração ou de garantia. No caso do fiduciário receber as ações para participar de atos da administração ou assembleia das sociedades e influenciar nos atos decisórios no interesse do fiduciante ou de terceiro beneficiário, está-se diante de uma fidúcia para administração.

No caso da cessão fiduciária das ações ser feita para garantir uma dívida entre o cessionário e o cedente, o fiduciário poderia exercer seu poder de sócio junto à sociedade como meio de se pagar pela dívida. Nesse caso, estamos diante de fidúcia com fim de garantia. Paga a dívida, o fiduciário obriga-se a restituir as ações ao fiduciante. A finalidade desse negócio é dar ao credor meios de intervir na gestão da sociedade para garantir meios e formas de se pagar.

A transferência fiduciária de ações é tipificada no Direito brasileiro, podendo o fiduciário exercer os poderes da forma limitada nos artigos 40, 100 e 113 da Lei nº. 6.404/76. O artigo 40 dessa lei permite a alienação fiduciária em garantia e o fideicomisso de ações, dando direito real limitado ao fiduciário que tem apenas a propriedade fiduciária das ações, mediante o registro do gravame no meio de registro adequado, seja nas ações nominativas ou escri-

30 LIMA, Otto de Souza, op. cit., p. 231.

turais. O fideicomisso corresponde ao negócio fiduciário para administração, enquanto a alienação fiduciária terá origem no negócio fiduciário em garantia.

Em decorrência da limitação imposta no artigo 113 da Lei nº. 6.404/76, a alienação fiduciária em garantia de ações não transfere ao fiduciário o direito de voto nas assembleias. Não se aplicando tal dispositivo ao fideicomisso (fidúcia para administração), poderá o fideicomissário (fiduciário) exercer o pleno direito de voto como se acionista fosse. Assim, a finalidade da instituição do negócio fiduciário, se *cum creidore* ou *cum amico*, é de suma importância perante a sociedade para saber se o fiduciário terá ou não direito de voto.

5

OS NEGÓCIOS FIDUCIÁRIOS NO DIREITO POSITIVO. FIDEICOMISSO LATINO-AMERICANO

5.1 A TIPICIDADE E A FIDÚCIA

Nos últimos anos, diante da modernização da economia e dos processos de globalização, é crescente a utilização dos negócios fiduciários também nos países de tradição jurídica romana. O negócio fiduciário é comumente utilizado no sistema financeiro quando os poupadores transmitem aos administradores de fundos recursos para administração e aplicações. Em decorrência dessa impermeabilização dos instrumentos fiduciários nos países de tradição jurídica romana, surgiu a necessidade de tutelar os interesses do fiduciante que, diante das características do negócio fiduciário, se encontra em desvantagem quanto às salvaguardas em relação ao fiduciário, especialmente diante da possibilidade de abusos do fiduciário. A questão, então, é saber se a regulamentação dos negócios fiduciários pela positivação do instituto é capaz de desvirtuar a natureza fiduciária da relação. Ao regular o negócio fiduciário a ponto de desaparecer com os riscos inerentes ao negócio fiduciário, o negócio deixa de ser fiduciário?

Moreira Alves responde que sim, pois, para ele, os negócios tipificados, como a alienação fiduciária em garantia, não podem ser considerados negócios fiduciários propriamente ditos já que inexiste o risco de abuso por parte do fiduciário, além de não ser necessária a confiança que é essencial no negócio fiduciário, já que a lei impede qualquer abuso por parte do fiduciário.[1] Lisoprawski, por outro lado, afirma que a positivação do instituto não tem o

1 ALVES, José Carlos Moreira, ob. cit., p. 23.

condão descaracterizá-lo como uma espécie de negócio fiduciário, pois a essência do negócio fiduciário permanece, a saber: 1) a presença de dois ou mais sujeitos; 2) a transmissão de bens e direitos, com efeitos reais; 3) a obrigação do fiduciário de dar a destinação estabelecida no contrato aos bens e direitos recebidos; 4) a segregação do patrimônio e a imposição de ônus real pela afetação do bem.[2] Orlando Gomes também defende que, apesar da mitigação da confiança com o desaparecimento do risco de abuso, permanece a alienação fiduciária como espécie do gênero. [3]

Entre os doutrinadores europeus, Leite de Campos é um dos poucos que admite que a tipificação da fidúcia não descaracteriza a natureza fiduciária do contrato. Afirma o autor, quanto à fidúcia do Quebec, ser essa uma forma de fidúcia autônoma e contratual.[4] De fato, o autor defende a tipificação dos negócios

---

2 LISOPRAWSKI, Silvio V, *Fideicomisso*, Buenos Aires: Depalma, 1996, 2. ed., p. 129.

3 "36. Considerado na perspectiva das limitações do poder do adquirente da propriedade, o negócio fiduciário explica-se à luz de três principais construções teóricas.
Serve-se a primeira de um pacto obrigacional agregado à transferência da propriedade, que se destina a neutralizar o efeito real da transmissão, condicionando-o para o fim especial ao qual ela se realiza. As raízes dessa explicação encontram-se no Direito romano.
A segunda teoria, de inspiração alemã, recorre à condição resolutiva para justificar a limitação, no tempo e no conteúdo, do direito real do fiduciário. Sustentam seus adeptos que ele adquire uma propriedade temporária, para fim determinado.
A terceira teoria dissocia o direito do fiduciário, assinalando que, nas relações externas, é de propriedade, e, nas relações internas, de crédito, figurando ele, em certos casos, como um mandatário (*fiduciae cum creditore e cum amico*), e, em outros, como *accipiens*.
Os efeitos do negócio fiduciário variam conforme a construção aceita, salientado os escritores que a teoria da condição resolutiva oferece maior segurança ao fiduciante. Influem essas construções dogmáticas, segundo Rubino, na maior ou menor possibilidade, para o fiduciário, de ser parte em juízo nas causas sobre a *res fudiciaria* e, para o fiduciante, de servir como testemunha; nos efeitos, quanto ao fiduciante, da sentença proferida em relação ao fiduciário; na disciplina da sucessão na relação jurídica processual; na eventual qualificação penal do abuso do fiduciário, isto é, se responde pelo crime de apropriação indébita, ou apenas por perdas e danos.
37. Posto se enfraqueça como negócio fiduciário, ao se inserir na operação financeiras que as sociedades de crédito, financiamento e investimento realizam no exercício de sua atividade peculiar, a alienação fiduciária em garantia tem a configuração que a doutrina tenta interpretar sob a influência perdurante dos conceitos emitidos pelos descobridores dessa espécie jurídica.
Atribuiu-se-lhe, como de sua essência, duplo efeito, sustentando-se que reúne dois negócios jurídicos, um real e o outro, obrigacional." GOMES, Orlando, *Alienação fiduciária em garantia*, 4, RT, SP, 1975, p. 34.

4 CAMPOS, Diogo Leite de e TOMÊ, Maria João Romão Carreiro Vaz, *A propriedade fiduciária (trust) – estudo para sua consagração no Direito português*. Coimbra: Almedina, 1999, p. 214.

fiduciários e a instituição da propriedade fiduciária, não afirmando em qualquer momento que tal tipificação eliminaria a estrutura fiduciária do negócio.

Filiamo-nos à segunda corrente, que admite que a tipificação não descaracteriza o negócio como fiduciário, acrescendo que, mesmo com a positivação, permanece o elemento da confiança. Mesmo no sistema anglo-saxão, como visto, o elemento da confiança (fidúcia) não fica restrito à confiança pessoal que o fiduciante deposita no fiduciário; mesmo no *trust*, o fiduciante confia também no sistema, nos direitos e instrumentos que lhe são concedidos pela lei. Igualmente ao *trust*, que tem proteção legal nas reiteradas decisões das Cortes, mesmo que não seja na mesma forma preconcebida nos sistemas da *Civil Law*. Ou seja, no sistema de tradição romana o fiduciante irá confiar na lei e no sistema na mesma forma que o *trustee* confia no seu ordenamento jurídico. O negócio fiduciário, por contar com uma regulamentação legal, ainda depende da confiança, mesmo que em menor escala em relação ao fiduciário, mas permanece presente a confiança no sistema ou no instituto jurídico adotado pelas partes. Na mesma linha de pensamento aqui defendido, cita-se Schöny, que propõe que na fidúcia germânica, mesmo com a ausência de risco para o fiduciante, já que a transmissão da propriedade não é plena, mas resolúvel, permanece o caráter fiduciário, pela confiança no próprio instituto fiduciário: "a fides não é no direito alemão a confiança na pessoa do fiduciário simplesmente, mas, ao contrário, a confiança 'que regula' a posição jurídica – poder jurídico e dever jurídico – no caso particular".[5] Assim, ao se positivar o instituto, o fiduciante terá confiança não só no fiduciário, mas também nas leis e na proteção jurisdicional de seu direito.

Além dos elementos citados por Lisoprawski e a permanência da confiança, mesmo que de uma forma atenuada se comparada à fidúcia clássica romana, outro elemento caracteriza os negócios típicos como uma espécie entre os negócios fiduciários, qual seja: a incongruência ou não homogeneidade entre o escopo objetivado pelas partes e o meio jurídico empregado para alcançá-lo. Mesmo nos negócios tipificados há a transferência da propriedade, ainda que resolúvel, para uma finalidade distinta da compra e venda, tendo como finalidade efetiva a garantia ou a administração de patrimônio.

---

5 *Treuhandgeschäfte, in Archiv für bürgerliches Recht,* vol. XXXV, 1910, p. 291, *apud* José Carlos Moreira Alves, *Alienação Fiduciária em Garantia.* Rio de Janeiro: Forense, 1979, 2. ed., p. 23.

Assim, na mesma linha de pensamento de Wald,[6] há de se concluir que a positivação não desconfigura o instituto a ponto de não poder ser classificado como negócio fiduciário. Seja na estrutura ou na confiança no instituto jurídico, a fidúcia legal ou típica permanece como espécie de negócio fiduciário.

5.2 EXEMPLOS DE POSITIVAÇÃO

O processo histórico de positivação do negócio fiduciário tomou força especial na América Latina. Em especial na Argentina e no México, adotou-se a figura jurídica denominada fideicomisso contratual, que incorpora àqueles sistemas jurídicos com tradição romana uma figura similar ao *trust*, desenvolvida "com o objetivo de possibilitar os mesmos efeitos jurídicos do *trust*, sem que se rompa a harmonia dos sistemas jurídicos codificados".[7] Para tanto, foram criadas, em especial, a propriedade fiduciária e o patrimônio de afetação que permitiu harmonizar o instituto aos tradicionais conceitos de propriedade e patrimônio desses direitos de tradição romana.

Dados recentes publicados no trabalho denominado "O fideicomisso como facilitador do crédito na América do sul" publicado pelo BNDES mostram a importância do instituto para o desenvolvimento econômico-financeiro na região, conforme tabelas a seguir:[8]

CRESCIMENTO DO PATRIMÔNIO FIDEICOMETIDO			
Ano	Patrimônio em MM US$	Crescimento absoluto	Crescimento proporcional
2000	30801,7		
2001	34225,9	3424,2	11,10%
2002	42724,7	8498,8	24,80%
2003	48610	5885,3	13,80%
2004	61288,3	12678,3	26,10%
2005	85706,6	24418,3	39,80%
2006	100678,2	14971,6	17,50%

Fonte: felaban.com (As estatísticas da Felaban não incluem os fideicomissos constituídos na Argentina).

6 WALD, Arnoldo. Da natureza jurídica do fundo imobiliário. *Revista Forense*, n. 309, p. 11.

7 FUMES, Saturnino Jorge, *Fideicomisso*, Buenos Aires: Depalma, 1996, p. 18.

8 SENRA, Andresa Biato et. al. Diponível em <http://www.bndes.gov.br/conhecimento/bnset/set2507.pdf>. Acesso em: 23 de março de 2009.

DISTRIBUIÇÃO DOS FIDEICOMISSOS			
Tipo de fideicomisso	Montante em US$ milhões em 31/12/2006	%	Crescimento absoluto
Fideicomissos de Investimento	14261,7	29%	3168,5
Fideicomissos de Garantia	13050,6	-17%	1173
Fideicomissos de Administração	44173,0	12%	4586
Financeiros (processo de titularización ou securitização)	2262,4	64%	890,7
Fideicomissos de Seguridade Social	10603,0	100%	10603,0
Fideicomissos Imobiliários	889	100	501
Outros	3163	9,5	258

Fonte: Felaban.

Para a adequada adoção de um instituto próximo ao *trust*, como o fideicomisso argentino, foi necessário adotar dois instrumentos: criar um modelo que permitisse a segregação do patrimônio, ou patrimônio de afetação, e de uma propriedade limitada, ou propriedade fiduciária, a serem estudados no próximo capítulo. O fideicomisso latino- americano foi inspirado nos trabalho de Pierre Lepaulle, que defendia a adaptação do *trust* aos sistemas nacionais por meio da afetação do patrimônio e sua segregação patrimonial em relação ao patrimônio do fiduciário, como correlato da afetação, pelo chamado patrimônio em separado ou patrimônio de afetação.[9] Ao afetarem-se os bens que constituem o fideicomisso, cria-se um patrimônio afetado ou de afetação, que não se comunica com o patrimônio do fiduciário, de forma que aquele ativo não responderá pelos passivos pessoais do fiduciário.

O fideicomisso latino-americano é o negócio jurídico pelo qual o fiduciante transfere a propriedade de certos bens e direitos ao fiduciário, obrigando-se este a dar determinada destinação ao patrimônio (bens e direitos) recebido em proveito do fiduciante ou beneficiário. Os bens e direitos transferidos no fideicomisso latino-americano entram no patrimônio do fiduciário como um patrimônio de afetação, ficando a salvo em relação ao passivo do fiduciário e

9 LEPAULLE, Pierre. La natureza del trust. *Revista General de Derecho Y Jurisprudencia*, Mexico, 1932, t. III, p. 115.

só respondendo pelas dívidas decorrentes dos negócios celebrados pelo fiduciário na concretização do fideicomisso.

No desenvolvimento do instituto, os sistemas latino-americanos mantiveram a titularidade do patrimônio em nome do fiduciário, de forma diversa da defendida por Lepaulle. No fideicomisso, o fiduciário é proprietário dos bens e direitos transferidos para realização do objeto do contrato. O fiduciário não terá todos os poderes inerentes ao domínio, entretanto. Tendo em vista a afetação dos bens, somente poderá exercer os poderes de proprietário de acordo com as estipulações e condição do negócio celebrado.

Em traços gerais, são partes no fideicomisso latino-americano o fiduciário, o fiduciante e o beneficiário, tendo cada um os seguintes direitos e obrigações: 1) o fiduciário é obrigado a executar todos os atos necessários ao cumprimento da finalidade do fideicomisso, administrando os bens com diligência e boa-fé, escriturando os direitos e obrigações do patrimônio afetado de forma separada do controle contábil empregado sobre seu patrimônio próprio. Ao fiduciário são dadas todas as ações e direitos necessários à defesa do patrimônio perante terceiros. 2) O fiduciante está mais próximo ao *settler* do *trust*, considerado como aquele que institui o fideicomisso, estabelecendo as regras para administração e destinação final dos bens, podendo, na maioria dos ordenamentos, exigir prestação de contas do fiduciário e revogar o fideicomisso. 3) O beneficiário pode ser o próprio fiduciante ou terceiro, podendo defender o patrimônio fideocometido contra os credores do fiduciário e exigir o cumprimento das obrigações do fiduciário.

As legislações mais modernas, como a argentina, admitem o fideicomisso para diversos fins, garantia, administração, gestão de fundos de investimento e execução de projetos de engenharia. Outros ordenamentos, como o mexicano, somente admitem o fideicomisso nos negócios financeiros, restringindo a capacidade de ser fiduciário às instituições financeiras. O ordenamento colombiano também é restritivo quanto às pessoas capazes de assumir a qualidade de fiduciários, limitando a aplicação das "fidúcias" às instituições autorizadas pela superintendência bancária.

O código comercial colombiano dá um conceito legal ao contrato fiduciário, afirmando ser a fidúcia mercantil "um negócio jurídico em virtude do qual uma pessoa, chamada fiduciante ou fideicomitente, transfere um ou mais bens especificados a outra, chamada fiduciário, que se obriga a administrá-los ou a aliená-los para cumprir uma finalidade determinada pelo constituinte, em proveito deste ou de um terceiro chamado beneficiário ou fideicomissário".[10] O conceito do código comercial colombiano se alinha à ideia geral do *trust*, em que há a transferência da propriedade funcionalizada conforme o destino e finalidade que se estabeleceu no mesmo instrumento que atribuiu a titularidade ao fideicomissário.

O fideicomisso peruano foi inspirado, também, na doutrina latino-americana de Lepaulle. A legislação peruana sobre o fideicomisso de 1996 merece destaque. A Lei nº. 26.702 conceitua o fideicomisso como sendo:

> [...] una relación jurídica por la cual el fideicomitente transfiere bienes em fideicomiso a outra persona, denominada fiduciario, para la constitución de un patrimonio fideicomitido, sujeto al dominio fiduciario de este último y afecto al cumplimiento de un fin especifico a favor del fideicomitente o de un tercero llamado fideicomisario. (art. 241)[11]

A legislação peruana restringe a utilização do fideicomisso às operações com os ativos mobiliários, podendo figurar como fiduciário somente as empresas fiduciárias reguladas na superintendência de finanças (art. 242).

5.3 FIDEICOMISSO ARGENTINO

Por fim, há de se dar atenção ao instituto do fideicomisso argentino. A sua construção mais liberal que as demais permite celebrar o contrato de fideicomisso com os mais diversos objetivos, garantia, finanças, administração, investimentos imobiliários, entre outros. A lei argentina define o fideicomisso como o contrato pelo qual uma pessoa (fiduciante) transmite a propriedade fiduciária de bens determinados a outra (fiduciário), que se obriga a exercer a propriedade em benefício de quem o contrato designe (beneficiário) e a transmitir os bens ao beneficiário ou ao fideicomissário, findo o prazo ou ocorrida a condição estabelecida no contrato (art. 1º. da Lei nº. 24.441/95). O ordena-

---

10 Artigo 1.226 do Código de Comércio colombiano.

11 "(...) é uma relação jurídica pela qual o fideicomitente transfere bens em fideicomisso a outra pessoa, denominada fiduciário, para constituição de um patrimônio fiduciário, sujeito a propriedade fiduciária desse último e afetado ao cumprimento de um fim específico a favor do fideicomitente ou de um terceiro chamado fideicomissário." (tradução livre do autor).

mento estabelece ainda que pode ser beneficiário pessoa individual ou coletiva (jurídica) existente ou futura, desde que possível identificá-la (art. 2º.).

A maior diferença entre o ordenamento argentino e os demais sistemas latino-americanos reside na inexistência de restrições quanto à figura do fiduciário. Qualquer pessoa individual (física) ou coletiva (jurídica) poderá ser fiduciário. Entretanto, as ofertas públicas de fideicomisso, qualquer que seja o objetivo, só poderão ser realizadas por instituições autorizadas pela comissão de valores da Argentina. Assim, particulares poderão utilizar-se do instrumento do fideicomisso para as diversas atividades que pretendam executar, na administração da vida civil.

O segundo ponto de divergência entre o sistema argentino e os dos demais países latino-americanos consiste na existência, no ordenamento argentino, da dicotomia do conceito dominial previsto nos artigos 2.661 e 2.662 do Código Civil Argentino:

> Art. 2.661. Dominio imperfecto es el derecho real revocable o fiduciario de una sola persona sobre una cosa propia, mueble o inmueble, o el reservado por el dueño perfecto de una cosa que enajena solamente su dominio útil.
>
> Art. 2.662. Dominio fiduciario es el que se adquiere en razón de un fideicomiso constituido por contrato o por testamento, y está sometido a durar solamente hasta la extinción del fideicomiso, para el efecto de entregar la cosa a quien corresponda según el contrato, el testamento o la ley. [12]

Em decorrência dessa dicotomia, a lei argentina prevê que se transfere para o fiduciário a propriedade fiduciária dos bens, enquanto nos demais ordenamentos, a transmissão é da propriedade plena.

Ainda em decorrência dessa dicotomia no direito de propriedade, a Lei nº. 24.441 dá efeitos reais ao domínio fiduciário, tornando-o oponível a terceiros após a formalização do negócio de acordo com a natureza dos bens transmitidos (art. 12). A lei também prevê que a propriedade fiduciária é registrável, devendo ser registrada a alienação fiduciária da coisa, bem como a existência do gravame quando futuros bens passíveis de registro forem adquiridos

---

12 Domínio imperfeito é o direito real revogável ou fiduciário de uma pessoa sobre coisa própria, móvel ou imóvel ou o reservado pelo proprietário absoluto de uma coisa que enseja somente domínio útil.
Propriedade fiduciária é aquela que se adquire em razão de um fideicomisso constituído por contrato ou por testamento e deve durar somente até a extinção do fideicomisso, para ser entregue a coisa a quem o contrato determinar ou testamento ou a lei.

com os frutos do fideicomisso (art. 13). Tal dispositivo é de suma importância nos fideicomissos para administração, impondo que os frutos do fideicomisso também fiquem gravados com a condição de propriedade fiduciária, integrando-se ao patrimônio fideicometido.

A lei argentina também cria, de forma clara, o patrimônio de afetação ou em separado (art. 14). Conforme estabelecido em lei, os bens fideicometidos constituem um patrimônio separado do patrimônio do fiduciário, só respondendo pelos danos decorrentes da gestão daquele patrimônio.

Outro instituto importante da lei argentina são as disposições sobre os efeitos da insolvência das partes (fiduciante, fiduciário e beneficiário). O artigo 16 estabelece que os bens fideicometidos não podem ser alcançados pelos credores do fiduciário, nem do fiduciante, salvo se caracterizar-se que o fideicomisso foi feito em fraude aos credores. Os credores do beneficiário, por sua vez, não podem voltar-se contra os bens que constituem o fideicomisso, mas podem apropriar-se dos frutos ou sub-rogarem-se no direito do beneficiário devedor.

A lei argentina, além das regras gerais de fideicomisso acima relatadas, regulamenta o fideicomisso financeiro celebrado por instituição financeira regulada pela comissão de valores mobiliários, decorrente de oferta pública de certificados de participação em domínio fiduciário e de títulos representativos de créditos garantidos pelos bens transmitidos fiduciariamente (art. 19).

Em suma, o fideicomisso argentino constitui um grande avanço no direito codificado em relação à adaptação do *trust* aos sistemas de origem jurídica romana. Em decorrência da forma com que se cria e regulamenta a propriedade fiduciária e o patrimônio de afetação, segregando o patrimônio do fiduciário dos bens dados em fidúcia, a lei adapta com sucesso o *trust*, permitindo a existência de mecanismos pelos quais as partes possam criar uma gama infinita de negócios, mantendo-se a segurança do fiduciante quanto a eventuais abusos do fiduciário.

6

PATRIMÔNIO DE AFETAÇÃO. A PROPRIEDADE FIDUCIÁRIA: NATUREZA E CARACTERÍSTICAS

6.1 PATRIMÔNIO DE AFETAÇÃO

A adoção de figuras jurídicas análogas ao *trust* nos sistemas jurídicos de tradição continental tem encontrado diversas dificuldades. Uma das mais comuns é a ideia de unicidade patrimonial: um patrimônio, um titular. Em geral, os sistemas não admitem a ideia de propriedade imperfeita ou restrita;[1] tampouco concebem a possibilidade de se segregar (no sentido de dividir ou separar) o patrimônio de um individuo.[2]

---

1 "Art. 1.231. A propriedade presume-se plena e exclusiva, até prova em contrário." (CCB). No direito português cita-se o Artigo 1.305º. (Conteúdo do direito de propriedade): "O proprietário goza de modo pleno e exclusivo dos direitos de uso, fruição e disposição das coisas que lhe pertencem, dentro dos limites da lei e com observância das restrições por ela impostas." (CCP) e o artigo 1.306º: "1. Não é permitida a constituição, com carácter real, de restrições ao direito de propriedade ou de figuras parcelares deste direito senão nos casos previstos na lei; toda a restrição resultante de negócio jurídico, que não esteja nestas condições, tem natureza obrigacional". Observa-se, entretanto, que o ordenamento português admite o patrimônio em separado (artigos 601 e 872 do Código Civil Português). Assim, se prevista a segregação patrimonial em um direito real decorrente de lei, em princípio há como se admitir o patrimônio de afetação em separado no ordenamento português. Em decorrência do Decreto-Lei nº. 105/2004, que introduziu a alienação fiduciária em garantia no direito português, pode se concluir que aquele ordenamento, hoje, admite a propriedade fiduciária e a separação patrimonial: "A possibilidade de as partes convencionarem a transmissão da propriedade a título de garantia resulta de expressa imposição da directiva agora transposta e constitui um dos aspectos mais inovadores do regime aprovado. Com a consagração de uma nova forma de transmissão de propriedade, ainda que a título de garantia, é alargado o *numerus clausus* pressuposto pelo artigo 1306.º. do Código Civil, o que permitirá o reconhecimento da validade das alienações fiduciárias em garantia e o fim da insegurança jurídica que resultava da necessária requalificação desses acordos como meros contratos de penhor" (preâmbulo do Decreto-Lei 104/2005).

2 "...não deve esquecer-se que o nosso ordenamento jurídico acolheu o princípio da unidade do patrimônio", escreve Leite de Campos sobre patrimônio de afetação no direito português.

O patrimônio de afetação é um ponto comum a todos os sistemas que instituíram formas análogas ao *trust* na América Latina e na nova lei francesa. A ideia central seria que os bens transmitidos do fiduciante para o fiduciário não integram o patrimônio geral deste, formando um patrimônio de afetação separado do patrimônio do fiduciário. Tal construção permitiu uma aproximação a um dos elementos do *trust*,[3] já que protege o patrimônio que constitui a fidúcia em relação às dívidas do fiduciário, mesmo no caso de insolvência deste.[4]

Na concepção clássica, o patrimônio é o conjunto de bens e direitos (universalidade de direito) pertencentes a um indivíduo, não se confundindo com os elementos que o compõem, podendo aumentar ou diminuir permanecendo sempre existente durante a vida do titular. Para os doutrinadores clássicos o patrimônio é um prolongamento da personalidade: "a ideia de património deduz-se directamente da ideia de personalidade".[5] Paulo Cunha afirma ainda que o patrimônio não é susceptível, "em razão da unidade da pessoa, de se repartir em várias universalidades jurídicas, distintas umas das outras".[6] Por fim, o autor ainda salienta que o patrimônio por não ser divisível e um direito personalíssimo seria inalienável.[7]

As teorias mais modernas sobre o patrimônio afastaram-se da questão subjetiva da existência de uma pessoa ligada a um patrimônio para introduzir o conceito de afetação a um fim. Adepto da noção moderna de proprie-

---

(CAMPOS, Diogo Leite de. *A propriedade fiduciária (trust) – estudo para a sua consagração no direito português.* Coimbra: Almedina, 1999, p. 272.

3 PIERRE LEPAULLE. La naturaleza del trust, *in Revista Geral de Derecho y Jurisprudencia*, México, 1932, t. III, p. 115: "El *trust* es una afectación de bienes garantizada por La intervención de un sujeto de derechos, que tiene la obligación de hacer todo lo que seja razonablemente necesario para realizar esa afectación, y que es titular de todos los derechos que sean útiles para cumplir dicha obligación."

4 "O direito anglo-americano preferiu tutelar o beneficiário do *trust* em detrimento dos credores pessoais do *trustee*. Estes não têm qualquer poder de agressão dos bens ou direitos constituídos em *trust*, que formam uma massa patrimonial separada. O *trustee* é titular de dois patrimônios diferentes. O Direito anglo-americano não conhece o princípio da unidade do património." CAMPOS, Diogo Leite de. *A propriedade Fiduciária (trust) – estudo para a sua consagração no Direito português*. Coimbra: Ed. Almedina, 1999.

5 CUNHA, Paulo. *Do património*, Lisboa, 1934, p. 183.

6 Ob. cit., p. 190.

7 Ob. cit., p. 193.

dade, Pires Lima acresce a afetação a um fim como elemento do patrimônio.[8] Para ele,

> não basta o simples facto de um conjunto de relações jurídicas pertencer a um indivíduo para se concluir que existe necessariamente um patrimônio. Este, afirmam os autores modernos, existe sempre e somente quando um conjunto de relações jurídicas de carácter patrimonial se encontre *afectado a um fim único*.[9]

O autor afirma também que, para doutrina moderna, não é a existência de uma personalidade que dá vida ao patrimônio, mas a afetação a um fim.

Nessa concepção moderna de propriedade se admite que um indivíduo seja titular de diversos patrimônios separados. Mas, o que determina o fim e permite essa separação? Há doutrinadores que somente admitem a separação do patrimônio em função de uma dívida e não em função da administração ou destinação, como Mota Pinto[10] e Ferrer Correia.[11] Entretanto, é possível se concluir pela admissibilidade da separação em razão da fidúcia mesmo para os que condicionam a separação a uma dívida. O argumento é simples, no negócio fiduciário, o conjunto de bens e direitos transferidos para o fiduciário responde pela dívida que este tem para com o beneficiário ou fiduciante. Seja na fidúcia para administração ou para garantia de crédito, o fiduciário deve restituir os bens ao fiduciário ou beneficiário quando realizada a condição estabelecida no contrato. Esse dever é uma obrigação, satisfazendo-se assim aqueles que condicionam a possibilidade de separação patrimonial somente em função de uma obrigação (dívida).[12]

---

8 LIMA, PIRES DE. *Lições de Direito Civil*. Pelos autores VILACA e FERNANDES, Coimbra, 1933, p. 18.

9 Ob. cit., p. 17.

10 MOTA PINTO, C. A., *Teoria geral do Direito Civil*, Coimbra, 1983, p. 343.

11 FERRER CORREIA, A., A autonomia patrimonial como pressuposto da personalidade, in *Revista de Legislação e Jurisprudência*, v. 115, p. 42 e ss.

12 "Património autónomo ou separa no seu grau pleno é aquele que responde por dívidas próprias, ou seja, só responde e responde só ele por certas dívidas. Afiura-se necessário que certo património responda apenas por certas dívidas ou do seu titular, não respondendo pelas outras, e que por aquelas dívida só o património autônomo responda, não podendo elas afectar o património geral do seu titular. Ambas as características surgem como necessárias à afirmação de uma autonomia patrimonial completa." LEITE DE CAMPOS, ob. cit, p. 226. Essa construção parece demasiada rígida e verdadeiro entrave ao desenvolvimento do instituto fiduciário. Entretanto, como se verá mais adiante, nos sistemas que adotaram o patrimônio de afetação, hispano-americano, brasileiro e francês, presentes estão essa

É nessa conceituação, de patrimônio divisível pelo fim determinado em lei, que se construiu o patrimônio de afetação para fins do fideicomisso ou da alienação fiduciária em garantia. O conjunto de bens e direitos transferidos ao fiduciário somente existe em seu patrimônio, por lei, para garantir os créditos dos fiduciantes ou beneficiários, entendendo-se crédito como direito de reaver a coisa e seus frutos, se for o caso, ao final do contrato. É, de fato, um patrimônio de afetação especial que pode ser separado do patrimônio de afetação geral do fiduciário. A união dos bens e direitos que constituem o patrimônio de afetação especial se dará pela finalidade que a lei o desmembrou do patrimônio geral, qual seja, pagar o fiduciante ou beneficiário ao final do contrato.[13]

Em decorrência dessa construção, o patrimônio afetado que ingressa no patrimônio do fiduciário fica a salvo das pretensões dos credores deste, quando a dívida não decorre dos atos praticados no exercício da fidúcia. Por óbvio, a oponibilidade dessa afetação às pretensões de terceiros (credores do fiduciário) dependerá da observância dos dispositivos legais que permitem a segregação patrimonial, ou seja, somente quando a lei permite a constituição de um patrimônio em separado, esse é admitido. Quando a lei exige o registro ou qualquer outra formalidade para tornar pública a existência da separação patrimonial, é mister concluir que o registro ou qualquer formalidade exigida na lei é pré-requisito para oposição da afetação à terceiros credores do fiduciário, não podendo a simples vontade das partes separar o patrimônio.

De forma contrária ao sistema adotado nos países latino-americanos, Leite de Campos defende que o patrimônio transferido em fidúcia não constitui um patrimônio de afetação.[14] Segundo ele, o conceito clássico de patrimônio de afetação (*Zweckvermögen*), desenvolvido pelos Pandectistas alemães, concebia o patrimônio de afetação como um patrimônio sem titular, tais como as ruas, pontes, hospitais, igrejas, etc., que tinham como titularidade o Estado ou o Clero. O autor ainda explica que, no conceito clássico, os titulares do patrimô-

---

autonomia e a relação à dívida. O patrimônio afetado só responde pelas dívidas decorrentes dos atos praticados em decorrência daquele patrimônio, da execução da fidúcia (gestão) ou sua conservação. Inclui-se nas dívidas decorrentes da execução da fidúcia a obrigação de restituir os bens e direitos fiduciados e seus frutos, se for o caso, ao beneficiário ou fiduciante, conforme previsto no pacto fiduciário.

13 LLAMBÍAS, Jorge J., in *Tratado de Derecho Civil, Parte geral.* Buenos Aires: Ed. Perrot, 9. ed., 1982, II, p. 196.

14 Ob. cit, p. 270 a 272.

nio afetado não poderiam dispor dos bens ou direitos, já que afetação retira a liberdade de uso aos seus proprietários, que ficam limitados dentro do fim e dos limites de suas competências. Brinz, citado por Leite de Campos, entende que o patrimônio afetado (*Zweckvermögen*) no campo privado também seria um patrimônio sem sujeito. Por fim, Leite de Campos defende que a existência das características do patrimônio de afetação ignoraria os aspectos "dinâmicos" da fidúcia, bem como a posição dos beneficiários.

Algumas críticas podem ser feitas à posição de Leite de Campos sobre o patrimônio de afetação. Em primeiro lugar, o fato de ter sido concebido como um patrimônio sem titular não retira do instituto a possibilidade de evolução, podendo a lei atribuir ao fiduciário a titularidade desse patrimônio. Segundo, a afirmativa que o patrimônio de afetação, tendo em vista a sua natureza funcional, ignora os aspectos dinâmicos da fidúcia, não tem nenhum fundamento, nenhum argumento de sustentação. A função atribuída ao patrimônio afetado é justamente a execução dos objetivos da fidúcia; os limites impostos ao patrimônio afetado, assim, são aqueles em que os atos do fiduciário possam representar abuso da confiança, não limitando de forma nenhuma a dinâmica dos negócios, se os objetivos forem aqueles estabelecidos no negócio fiduciário. A posição do beneficiário, segundo Leite de Campos, seria ignorada pelo patrimônio de afetação. *Data venia*, o autor não explicita como se dá esse desprezo. De fato, se o fim indicado no negócio fiduciário for para beneficiar um terceiro (beneficiário), a ele é dada a titularidade de exigir o cumprimento das obrigações e reivindicar o patrimônio afetado, como no sistema argentino e no francês, não se podendo falar na "ignorância" arguida. Por último, a crítica de Leite de Campos assenta-se no princípio da unidade patrimonial. Como visto, mesmo nos sistemas em que existe esse princípio, a teoria moderna (Pires Lima) sobre propriedade admite a sua separação de acordo com o fim (responder por determinada dívida). Por óbvio, tal separação depende dos requisitos legais para ocorrência, não sendo mera faculdade discricionária dos contratantes e titulares dos direitos reais que integram um patrimônio.[15]

O patrimônio de afetação, também, é adotado em França. Leite de Campos, citando Berger, Berger e Larroume, afirma que "na França, os bens e direitos transmitidos ao fiduciário constituem uma massa patrimonial separada no

15 TAVARES, Miriam Elisabete Gomes, *A separação de patrimónios*, FDL, teses, Lisboa, 2001.

patrimônio do fiduciário.[16] Sem prejuízo dos direitos dos credores do *constituant*, titulares de um direito de sequela derivado de uma garantia constituída antes da celebração do contrato de fidúcia, e desde que não se trate de um caso de fraude aos direitos dos credores do *constituant*, os bens ou direitos transmitidos ao fiduciário apenas podem ser penhorados pelos titulares de créditos decorrentes de actos respeitantes à sua conservação ou gestão. Trata-se, para alguns, sem dúvida de um verdadeiro património de afectação."

A adoção do patrimônio de afetação nos sistemas que não admitem a dicotomia do direito de propriedade como a propriedade formal e a propriedade útil é imprescindível para adequada proteção dos direitos dos fiduciantes e beneficiários. Sem a separação, não se pode atribuir nenhum direito aos beneficiários e fiduciantes que não seja no campo dos direitos pessoais.

A separação patrimonial também acarreta vantagens na gestão da fidúcia, já que por meio de uma contabilidade separada, pode o fiduciário agregar ao patrimônio afetado as mesmas características inerentes ao patrimônio geral, no sentido de constituir uma massa de direito, bens e obrigações. Em decorrência disso, os frutos e eventuais ganhos patrimoniais decorrentes da gestão do patrimônio afetado permanecem dentro do patrimônio afetado, como no caso do artigo 13 da lei argentina sobre fideicomisso e na lei brasileira sobre fundos imobiliários. Tal configuração é essencial para a fidúcia para administração e investimento, em que os frutos e lucros da operação se agregam ao universo patrimonial afetado pela fidúcia.

Conforme escreve Chalhub,[17] a concepção do patrimônio de afetação que permitiu o desenvolvimento do fideicomisso hispano-americano, já que os bens dados em fideicomisso[18] ficam separados do patrimônio do fiduciário.

---

16 Ob. cit., p. 271.

17 Ob. cit., p. 87.

18 "A nenhuma dessas três pessoas pode ser atribuível o patrimônio constituído pelos bens fideicomitidos, devendo entender-se que se trata de um patrimônio afetado a um fim determinado, que se encontra, portanto, fora da situação normal em que estão colocados os patrimônios. Não importa, efetivamente, o problema da propriedade, porque o patrimônio fideicomitido pode estar constituído por direitos que não constituem propriedade em sentido jurídico ('podem ser objeto de fideicomisso toda classe de bens e direitos', diz o art. 351), e porque, em qualquer caso, se tratar-se de direitos dominicais, estes terão sido retirados do regime normal da propriedade para colocar-se sob o regime da propriedade do fiduciário.
O fiduciário é titular, não proprietário. Por titularidade se entende a qualidade jurídica

Segundo o autor, "submeter um bem ou direito a regime fiduciário implica, necessariamente, afetá-lo a determinado fim e constituir com ele um patrimônio autônomo".[19] Assim, os bens alienados fiduciariamente em garantia, os direitos cedidos fiduciariamente para cobrança ou garantia e os bens dados em fideicomisso qualquer que seja seu fim, constituem, por força de lei, um patrimônio afetado em separado do patrimônio geral do fiduciante, já que este terá esse patrimônio somente com o fim de execução da fidúcia e respondendo pelo crédito do beneficiário ou fiduciante. Em decorrência da separação do patrimônio pela afetação, segundo Chalhub,[20] os bens envolvidos no negócio fiduciário são blindados dos riscos econômico-financeiros que afetem fiduciante, fiduciário e beneficiário. Além disso, o fiduciário, como titular do patrimônio separado, somente tem aquelas faculdades necessárias ao fim para os quais a afetação foi estabelecida.

No Direito brasileiro, em particular, o patrimônio de afetação está presente tradicionalmente nos casos de falência, ausência, nos regimes matrimoniais, na herança e no estabelecimento comercial.[21] Na década de 1960, com a introdução da alienação fiduciária em garantia e da cessão de crédito em garantia, surge no Direito brasileiro a propriedade fiduciária e a afetação patrimonial dos bens dados em garantia fiduciária.

Em relação aos negócios fiduciários, o marco inicial legislativo no Brasil para os patrimônios de afetação ou em separado decorre da regulamentação dada pelo Conselho Monetário Nacional (CMN) aos artigos 49 e 50 da Lei nº. 4.728/65. Ao regulamentar os fundos de investimento, o CMN estabeleceu

que determina o poder de uma pessoa sobre um direito ou pluralidade de direitos dentro de uma relação jurídica. O poder do fiduciário sobre o patrimônio fideicomitido estará determinado pelo ato constitutivo do fideicomisso, e se não o estiver, estará deteminado pela natureza do fim a que os bens fideicomitidos se destinam (...) O fiduciário, repetimos, terá a titularidade do patrimônio fideicometido, vale dizer, o poder sobre dito patrimônio, na medida em que seja necessária para consecução do fim do fideicomisso". Juan Landerrech Obregón, *Naturaleza del fideicomiso en el derecho mejicano* in Jus (Revista de Derecho y Ciencias Sociales), México, 1942, IX, p. 201/203, *apud* LOZANO, José M Villagorda. *Doutrina General del fideicomisso,* México: Porrúa, 2. ed., 1950.

19 CHALHUB, ob. cit., 87.

20 Ob. cit. p. 87.

21 GOMES, Luiz Roldão de Freitas. As garantias da obrigação no aspecto sustantivo e processual no direito Brasileiro (um estudo de Direito Luso-Brasileiro) in *Revista Arquivos do Tribunal de Alçada,* TARJ, 21, p. 16/27.

regras contábeis de forma que os fundos de investimento pudessem ser segregados uns dos outros e do patrimônio da instituição gestora do fundo.

Um segundo momento histórico para o desenvolvimento do patrimônio de afetação no Brasil decorre da lei dos fundos de investimento imobiliários, Lei nº. 8.668/93. A norma prevê a criação de fundos de investimentos em imóveis geridos por instituição administradora autorizada pela Comissão de Valores Mobiliários, que deverá ser, exclusivamente, banco múltiplo com carteira de investimento ou com carteira de crédito imobiliário, banco de investimento, sociedade de crédito imobiliário, sociedade corretora ou sociedade distribuidora de títulos e valores mobiliários. O artigo 6º. da lei prevê que o patrimônio desses fundos será composto por bens e direitos adquiridos em caráter fiduciário.

O artigo 7º, por sua vez, vem consagrar o patrimônio de afetação ou em separado, estabelecendo que os bens e direitos integrantes do patrimônio do Fundo de Investimento Imobiliário, em especial os bens imóveis mantidos sob a propriedade fiduciária da instituição administradora, bem como seus frutos e rendimentos, não se comunicam com o patrimônio desta. Além disso, a lei estabelece expressamente que esses bens e direitos não integram o ativo da administradora do fundo, não respondendo por qualquer obrigação da instituição administradora, inclusive no caso de liquidação das sociedades administradoras.

As administradoras dos fundos imobiliários são fiduciárias dos recursos aplicados pelos fiduciantes (investidores), cabendo a elas administrar os bens adquiridos em fidúcia com os recursos aplicados pelos fiduciantes e deles dispor e dar a destinação necessária para buscar os fins do fundo de investimento (obter lucro para os investidores).

Para garantir a publicidade e a oponibilidade da segregação patrimonial dos ativos do fundo, a lei estabelece que os fundos imobiliários têm o dever de registrar, junto ao registro dos imóveis integrantes dos fundos, a existência da fidúcia e os elementos que destacam aquele bem como ativo do fundo determinado e não do ativo da administradora do fundo (§ 2º., art. 7º, Lei nº. 8.668/93).

A instituição administradora do fundo imobiliário poderá alienar os bens que integram o patrimônio do fundo, de forma plena, transferindo a propriedade para os adquirentes sem qualquer restrição. Os frutos e lucros das operações integram o fundo imobiliário ficando afetados da mesma forma que os bens alienados.

O fundo imobiliário constitui, assim, um negócio fiduciário *cum amico*, com as características modernas dos negócios fiduciários, incorporando com sucesso os elementos do *trust*, ao afetar o patrimônio, protegendo os fiduciantes quanto aos riscos de insolvência do fiduciário. O risco da fidúcia decorrente de abuso do fiduciário encontra-se mitigado pelas restrições, e regulamentações da CMV. Entretanto, ainda está presente, a ponto de ser elemento central do negócio, a confiança que o fiduciante deposita no administrador do fundo imobiliário e na sua capacidade técnica para gerir o patrimônio afetado.

Recentemente, o patrimônio de afetação foi introduzido nos negócios imobiliários: trata-se do patrimônio de afetação nas incorporações imobiliárias.[22] Em síntese, a Lei nº. 10.931, de 2 de agosto de 2004, permitiu que as incorporadoras afetassem o patrimônio de cada incorporação, segregando o patrimônio destas do patrimônio da própria incorporadora. Por meio do registro da afetação, junto ao registro da incorporação, separou-se aquele patrimônio do patrimônio da sociedade. A incorporadora deve manter uma contabilidade apartada para cada incorporação afetada, os recursos destinados a cada incorporação agregam-se ao patrimônio individualizado. Em decorrência desse fato, os adquirentes e os financiadores de cada incorporação garantem-se contra as eventuais dificuldades financeiras das incorporadoras, protegendo o patrimônio, inclusive da falência do incorporador, já que a massa patrimonial da incorporação afetada responde somente pelas dívidas decorrentes da gestão daquela massa separada de bens e direitos.

6.2 PROPRIEDADE FIDUCIÁRIA

Inicialmente deve-se distinguir a propriedade fiduciária do negócio fiduciário. A propriedade surge em decorrência da transferência do domínio celebrado no âmbito do negócio fiduciário. É direito real, enquanto o negócio fiduciário é uma relação contratual entre as partes. De fato, a propriedade fiduciária é direito acessório, pois trata-se de direito real de garantia do cum-

22 Lei nº. 10.931, de 2 de agosto de 2004.

primento das obrigações assumidas no negócio fiduciário, não havendo como se confundi-los.

O ordenamento brasileiro seguiu o conceito de que na propriedade fiduciária, o fiduciário adquire a coisa sob condição extintiva e o fiduciante mantém um direito real de expectativa de recuperação da coisa.

Outros ordenamentos, com base nas peculiaridades do seu sistema de propriedade, previram a existência de dois direitos de propriedade distintos sobre o mesmo bem, como no ordenamento alemão. Na construção dos doutrinadores alemães, o fiduciante é titular material e o fiduciário tem a propriedade formal ou externa.

O sistema argentino adota a diferenciação entre domínio perfeito e imperfeito, definindo a propriedade fiduciária como uma propriedade imperfeita sujeita a condição resolutiva e limitada ao escopo do contrato de instituição da propriedade.

A sistemática adotada no Direito brasileiro inicia-se no artigo 1.231 do CCB, o qual estabelece que a propriedade presume-se plena até prova em contrário, ou seja, admite-se estabelecer a propriedade limitada desde que existam elementos para limitá-la.

Na esteira desse sistema de direito de propriedade, admitindo-se a limitação real por negócio jurídico do direito de propriedade, incorporou-se no corpo da lei civil a propriedade fiduciária já prevista anteriormente em leis especiais. O artigo 1.361 do CCB estabelece que a propriedade fiduciária é a propriedade resolúvel de bens infungíveis que o fiduciante transfere ao fiduciário em escopo de garantia.

Observa-se que o artigo 1.316 do CCB limita a aplicação da propriedade fiduciária aos bens móveis e infungíveis. *Dava venia,* a limitação quanto à utilização do instituto sobre coisa móvel e infungíveis foi um descuido do legislador, só explicável em decorrência do tempo que o novo Código Civil ficou parado e sem adaptações no Congresso Nacional.

Em primeiro lugar, a lei especial, de nº. 9.514/97, que está em vigor, anterior ao Código Civil, já tinha criado a propriedade fiduciária sobre bens imóveis, o que demonstra a inadequação do artigo do CCB. Também, a Lei nº. 8.668/93, que criou os fundos imobiliários, permite a criação de um patrimônio afetado pela constituição da propriedade fiduciária dos bens e direitos que constituem os fundos. As administradoras dos fundos imobiliários somente têm a propriedade fiduciária dos bens e direitos integrantes dos fundos, inclusive dos frutos e produto das alienações do ativo do fundo (§ único, artigo 9º. da Lei nº. 8.668/93). Por conta do referido dispositivo, admite-se a propriedade fiduciária sobre direitos fungíveis, já que o dinheiro obtido com o produto das operações do fundo imobiliário também ficará em poder da administradora do fundo onerado pela mesma fidúcia que existia sobre os bens imóveis que pertenciam ao fundo. Além disso, a propriedade fiduciária no caso da Lei nº. 8.668/93 não tem finalidade de garantia, mas de administração.

Assim, o conceito de propriedade fiduciária do Código Civil já nasceu ultrapassado, diante das normas especiais em vigor no Brasil. De fato, do conceito legal, o que resta é a característica de propriedade resolúvel transferida para um fim determinado. Nem mesmo pode-se dizer que a propriedade fiduciária só existe diante de coisas infungíveis e restrita às operações de garantia. Entretanto, no escopo do presente trabalho, alienação fiduciária em garantia e nas cessões fiduciárias de créditos em garantia, o conceito de propriedade fiduciária baseado na sua configuração como uma propriedade resolúvel transferida para o credor em garantia é a preferível.

Em decorrência da adoção desse conceito de propriedade fiduciária, obtém-se um importante efeito, qual seja: a acessoriedade da propriedade fiduciária. Por isso, é possível ao credor-fiduciário ceder os créditos, transferindo junto a garantia. Também, extinta a dívida garantida, extingue-se automaticamente a propriedade fiduciária. De fato, tem-se aqui que observar o princípio que o acessório segue o principal, não havendo como desvincular a sorte da propriedade fiduciária do contrato que garante.

Assim, segundo os ensinamentos de Rodrigues Pereira, os negócios de natureza fiduciária do Direito brasileiro acarretam a transmissão de propriedade limitada ao fiduciário, sob condição resolutiva, enquanto o fiduciante, que transmitiu, é proprietário sob condição suspensiva, titular de um direito expectativo de propriedade concretizável quando pagar a dívida.[23]

No ordenamento brasileiro, o fiduciário ou o fiduciante poderá se tornar proprietário pleno da coisa, dependendo da execução ou inexecução do contrato principal. Caso o fiduciante-devedor fique inadimplente, o fiduciário-

---

23 PEREIRA, Lafayette Rodrigues Pereira. *Direito das Coisas.* Rio de Janeiro: Ed. Histórica, 1977.

-proprietário poderá consolidar a propriedade em seu nome, passando a ser proprietário pleno do bem, devendo e podendo, inclusive, aliená-lo. Por outro lado, quitado o mútuo, resolve-se a propriedade do fiduciário-credor em favor do fiduciante-devedor. Conceitua-se, assim, a propriedade fiduciária como o domínio limitado e resolúvel recebido pelo fiduciário do fiduciante para execução de um fim específico.

7

A ALIENAÇÃO EM GARANTIA NO DIREITO COMPARADO

A alienação fiduciária em garantia e os negócios fiduciários em geral têm despertado muito interesse nos sistemas de Direito continental de tradição romana. O interesse decorre da larga utilização do *trust* anglo-saxão nos negócios em geral e a necessidade de se criar figuras jurídicas análogas que possam dar instrumentos aos agentes econômicos para execução de suas atividades na economia moderna.

O principal marco na atualidade para os países da União Europeia decorre da diretiva 2002/47/CE, que introduz a cessão fiduciária em garantia de créditos nos contratos de garantia financeira. A transposição dessa diretiva e seus efeitos em cada ordenamento poderá ajudar na compreensão do funcionamento da alienação fiduciária nos ordenamentos abaixo estudados.

7.1 A ALIENAÇÃO FIDUCIÁRIA NO SISTEMA ITALIANO

O sistema italiano seguiu as mesmas soluções do ordenamento jurídico francês.[1] Sobre os bens imóveis e os móveis registráveis, a garantia prevista no *Codice Civile* é a hipoteca. Para os bens móveis não registráveis é o penhor, que quase sempre acarreta o desapossamento da coisa dada em garantia. Além desses regimes, a lei italiana prevê, ainda, o penhor de créditos e a cessão fiduciária de créditos em garantias.[2]

---

1 MAURO BUSSANI. *Il modello italiano*, p. 163 e ss. e ALBINA CANDIAN. *Le garanzie mobiliari*, p. 291 e ss.

2 Sobre a cessão fiduciária em garantia italiana cita-se na atualidade ARIANNA SCACCHI. *La cessione Del credito a scopo di garanzia*, RDCom, 2001, nº. 9 a 12, p. 613 ss. e BRUNO INZITARI, *Profili Del diritto Dell obbligazioni*. Milão: Cedam, 2000, p. 489 ss.

A alienação fiduciária (*fidúcia cum creditore*) há muito vem sendo discutida na Itália, apresentando-se argumentos ora pela inadmissibilidade, ora pela possibilidade de adoção do instituto no sistema italiano. Domenico Rubino defendia que a cessão fiduciária em garantia seria incompatível com o sistema italiano baseado na causa do negócio jurídico (sistema causal), caracterizando-o como simulação.[3] Outros, como Bianca[4] e Galgano,[5] defendiam que a alienação fiduciária em garantia constituiria uma violação à proibição geral ao pacto comissório do sistema italiano.

Um dos principais autores italianos a serem citados é Claudio Varrone,[6] para quem a *alienazione in garanzia* não era um negócio nem fiduciário, nem indireto, já que a compra e venda não pode ser causa de garantia. Para o autor, a alienação em garantia era um negócio atípico próprio.

A principal dificuldade da doutrina italiana em aceitar a alienação fiduciária em garantia como válida, em seu ordenamento baseado na causa do negócio como requisito da validade, decorre da alegada insuficiência de causa do fim estipulado pelas partes para transferência da propriedade. Emanuela Giacobbea afirma que seria inadmissível a alienação fiduciária em garantia no sistema italiano, em decorrência da desconformidade entre a causa (garantia) e o tipo adotado (compra e venda).[7]

Em um ambiente jurídico tão avesso à alienação fiduciária em garantia, o legislador italiano, em 21 de maio de 2004, publicou o decreto legislativo nº. 170, transpondo para o ordenamento jurídico a diretiva 2002/47/CE. O artigo 6º do decreto admite a "*cessione del credito o trasferimento della proprietà con funzione di garanzia*".[8] Dario Loiacono[9] defende que, ao transpor a diretiva

---

3 DOMENICO RUBINO. *Il negozi giuridico indiretto.* Milão: Giuffrè, 1937, p. 179 ss.

4 MASSIMO BIANCA. *Il divietto Del patto commissorio.* Milão: Giuffrè, 1957, p. 145 ss.

5 FRANCESCO GALGANO. *Diritto privato*, 3. ed, Padova: Cedam, 1985, p. 287.

6 CLAUDIO VARRONE, *Il trasferimento della proprietà a scopo di garnzia.* Nápoles: Casa editrice dott. Eugenio Jovene, 1968, p. 84.

7 EMANUELA GIACOBBE. *Patto commissorio alienazioni in garanzia, vendita com patto di riscatto e frode Allá legge: variazioni sul tema*, GC, 1997, I, p. 2546.

8 Cessão de crédito com transferência da propriedade com função de garantia. (tradução livre do autor).

9 DARIO LOIACONO. *Il transferimento insolvência funzione di garanzia tra pegno irregolare, riporto e diritto di utilizzazione*, BBTC, suplemento ao nº 6, 2005, p. 30-31.

para o ordenamento jurídico, o legislador italiano não transpôs a transferência plena da propriedade ao credor (*outright transfer*), mas, sim, criou uma categoria de transferência de propriedade com função de garantia. Teria, segundo ele, o ordenamento italiano admitido o penhor irregular, o depósito irregular com função de garantia e o reporte.

A lei italiana, por fim, ao transpor a diretiva, adotou todas as normas referentes à insolvência e as proteções ao prestador e ao beneficiário da garantia, no caso de insolvência. A lei, assim, estabeleceu que cessão fiduciária em garantia é oponível aos demais credores das partes, inclusive no caso de insolvência do prestador da garantia, desde que tenha sido prestada antes da caracterização da insolvência (abertura do processo).

Como forma de transpor a diretiva de maneira harmônica ao ordenamento jurídico italiano, especialmente em relação à questão da proibição do pacto comissório, a lei previu que, ficando o devedor inadimplente, o credor poderia vender os créditos, pagando-se e devolvendo o remanescente ao devedor na linha do pacto marciano,[10] largamente admitido no Direito italiano como solução para contornar a proibição do pacto comissório.

7.2 ALIENAÇÃO FIDUCIÁRIA NO SISTEMA ALEMÃO

A alienação em garantia (*Sicherungsübereignung)* tem longa história no Direito alemão. Os primeiros estudos datam dos fins do século XIX. Nessa fase pré-BGB (Código Civil alemão), a garantia por alienação fiduciária decorria das tradições consuetudinárias. No século XX, após a entrada em vigor do BGB, é fato marcante na evolução da alienação em garantia o estudo de Rolf Serick denominado *Eigentumsvorbehat und Sicherungsübereignung*, [11] em que se estuda a alienação fiduciária em garantia e a reserva de propriedade.

Menezes Leitão define a *Sicherungsübereignung* como a "transferência da propriedade em garantia, mediante a qual o devedor transfere ao seu credor a propriedade de um bem, sem proceder à sua entrega, ficando este, por cons-

---

10 VINCENZO LOJACONO. *Il patto commissorio*, p. 79 ss e ENZO ROPPO. *Note sopra Il divieto Del patto commissorio, Rischio contrattuale e autonomia privada*. Nápoles: Jovene Editore, 1982, p. 264, entre outros, formando doutrina dominante na Itália.

11 SERICK, Rolf. *Eigentumsvorbehat und Sicherungsübereignung*, v. III, Verlagsgesellschaft Recht und Wirtschaft, Heidelberg, 1979.

tituto possessório, na posse do mesmo, e passando o devedor a desempenhar funções de custódia".[12] Do conceito trazido por Menezes Leitão sobre a alienação fiduciária no sistema alemão, extraem-se alguns pontos comuns com o sistema brasileiro, em especial, o desdobramento da posse. Pelo constituto possessório, o devedor fica com a posse direta (imediata) da coisa e o credor proprietário com a posse indireta (mediata). Da mesma forma que no sistema brasileiro, o incumprimento do devedor das obrigações assumidas no contrato caracteriza o esbulho possessório, dando ao credor o direito de usar das ações possessórias para obter a posse da coisa (cf. § 930 e § 868[13] do BGB).[14]

A estrutura da *Sicherungsübereignung* segue a mesma linha do Direito consuetudinário da fidúcia germânica. Há um pacto real de transmissão da propriedade em um obrigacional oposto que limita o exercício da propriedade transmitida. No pacto obrigacional, os costumes ditam que se inclua a condição resolutiva da propriedade (§ 158, 2 e § 159 do BGB) do credor, correspondente ao cumprimento da obrigação pelo devedor.[15] Na estrutura do Direito alemão, como a posse direta permanece com o devedor, caso exista a condição resolutiva, o cumprimento da obrigação pelo devedor acarreta a extinção automática da propriedade do credor.[16] A estrutura é muito parecida com a do sistema brasileiro, diferenciando-se quanto aos efeitos da condição resolutiva. No Direito brasileiro, a condição resolutiva tem caráter real, enquanto no Direito alemão será apenas obrigacional.

---

12 LEITÃO, Luís Manuel Teles de Menezes. *Garantias das obrigações*. Coimbra: Almedina, 2006, p. 50.

13 Em tradução livre, o §868 do BGB estabelece que a posse indireta ou mediata é uma relação em virtude da qual um possuidor direto é legitimado face a outra pessoa durante um certo período de tempo. Todas as traduções aqui referidas baseiam-se no *Código Civil Alemão (BGB)* §925. Trad. Souza Diniz. Rio de Janeiro: Record, 1960.

14 SERICK, Rolf. *Le garanzie mobiliari nel diritto tedesco*. Milão: Giuffrè, 1990, p. 11-12. Em tradução livre o §868 do BGB estabelece que a posse indireta ou mediata é uma relação em virtude da qual um possuidor direto é legitimado face a outra pessoa durante um certo período de tempo.

15 OESCHLER, Jügen, *Sicherungseigentum – Sicherungübereignung, §929-936*. Munique: Verlag C. H. Beck, v. 6, 4. ed., 2004, p. 896.

16 WITZ, Claude. *Operations fiduciaires: pratiques, validité, régime juridique dans plusieurs pays européens et dans commerce international*: Colloque de Luxembourg des 20 et 21 septembre 1984, Paris: Feduci, 1985, p. 245.

Outro aspecto importante para o desenvolvimento da *Sicherungsübereignung* é a forma de transmissão da propriedade móvel no Direito alemão. Há necessidade de que as partes acordem a transmissão da propriedade (§ 929 do BGB) e acordem a transmissão da posse. No sistema alemão, a "posse vale título", o que acaba por desdobrar a própria propriedade e não só a posse. Tem-se que o credor é titular do direito real sobre o valor da coisa, sujeito a se tornar proprietário pleno sobre condição suspensiva e o devedor tem o direito real de gozo[17] e direito real expectativo de aquisição (*Anwartsacheftrecht*).[18]

A principal crítica feita sobre a alienação fiduciária em garantia alemã é justamente a ausência de caráter real às limitações dos direitos reais aos quais as partes são submetidas,[19] o que pode gerar potenciais abusos. O devedor prestador da garantia, tendo a posse, pode alienar a coisa a terceiro de boa-fé, ou aliená-la fiduciariamente uma segunda vez a terceiro de boa-fé. Também, em decorrência da ausência de efeitos reais ao negócio (garantia oculta), o credor beneficiário da garantia, em caso de insolvência do devedor, poderá ser tratado como mero credor pignoratício.[20] De certa forma, isso contradiz o direito que é assegurado ao credor beneficiário da garantia de se opor às penhoras feitas sobre o bem dado em garantia em execuções singulares contra o devedor, por meio de embargos de terceiro.[21] Existem duas correntes no Direito alemão sobre a matéria, atribuindo-se o direito de separação da coisa da massa do insolvente (*Aussonderungsrecht*) e os que defendem que, pelo princípio da conversão, o credor teria apenas um direito de preferência (*Absonderungsrecht*).[22]

Quando o devedor prestador da garantia não paga a dívida, é dado ao credor o direito de reaver a coisa em decorrência do constituto possessório. Uma vez na posse do bem, o credor deverá aplicar o regime da execução do penhor, podendo o credor vender o bem em leilão público para pagar-se, retendo so-

---

17 SERICK, Rolf, ob. cit., p. 20-21.

18 WITZ, Claude, ob. cit., p. 245.

19 WOLF, Manfred, Sachenrecht. 20. ed., Munique: Verlag C.H. Beck, 2004, §763.

20 SERICK, Rolf, ob. cit., p. 14 ss.

21 WOLF, Manfred, ob. cit. §784 e CAMPOS, Diogo Leite de. Alienação em garantia in *Estudos em homenagem ao Banco de Portugal*, 105º Aniversário (1846-1996), Lisboa: Banco de Portugal, 1998, p. 7 ss.

22 SERICK, ROLF, ob. cit., p. 14 ss.

mente o suficiente para satisfazer seu crédito e restituindo ao devedor o eventual saldo (§ 1228, 1233, 1247, 2 do BGB).[23]

Quanto ao objeto, a alienação em garantia pode recair sobre bens móveis e direitos creditórios. Em relação aos bens imóveis, não há pratica do negócio, tendo em vista os custos tributários fiscais da transmissão da propriedade, além da proibição do § 925, 2[24] do BGB de se condicionar a transmissão da propriedade imóvel.[25] A *Auflassung* não poderá ser condicional ou limitada no tempo, assim, a transmissão da propriedade sob condição resolutiva ou limitada no tempo seria incompatível com o sistema do BGB em relação a imóveis.

A cessão fiduciária em garantia de direitos creditórios é largamente utilizada, seguindo o regime geral das cessões de créditos previsto no § 398 e seguintes do BGB. A única diferença em relação à alienação fiduciária de coisa móvel é a sua oponibilidade no caso de falência do devedor, atribuindo-se ao credor o direito de separar da massa os créditos cedidos fiduciariamente[26].

7.3 ALIENAÇÃO FIDUCIÁRIA NO SISTEMA FRANCÊS

O mais correto aqui, dada a entrada em vigor da Lei nº. 2007-211, de 19 de fevereiro de 2007, seria um estudo do negócio fiduciário francês como um todo, compreendendo-se que a alienação fiduciária em garantia é só uma das possibilidades de uso do instituto do negócio fiduciário francês. A lei introduziu os artigos 2011 a 2031 no Código Civil, regulando o negócio fiduciário para qualquer finalidade (administração ou garantia).

A fidúcia é a operação pela qual um ou vários instituidores (fideicomitentes) transferem bens, direitos ou garantias, ou um conjunto de bens, direitos ou garantias, presentes ou futuros, a um ou vários fiduciários que, mantendo-os separados do seu próprio patrimônio, agem com um objeto determinado em benefício de um ou vários beneficiários (ou fideicomissários) (cf. art. 2.011 Código Civil Frances). Os elementos de ativos e passivos transferidos no âm-

---

23 WOLF, Manfred, ob. cit., §763.

24 Código Civil Alemão (BGB) § 925. Trad. Souza Diniz. Rio de Janeiro: Record, 1960, p. 154.

25 SERICK, ROLF, ob. cit., p. 8.

26 SERRA, Adriano Vaz. Cessão de créditos ou de outros direitos, *BMJ*, número especial, 1955, p. 175.

bito do negócio fiduciário formam um patrimônio de afetação separado do .patrimônio geral do fiduciário no mesmo estilo do fideicomisso latino-americano. As operações que afetam este último formam o objeto de uma contabilidade autônoma junto ao fiduciário (Lei 2007-211, de 19 de fevereiro de 2007 art. 12). A contabilidade autônoma é instrumento pelo qual o fiduciante garante que o patrimônio afetado só responda pelas obrigações geradas pelos atos daquele patrimônio, permitindo ainda aos credores do fiduciário verificarem se aqueles bens estão ou não afetados.

O Código Civil Francês estabelece, ainda, que a fidúcia poderá ser constituída por lei ou por contrato, por meio de declaração expressa do fideicomitente. O fideicomisso contratual francês tem característica preponderantemente financeira, pois só permite às instituições financeiras assumirem a condição de fiduciários (fideicomissários). Além das instituições financeiras, os advogados também podem ser fiduciários. Tal característica decorre da necessidade de confiança que é imputada ao fiduciário (art. 2.015 do CCF).

A fidúcia francesa poderá ser triangular com constituinte (fiduciante), receptor (fiduciário) e beneficiário, ou ter somente duas partes fiduciantes, que também serão beneficiários e o fiduciário.

Para fiscalizar a atuação do fiduciário, o constituinte (fiduciante) pode nomear um terceiro, a qualquer tempo, para fiscalizar os atos praticados pelo fiduciário, tal como o agente fiduciário que, no Brasil, é nomeado para fiscalizar os atos das companhias securitizadoras que estabeleçam regime fiduciário sobre os créditos que garantam suas operações (ver cap. 14.4).

O contrato de fidúcia determina, sob pena de anulação, os bens, direitos ou garantias transferidos (se eles são futuros, devem ser determináveis), a duração da transferência, que não pode exceder noventa e nove anos, a contar da assinatura do contrato, a identidade do ou dos constituintes, a identidade do ou dos fiduciários, a identidade do ou dos beneficiários ou, em sua falta, as regras que permitam a sua designação, a missão do ou dos fiduciários e a extensão dos seus poderes de administração e de disposição (art. 2.018).

Por esse dispositivo, tem-se que a propriedade transferida pelo fiduciante ao fiduciário será temporária e sujeita a uma condição resolutiva,[27] que poderá

27 O contrato de fidúcia extingue-se com o falecimento do constituinte pessoa física, pelo fim do prazo ou pela realização do objeto pretendido quando esta ocorre antes do fim do prazo. Art. 2.029.

ser o advento do tempo ou qualquer outro fato determinável futuro e certo. Quando a lei fala em missão dos fiduciários, estabelece, também, que as partes podem determinar a finalidade da transferência garantia ou administração, de forma que a propriedade recebida será necessariamente destinada àquele fim especificado. Não há na lei qualquer vedação à atribuição da posse da coisa, podendo ficar com o fiduciante, fiduciário ou beneficiário (art. 2.018-1).

Para efeitos reais da fidúcia, o artigo 2.019 prevê que o contrato de fidúcia e seus eventos são registrados no prazo de um mês, a contar de sua data, na repartição tributária da localidade do fiduciário ou na repartição tributária de não residentes, se o fiduciário não for domiciliado na França. O registro permitirá a oponibilidade a terceiros dos direitos fiduciados,[28] além de garantir a transparência necessária para evitar eventual utilização do instituto como instrumento de evasão fiscal.

A lei cria uma série de obrigações ao fiduciário: além de manter contabilidade apartada, deve se identificar como fiduciário perante terceiros quando for celebrar negócios que envolvam o patrimônio fiduciado. Os terceiros de boa-fé que desconheçam a condição de fiduciário, quando celebrarem contrato que modifique a titularidade dos bens terão seu direito ressalvado, não podendo o beneficiário ou fiduciante reivindicar o bem, com se denota dos termos dos artigos 2.021 e 2.023 do CCF.

A lei expressamente prevê a cessão fiduciária em garantia no artigo 2.018-2 estabelecendo que essa será oponível a terceiros desde a sua constituição, e atribui ao devedor da obrigação cedida que a respeite, quando notificado. A separação ou afetação do patrimônio é ainda regulada nos artigos 2.024 e 2.025 do CCF. Em síntese, os artigos estabelecem que o patrimônio fiduciado não responde pelas dívidas do fiduciante ou fiduciário quando estas não decorrerem dos negócios feitos no exercício e em benefício da fidúcia.

28 O art. 2020, inclusive, cria um registro nacional para as fidúcias.

7.4 ALIENAÇÃO FIDUCIÁRIA EM GARANTIA NO SISTEMA PORTUGUÊS

Inicialmente o negócio fiduciário era rechaçado pelos doutrinadores portugueses, que o tinham como incompatível com o sistema baseado no caráter causal, já que no referido negócio haveria um descompasso entre a causa e o efeito.[29]

Mais tarde, em decorrência das evoluções sobre a causa e seus efeitos sobre a validade jurídica, o negócio fiduciário enquanto atípico foi aceito pela maioria da doutrina portuguesa. Em especial, citam-se Pais de Vasconcelos,[30] Vaz Serra,[31] Mota Pinto,[32] Antunes Varela,[33] Leite de Campos,[34] Romano Martinez e Fuzeta da Ponte,[35] Menezes Leitão[36] e Pestana de Vasconcelos.[37]

Restaram algumas dúvidas apenas em relação à proibição geral do pacto comissório em relação à alienação fiduciária em garantia. Inclinando-se a doutrina a admitir a alienação fiduciária diante da adoção do pacto marciano, o que será objeto de estudo no capítulo 12. No mais, cita-se a cessão fiduciária em garantia, positivada pelo Decreto-Lei 105/2004, que transpôs a diretiva 2002/47/CE.

---

29 SANTOS, José Beleza dos. *A simulação*. Coimbra: Coimbra editora, 1921, p. 120 ss e ANDRADE, Manuel A. Domingues de. *Teoria Geral da Relação Jurídica*, v. II, 9ª reimpressão, Coimbra: Almedina, 2003, p. 177-178.

30 VASCONCELOS, Pedro Pais de. *Teoria geral do Direito civil*, 3. ed, Coimbra: Almedina, 2005, p. 626 e ss.

31 SERRA, Adriano Vaz, Cessão de créditos ou de outros direitos, *BMJ*, número especial, 1955, p. 146 ss.

32 PINTO, Carlos Alberto da Mota, *Cessão da posição contratual*. Coimbra: Almedina, 2003, p. 229.

33 VARELA, João de Matos Antunes, *Das obrigações em geral*, v. II, 7. ed., Almedina, Coimbra, p. 319-320.

34 CAMPOS, Diogo Leite de e TOMÉ, Maria João Vaz, *A propriedade fiduciária – estudo para a sua consagração no Direito português*. Coimbra: Almedina, 1999, p. 200 ss.

35 MARTINEZ, Pedro Romano e PONTE, Pedro Fezeta da. *Garantias de cumprimento*, 4. ed., Coimbra: Almedina, 2003, p. 60.

36 LEITÃO, Luís Manuel Teles de Menezes, *Garantia das obrigações*. Coimbra: Almedina, 2006, p. 268 ss.

37 VASCONCELOS, Luís Miguel D. P. Pestana de. *A cessão de créditos em garantia e a insolvência*, Coimbra: Coimbra editora, 2007, p. 83 ss e 272 ss.

8

A ALIENAÇÃO FIDUCIÁRIA EM GARANTIA; NATUREZA JURÍDICA; CONCEITO; OBJETO; NATUREZA JURÍDICA DOS DIREITOS DAS PARTES

Delineado de uma forma geral o gênero, qual seja, o negócio fiduciário, mesmo sem se esgotar o tema ou aprofundar-se demasiadamente nas preliminares, passa-se ao estudo da alienação fiduciária em garantia, como espécie de negócio fiduciário (cap. 5). Espera-se que os capítulos anteriores tenham sido suficientemente claros, apresentando-se sucintos, para compreensão do instituto e da lógica do negócio fiduciário, da propriedade fiduciária e do patrimônio de afetação.

A alienação fiduciária em garantia típica do Direito brasileiro é um contrato de efeitos reais pelo qual o fiduciante transfere ao fiduciário a propriedade fiduciária e a posse indireta do bem para fim de garantia real, mantendo-se o fiduciante como possuidor direto da coisa (artigo 22 c/c parágrafo único do artigo 23 da Lei nº. 9.514/97).

A alienação fiduciária enquadra-se entre garantias reais que têm como função assegurar o pagamento do contrato de mútuo. A causa do contrato não é a compra e venda a prazo, o que a diferencia das formas ou contratos análogos, como venda com reserva de domínio e compra e venda a prestações. O Direito positivo brasileiro vincula a alienação fiduciária à existência de um mútuo, sendo esse elemento integrante do próprio contrato (art. 1.362 do CCB).

Entretanto, a alienação fiduciária em garantia difere substancialmente das formas tradicionais de garantia real, hipoteca, penhor e anticrese. A principal diferença decorre da titularidade do bem dado em garantia. No citado instituto, o devedor aliena o bem ao credor, transferindo-lhe uma propriedade resolúvel e condicionada à execução da garantia. Nas demais formas de garantia real, a propriedade do bem permanece com o devedor, tendo o credor apenas um direito real sobre coisa alheia.

A natureza jurídica da alienação fiduciária depende da posição em que se enquadrará o negócio jurídico em si. Orlando Gomes[1] e Chalhub[2] defendem, como mencionado no capítulo 5, que a alienação fiduciária é espécie de negócio fiduciário, tendo a mesma natureza jurídica dos negócios fiduciários. Argumentam que permanece no negócio a obrigação do fiduciário agir com lealdade, devendo devolver a propriedade quando do advento da condição resolutiva e, em segundo plano, a transmissão da propriedade permanece, configurando-se o exagero do meio sobre o fim almejado. Acresce-se aos argumentos dos autores o fato de persistir a confiança, mesmo que de uma forma mais restrita do que seria demandada de uma fidúcia atípica. O fiduciante confia plenamente no instituto jurídico celebrado e na execução do contrato com fidelidade pelo fiduciante.

Para Saad, a alienação fiduciária em garantia consiste em negócio autônomo, não sendo espécie de negócio fiduciário em decorrência de a tipificação afastar o risco ou dispensar a existência de fidúcia.[3] Tal entendimento é

---

1 "A alienação fiduciária em garantia é negócio jurídico consistente na transmissão de propriedade, limitada por uma relação obrigacional que distorce o fim natural do contrato translativo. A alienação é meio para alcançar o fim de garantia. Desnatura-se, porque se destina a um fim menor do que decorre de sua causa e constitui uma propriedade temporária." p. 34.
"Da inserção desse negócio translativo no instituto da propriedade resolúvel, não se pode inferir, entretanto, que se sacrificou inteiramente a sua estrutura. Não deixa de ser atuação da autonomia privada, na qual empregam as partes um instrumento jurídico por via do qual visam a resultado mais estreito do que deveria ser alcançado com a sua utilização. A configuração legal afeta-lhe, sem dúvida, a pureza, nunca, porém, ao ponto de o desarticular, ou o converter em outro tipo, como querem alguns escritores dentre os quais Rubino." p. 42
"A vantagem da tipificação nos termos da lei pátria nos trouxe, entretanto, grave inconveniente sob o aspecto dogmático. Tal como se acha delineada, a alienação fiduciária em garantia foi desfigurada. Conserva muitas características do negócio fiduciário. Desde, porém, que o legislador preferiu o mecanismo da propriedade resolúvel e determinou a reversão indeclinável da propriedade ao fiduciante, com o implemento da condição resolutiva, o fator confiança (fidúcia) desaparece de cena: O negócio fiduciário o pressupõe, como o próprio nome indica. Se o fiduciante se dispõe a realizá-lo é porque confia no fiduciário, e certo está de que lhe restituirá a propriedade. Outra não é a razão por que transfere ao credor posição jurídica muito mais energética e extensa do que a necessária para lhe dar segurança. Investe-o, verdadeiramente, na propriedade do bem arriscando-se a jamais recuperá-la." p. 40 todos em ORLANDO GOMES, *Alienação em garantia*. SP: RT, 1975.

2 Ob. cit., p.135 a 151.

3 "A fidúcia, como bem ensina José Carlos Moreira Alves, calca-se em sua essência em

majoritário entre os doutrinadores europeus quando se referem à alienação fiduciária brasileira.[4]

As razões da doutrina que defende o enquadramento da alienação fiduciária em garantia como espécie de negócio fiduciário demonstram-se mais sólidas. O simples fato de o risco de abuso do fiduciário deixar de existir com a tipificação não é, a nosso ver, suficiente para modificar a natureza do negócio jurídico analisado (ver capítulo 5).

A dificuldade de reconhecer a alienação fiduciária típica como espécie de negócio fiduciário decorre da posição tradicional do Direito europeu de não admitir a propriedade imperfeita ou afetada, como no caso da propriedade fiduciária. Se a premissa for que só existe um tipo de propriedade, incapaz de ser limitada, afetada ou restrita, os argumentos ganhariam força para descaracterizar a alienação fiduciária em garantia como espécie de negócio fiduciário. Admitindo-se, entretanto, a dicotomia da propriedade em imperfeita e perfeita, ou limitada e ilimitada, como no caso da propriedade fiduciária brasileira, há sim condições de classificar o negócio como fiduciário.

---

elemento contratual subjetivo que é a confiança recíproca entre fiduciário e fiduciante, sem a qual não se configura o negócio fiduciário propriamente dito.
Remarque-se então: para que se constitua um negócio fiduciário, propriamente dito, faz parte de sua essência o risco assumido pelas partes contraentes ao depositarem-se, reciprocamente, acentuada dose de confiança no cumprimento do pacto.
Por sua vez, na constituição da alienação fiduciária em garantia prescinde-se de tal elemento, podendo-se dizer inclusive ser o mesmo insignificante, na medida em que a estabilidade da alienação fiduciária erige-se, não sobre a fides, mas sobre a disciplina legal do instituto.
Vale dizer, o que impõe às partes a necessidade de cumprimento das suas obrigações em contrato de alienação fiduciária são os comandos normativos que regulam o instituto e não eventual confiança na parte contraente, como no caos do negócio fiduciário.
Em simples palavras: na alienação fiduciária o receio em contratar não se esvai pela confiança mútua entre as partes contraentes (como no negócio fiduciário), mas sim pela segurança que lhe confere a norma legal." SAAD, Renan Miguel. *A Alienação fiduciária sobre bens imóveis*, ed. Renovar, Rio de Janeiro, 2001, p. 30 e p. 79 a 82.

4 "O critério adoptado não nos permite, ainda, incluir exemplos de alienação em garantia vigentes outros continentes. Ficará, por isso, excluída, a alienação fiduciária em garantia brasileira." (CORDEIRO, Catarina Pires. *A alienação em garantia no direito civil português.*, FDUL, teses 4692, Lisboa, 2006, p. 99) A autora ainda cita Maria de CICCO, *Alienazione fiduciaria*, p. 133 afirmando que: "O devedor transfere para o credor a propriedade resolúvel e a posse indirecta da coisa móvel alienada, tornando-se o alienante possuidor directo e depositário da coisa. Não há tradição da coisa propriamente dita. O proprietário fiduciário (credor) não pode dispor livremente do bem, nem é um proprietário pleno". Completa a autora: "Sendo um negócio típico, não se enquadra nos negócios jurídicos fiduciários, nem é um negócio fiduciário do tipo germânico."

Além disso, o argumento de que não há efetiva transmissão da propriedade é incompatível com a premissa de que a alienação fiduciária em garantia consiste em um direito real de garantia sobre bem próprio, diferente dos demais direitos reais de garantia que recaem sobre bens de terceiros (devedor). Sendo o credor proprietário do bem, a ele é dada uma série de prerrogativas que seriam incompatíveis se a garantia fosse dada sobre bens de propriedade do devedor. Ao credor, diante do incumprimento da obrigação do devedor, é dado o poder de apoderar-se da coisa, dispensando-se a expropriação judicial (execução), para satisfazer seu crédito. A lei determina ainda que o credor, após a consolidação da propriedade,[5] em caso de inadimplemento do devedor, deverá vender o bem para pagar-se[6] e, por óbvio, só pode-se vender o que é seu. O credor, nessa hipótese, não vende a propriedade fiduciária, mas a propriedade plena.

A transferência da propriedade ocorre em especial na alienação fiduciária de bens imóveis, em que há efetivo registro da transmissão da propriedade fiduciária ao credor junto à matrícula do imóvel, que pode até mesmo transmitir sua posição jurídica em relação ao bem, pondo por terra os argumentos de que não há, na alienação fiduciária em garantia brasileira, a transferência da propriedade. De fato, transfere-se a propriedade, mesmo que de forma limitada. Assim, a alienação fiduciária em garantia terá a mesma natureza dos negócios fiduciários, como anteriormente colocado em especial pelos argumentos apresentados acima e no capítulo 5.

No caso particular da alienação fiduciária em garantia, o contrato terá efeito real.[7] Não se trata de um contrato real, no sentido de não ser a entrega da

---

5 A consolidação da propriedade no caso da alienação fiduciária de bens imóveis é feita pela averbação no registro do incumprimento definitivo da obrigação pelo devedor, e consequente desaparecimento do ônus real, passando o credor a ter a propriedade plena do bem.

6 A natureza jurídica dessa obrigação legal, derivada do pacto marciano, será estudada nos capítulos seguintes.

7 "O direito civil brasileiro, quanto à transmissão dos direitos reais, não se cingiu a seguir a distinção, que se funda no direito romano e vem dos autores medievais, entre o título (contrato obrigatório) e o modo de aquisição (como a *traditio*), nem tampouco se subordinou ao modelo do Código Civil alemão, que apresenta, no tocante à transferência da propriedade, a tricotomia: contrato obrigatório (que gera a obrigação de transmitir o domínio), contrato de direito das coisas (a *Einigung*, acordo de vontade para que se cumpra essa obrigação mediante a tradição ou transcrição) e o modo de aquisição (a tradição ou a transcrição). Em nosso sistema jurídico, no que diz respeito à transmissão do domínio aparentemente só distinguimos duas figuras – o contrato obrigatório (como, por exemplo,

coisa que caracteriza o vínculo, mas sim de um contrato que irá repercutir na esfera real, modificando a propriedade do bem alienado fiduciariamente.

O contrato de alienação fiduciária em garantia em si não transmite a propriedade da coisa dada em garantia, nem cria obrigação de transmissão futura. Somente o registro posterior transmite a propriedade fiduciária ao credor.[8]

---

a compra e venda, a doação) e o modo de aquisição (a tradição e a transcrição, conforme se trate de coisas móveis ou imóveis) –, mas, na realidade, entre elas existe a figura do acordo de vontade das partes do contrato obrigatório para o adimplemento da obrigação (que é a transmissão da propriedade), acordo esse que se perfaz com a tradição ou com a transcrição. Essa figura intermediária não aparece, no direito brasileiro, com a evidência com que se manifesta no direito germânico, pois, aqui, não há uma *Einigung* materialmente distinta do contrato obrigatório, em se tratando de transferência do domínio, e *Einigung* que é um negócio jurídico bilateral abstrato do direito das coisas, em contraposição ao contrato obrigatório, que é negócio jurídico bilateral causal do direito das obrigações. Em nosso sistema jurídico, embora – como se verifica dos termos do art. 933 do Código Civil – o acordo de vontade para criar a obrigação de transmitir a propriedade se distinga do necessário ao adimplemento dessa obrigação, este se considera implícito naquele, ou, em outras palavras, a vontade de obrigar-se e a de se cumprir obrigação estão co-declaradas no contrato obrigatório, não se distinguindo, portanto, materialmente. Ademais, e ainda à diferença do direito germânico, o acordo de vontade do direito das coisas, no sistema brasileiro, é, na opinião quase unânime dos autores causal, quer a transmissão diga respeito a coisa móvel (o que decorre do art. 622 do Código Civil), quer a coisa imóvel.

Em se tratando dos contratos de penhor, anticrese e hipoteca (e igualmente de alienação fiduciária em garantia), ressalta, mais nitidamente, a distinção entre esses dois diferentes acordos de vontade, porquanto, nesses casos, não há vontade de obrigar-se, mas apenas a de constituir o direito real de garantia, como salienta, com precisão, Couto e Silva: 'Mas, a vontade de adimplir como decorrência lógica da vontade criadora de direitos e obrigações, somente existente naqueles casos em que o cumprimento de dever seja, a sua vez, negócio jurídico. Esta afirmativa parece óbvia, mas convém ter sempre presente que existem outros negócios dispositivos, inclusive de direito das coisas, que nao se constituem em adimplemento de uma obrigação. Nos de garantia, quando alguém diz que 'dá em hipoteca determinado imóvel para garantir mútuo anteriormente realizado', cuida-se de negócio de direito das coisas, negócio esse que não é decorrência lógica do mútuo, porque existem empréstimos sem garantia real, e o acordo de constituição do ônus é negócio jurídico no plano dos direitos reais. E aí se faz imprescindível vontade dirigida à constituição do gravame. Essa, por sua vez, não se poderá considerar como implícita no mútuo.

Por isso mesmo, celebrado um contrato de hipoteca – do qual não surge qualquer obrigação entre as partes –, ele se perfaz com sua transcrição no Registro de Imóveis que pode ser requerida por qualquer interessado, e não apenas pelo credor, pois, como esclarece Couto e Silva, 'a transcrição é ato de direito público, não integrado pela vontade dos particulares'.

Dessas considerações resulta que, seguindo a nomenclatura adotada pelo Código Civil, se pode caracterizar, à semelhança do que sucede com o penhor, a hipoteca e a anticrese, enquanto negócios jurídicos bilaterais, a alienação fiduciária em garantia como contrato que não é obrigatório, situando-se, ao contrário, no plano do direito das coisas. E esse contrato – que é nominado – se enquadra entre os negócios jurídicos a que a dogmática moderna dá a denominação de negócios jurídicos dispositivos" ALVES, José Carlos Moreira, ob. cit, p. 39 e ss.

8 ob. cit 42 e ss.

Nessa linha de pensamento, partindo-se do sistema brasileiro de transmissão da propriedade limitada ao título e forma, o contrato de alienação em garantia não pode ser confundido com a propriedade fiduciária, visto que este é puramente obrigacional com efeitos reais e aquela é garantia real em si.

O objeto do contrato de alienação fiduciária será um bem ou direito cuja propriedade se convenciona transmitir ou ceder. Podem ser objeto dos contratos, segundo os tipos contratuais existentes no Brasil, bens móveis, imóveis, direitos creditórios, ações de sociedades e recursos financeiros para constituição de fundos de investimentos imobiliários. Após as formalidades legais, como registro no cartório de imóveis competentes, no caso de bens imóveis, registro no cartório de títulos e documentos, em caso de bens móveis[9] ou no livro de registro de ações, no caso da alienação fiduciária em garantia de ações societárias, a propriedade do fiduciário é oponível *erga omnes*.

A regra para a validade da alienação fiduciária em garantia é a mesma para qualquer ato jurídico: parte capaz e legítima, objeto lícito e forma prevista ou não defesa em lei. O fiduciante e os fiduciários devem ter capacidade para contratar, exigindo-se que o fiduciante tenha titularidade do bem que pretende alienar fiduciariamente ou ceder, podendo dispor do bem ou direito. O fiduciário que adquire a propriedade fiduciária do bem ou direito creditório objeto da garantia deverá ter capacidade para figurar como titular do direito transmitido. Em termos de legitimidade, não há restrições à pessoa que possa ser fiduciante-devedor, podendo ser qualquer pessoa jurídica ou física, com capacidade de alienar e dispor dos bens e de contrair obrigações.

A legitimidade para figurar como fiduciário-credor dependerá da natureza dos bens alienados. Quando o bem for móvel, só terão legitimidade para figurar como fiduciário-credor as instituições financeiras e as demais sociedades autorizadas na Lei nº. 4.728/65 e no Decreto-Lei nº. 911/97. Nas operações de alienação fiduciária em garantia de bens imóveis, poderá figurar como fiduciário-credor qualquer pessoa física ou jurídica, não prevalecendo a mesma restrição que existe na alienação fiduciária de bens móveis.

---

9 Para os bens móveis registráveis (veículos automotores) a lei também permite o registro da alienação junto ao órgão competente. (§1º. do artigo 1.361 do CCB).

Quanto à cessão fiduciária de direitos creditórios para fins de garantia no caso de securitização de créditos imobiliários, aplicando-se o inciso I do artigo 8º. em conjunto com os artigos 2º. e 3º. da Lei nº. 9.514, tem-se que, para essa modalidade, só têm legitimidade para figurar como fiduciário-credor as caixas econômicas, os bancos comerciais, os bancos de investimento, as companhias securitizadoras de créditos imobiliários, as sociedades de crédito imobiliário e as companhias hipotecárias, conforme critério do Conselho Monetário Nacional. Por fim, no caso da alienação fiduciária em garantia de ações, tem legitimidade para figurar como fiduciante-devedor o acionista, e para ser fiduciário-credor qualquer pessoa capaz.

Quanto à forma, a lei exige, em todos os casos, a observância de forma escrita. Não sendo necessária a celebração do negócio por instrumento público, exige-se apenas que o instrumento particular seja assinado por duas testemunhas, sendo esse título aquisitivo da propriedade fiduciária.

8.1 ALIENAÇÃO FIDUCIÁRIA DE BENS IMÓVEIS EM GARANTIA – UNIÃO DE CONTRATOS COM DEPENDÊNCIA? VALIDADE JURÍDICA

Uma questão controvertida sobre a alienação fiduciária em garantia de bens imóveis reside na admissibilidade do negócio como autônomo ou em união apenas com o mútuo (financiamento). Seria válido o contrato de alienação fiduciária em garantia de imóvel já integrante do patrimônio do fiduciante? Ou, por outro lado, é requisito da lei que existam três negócios unidos com dependência, a saber, compra e venda do imóvel, financiamento e alienação fiduciária em garantia?

Chalhub defende que os contratos estão unidos entre si, formando aquilo que Enneccerus classifica como "união com dependência", sendo que os contratos de aquisição de um bem imóvel, financiamento e alienação fiduciária, embora autônomos, condicionam-se reciprocamente, em sua existência e validade, formando uma unidade econômica de forma que nenhum subsiste sem o outro.[10] Pela posição do autor, não se admite, por exemplo, que, mediante um financiamento, a instituição financeira celebre um contrato de

10 CHALHUB. ob. cit., p. 141.

alienação fiduciária em garantia de um bem que já se encontra no patrimônio do fiduciante-devedor. Assim, na opinião de Chalhub, seria inválida a celebração de um contrato de alienação fiduciária em garantia de um mútuo (financiamento), quando esse não se destina à compra do imóvel que irá garantir a dívida.

Viegas de Lima não enfrenta a questão diretamente.[11] Entretanto, ao falar sobre os bens imóveis passiveis de alienação fiduciária, o autor sempre se refere à questão dos imóveis objeto de incorporação imobiliária, apesar de afirmar que seriam passíveis de alienação fiduciária em garantia dos imóveis rurais, não oferecendo pistas para chegar a qualquer conclusão sobre a matéria. Saad, por sua vez, ao falar sobre a possibilidade da celebração de alienação fiduciária sobre bens futuros, dá a entender, nos exemplos fornecidos, que seria admissível a alienação fiduciária de bens que já se encontrem no patrimônio do devedor.[12] O autor dá como válida a alienação fiduciária sobre um imóvel quitado cuja propriedade ainda será transmitida ao fiduciante por escritura definitiva de compra e venda.

Na alienação fiduciária de bens móveis, a matéria também foi controvertida.[13] Os que defendiam a impossibilidade da alienação que integra o patrimônio do fiduciante argumentam que estar-se-ia criando uma burla à lei por meio de uma simulação com penhor com pacto comissório antecipado. A posição doutrinária não foi recebida pelos tribunais, resultando na publicação da súmula 28 do STJ, que estabelece que "o contrato de alienação fiduciária em garantia pode ter por objeto bem que já integrava o patrimônio do devedor." A posição da jurisprudência nacional assenta-se nos seguintes fundamentos: 1) não há proibição legal para a garantia por alienação fiduciária desvinculada da compra de uma coisa; 2) não há de se falar em violação ao princípio do pacto

---

11 LIMA, Frederico Henrique Viegas de. *Da alienação fiduciária em garantia de coisa imóvel.*, 2. ed. Curitiba, 2005, p. 86 e ss.

12 "Entretanto, a Lei 9.514/97 é silente quanto à viabilidade de se alienar fiduciariamente bem não adquirido em definitivo pelo fiduciante, para fins de atendimento do disposto no seu artigo 24, inciso IV, como são os casos:
a) Do imóvel, que se pretende alienar, ter sido adquirido inicialmente através de promessa de compra e venda já quitada e registrada no registro de imóvel, mas ainda não transformada em compra e venda definitiva." SAAD, Renan Miguel, ob. cit, p. 168.

13 FERREIRA FILHO, Manoel Caetano, *Nulidade da Alienação Fiduciária quando o empréstimo não se destina à aquisição do bem dado em garantia*, p. 239 e ss.

comissório, já que a lei impede que o credor fique com o bem; 3) não há simulação em relação ao penhor, já que as partes, valendo-se da liberdade contratual, efetivamente utilizaram-se da transferência da propriedade em garantia; 4) tendo em vista que a legitimidade para figurar como fiduciário é das entidades financeiras em sentido amplo e a autoridade monetária expressamente autoriza a operação, não há fundamento legal para proibição.

O fundamento das decisões do STJ também se assentam na questão da legitimidade para figurar como fiduciário.[14] A Corte especial defende que se a interpretação for a mais liberal, admitindo-se que qualquer pessoa, inclusive as pessoas físicas (individuais), possam figurar como fiduciários, não há razão para interpretar a norma de forma restritiva, para vincular a validade do contrato de alienação fiduciária em garantia à destinação dos recursos financeiros do mútuo. Ou seja, os recursos financeiros mutuados não devem ser necessariamente utilizados na aquisição do bem alienado fiduciariamente em garantia.

Defender a validade jurídica da alienação fiduciária em garantia de bens imóveis, mesmo no caso em que não há o financiamento para aquisição do bem, mas um simples mútuo garantido por alienação fiduciária em garantia é, sem dúvida, um esforço que seria de interesse dos credores, especialmente das instituições financeiras. O conceito legal de alienação fiduciária, conforme redação atual do artigo 22 da Lei nº. 9.514, modificada pela Lei nº. 11.481/2007 é bem mais permissivo do que quando Chalhub defendeu a sua união com o negócio de compra e venda de imóvel em construçao ou construído. A redação atual estabelece apenas que a alienação poderá ter por objeto a propriedade plena, os bens enfitêuticos, o direito de uso especial para fins de moradia, o direito real de uso, desde que suscetível de alienação, e a propriedade superficiária.

A redação atual do artigo permitiria concluir que o proprietário de um bem poderia celebrar um mútuo, garantindo o financiamento com a alienação fiduciária de um bem que já se encontra em seu patrimônio. Deve-se observar,

---

14 "ALIENAÇÃO FIDUCIÁRIA EM GARANTIA. BENS NÃO ADQUIRIDOS COM OS RECURSOS DO FINANCIAMENTO. NÃO EXCLUI A LEI A POSSIBILIDADE DE ALIENAÇÃO FIDUCIÁRIA EM GARANTIA CONSTITUÍDA DE BENS NÃO ADQUIRIDOS COM O PRODUTO DO FINANCIAMENTO.
RECURSO ESPECIAL PROVIDO." Resp 1121 / RS, RSTJ vol. 33 p. 167.

entretanto, que o referido artigo de lei define um instituto jurídico inserido em um sistema de financiamento para aquisição de imóveis, não existindo substrato jurídico para admitir-se o contrato de alienação fiduciária em garantia de imóveis fora desse sistema. O artigo 17 da Lei nº. 9.514/97 também reconhece a aplicabilidade da alienação fiduciária de coisa imóvel somente para as operações de financiamento imobiliário em geral.

Contudo, é questionável afirmar que há, de fato, união de contratos entre a compra e venda do imóvel, o mútuo e a alienação fiduciária em garantia. O mútuo é celebrado como forma de obtenção dos recursos necessários à quitação da compra e venda, ou seja, com os recursos obtidos do mútuo paga-se o preço e transfere-se a propriedade para o devedor que, em seguida, transfere o bem para o mutuante em garantia. Nessa operação ocorre o cumprimento definitivo do contrato de compra e venda; ele se extingue pela execução, já que a totalidade do preço foi recebida e a propriedade foi transmitida. Extinto o contrato de compra e venda pelo cumprimento, não há de se falar em união desse com o mútuo, já que a sorte da compra e venda não interferirá na validade do negócio de mútuo. Portanto, a relação é simplesmente entre a alienação fiduciária em garantia e o financiamento, sendo essa garantia acessória ao contrato de mútuo e a ela ligada. Não se pode falar o mesmo da relação entre a compra e venda e o mútuo.

Além disso, a Lei nº. 10.931/2004 estabeleceu que a alienação fiduciária de bens imóveis pode ser usada como garantia para as obrigações em geral.[15] Assim, a validade da alienação fiduciária em garantia não está adstrita ao mercado de crédito imobiliário, devendo ser instrumento para qualquer tipo de financiamento, mesmo que o bem já integre o patrimônio do devedor no momento da celebração do contrato de mútuo ou o valor do empréstimo não seja usado para adquirir o imóvel que mais tarde é dado em garantia.

---

15 "Art. 51. Sem prejuízo das disposições do Código Civil, as obrigações em geral também poderão ser garantidas, inclusive por terceiros, por cessão fiduciária de direitos creditórios decorrentes de contratos de alienação de imóveis, por caução de direitos creditórios ou aquisitivos decorrentes de contratos de venda ou promessa de venda de imóveis e por alienação fiduciária de coisa imóvel." Lei nº. 10.931/2004.

8.2 OS BENS QUE PODEM SER OBJETO DE ALIENAÇÃO FIDUCIÁRIA EM GARANTIA NO DIREITO BRASILEIRO: BENS MÓVEIS, IMÓVEIS, FUNGÍVEIS E INFUNGÍVEIS, DIREITOS CREDITÓRIOS, AÇÕES DAS SOCIEDADES ANÔNIMAS.

Nos dizeres de Caio Mário da Silva Pereira,[16] no Direito brasileiro, como na maioria dos Direitos estrangeiros, a nomenclatura legal é recheada de inexatidões. Não existindo função prática na distinção de coisa e bem, usam-se as duas como sinônimas, apesar de não o serem.

8.2.1 Bens móveis e imóveis

A distinção é relevante especialmente em decorrência da regulamentação legal distinta aplicável a cada um dos casos. Caso o bem seja imóvel, dever-se-á aplicar um conjunto de normas especiais referentes à alienação fiduciária em garantia daquele bem, enquanto se móvel aplica-se outro conjunto de normas reguladoras da alienação fiduciária em garantia.

O regime legal do Código Civil previsto no livro II, capítulo I, distingue inicialmente os bens em móveis e imóveis. O artigo 79 do CCB define os bens imóveis como o solo e tudo quanto se lhe incorporar natural ou artificialmente, equiparando-se os direitos reais sobre imóveis e as ações que os asseguram aos imóveis (art. 80 do CCB). Os bens móveis (art. 82 do CCB) são aqueles suscetíveis de movimento próprio, ou de remoção por força alheia, sem alteração da substância ou da destinação econômica, considerando-se móveis para os efeitos da lei os direitos reais sobre objetos móveis e as ações correspondentes e os direitos pessoais de caráter patrimonial.

A lei civil estabelece que, por regra geral, os bens móveis só se transmitem por tradição e os bens imóveis pelo registro dos títulos aquisitivos no cartório de registro de imóveis. Há exceções à regra da tradição, admitindo-se a transmissão de bens móveis pelo registro quando sujeitos a esse regime, como ações societárias e os veículos registrados (art. 1.361 do CCB).

16 PEREIRA, Caio Mário da Silva. *Instituições de direito privado*, p. 272.

8.2.2 Bens fungíveis, infungíveis e consumíveis – a possibilidade de alienação fiduciária dos últimos

A lei define como fungíveis os bens que podem ser substituídos por outros da mesma espécie, qualidade e quantidade e consumíveis aqueles cujo uso importa na sua destruição (art. 85 e 86 do CCB). As coisas infungíveis não têm definição legal, mas a doutrina em geral conceitua como infungíveis as coisas que tem individualidade, identificáveis por características próprias e que as tornam impróprias de substituição.

Em relação aos negócios fiduciários, a questão toma importância face à existência do dever do fiduciante de restituir ao fiduciário a coisa fiduciada ao fim do contrato. Na hipótese prevista no Direito brasileiro de fidúcia para administração (fundos imobiliários), admite-se a fidúcia de coisas fungíveis.

No campo da alienação da fidúcia em garantia, a matéria é mais controvertida. Por óbvio, o dever de restituição da coisa é ponto central da polêmica. Quem tem o dever de restituir coisa fungível não está obrigado a devolver exatamente o que recebeu, mas coisa idêntica da mesma espécie, qualidade e quantidade.

Alfredo Buzaid,[17] Oswaldo Opitz,[18] Almeida Costa,[19] Arão Bisogni,[20] Furtado Fabrício,[21] Restiffe Neto[22] e Beck da Silva[23] defendem que as coisas fungíveis não são passíveis de alienação fiduciária. Seguindo a posição citada na doutrina, a jurisprudência do STJ se firmou para afastar a possibilidade de alienação fiduciária em garantia de bens fungíveis.[24]

---

17 BUZAID, Alfredo, *Alienação Fiduciária em garantia (histórico)*, in Enciclopédia Saraiva do Direito, v. 6, p. 66.

18 OPITZ, Oswald e OPITZ, Silvia C. B., *Alienação fiduciária em garantia*, Rio de Janeiro: Ed. Borsoi, 1970, p. 183.

19 COSTA, Mário Júlio de Almeida, *Alienação fiduciária em garantia e aquisição de casa própria (notas de direito comparado)*, RT 512/16.

20 BISOGNI, Lígia Cristina de Arão, *Da alienação fiduciária em garantia*, p. 109.

21 FABRÍCIO, Adroaldo Furtado, AJURIS 49/7.

22 RESTIFFE NETO, Paulo, *Garantia fiduciária*. São Paulo: Ed. RT, 1975, p. 98.

23 SILVA, Luiz Augusto Beck da. *Alienação fiduciária em Garantia*, Rio de Janeiro: Forense, 1982, p. 39.

24 "Processual Civil e Civil. Recurso Especial. Alienação fiduciária em garantia. Ação de busca e apreensão. Ação de consignação em pagamento. Suspensão do processo. Bens fungíveis e consumíveis (comerciáveis).

A posição do STJ é, *data venia*, baseada em uma premissa equivocada. O Tribunal decidiu a matéria tomando como fundamento central a impossibilidade de prisão do depositário infiel na alienação fiduciária de bens fungíveis. Apoiado no fundamento que não se poderia declarar a prisão do devedor depositário infiel no caso de alienação fiduciária em garantia de coisa fungível, o Tribunal acabou concluindo pela inadmissibilidade da alienação fiduciária em garantia de bens fungíveis, *data venia*, dando um salto lógico sem embasamento.

A nosso ver, a melhor solução seria aplicar o regime do depósito irregular, mantendo-se, no mais, a validade do negócio. Dessa forma, afasta-se a possibilidade de prisão, mantendo-se a estrutura do negócio jurídico celebrado. Moreira Alves afirmava que as coisas fungíveis podem ser objeto de alienação fiduciária.[25]

No entanto, tendo em vista a modificação legislativa introduzida pela Lei nº. 10.931/2004 ao regime das alienações fiduciárias de bens móveis,[26] a matéria foi ultrapassada, introduzindo-se dispositivo autorizando a alienação fiduciária em garantia de bens fungíveis, especialmente após a admissão das cessões fiduciárias em garantia de créditos:

> ART 66-B § 3º. É admitida a alienação fiduciária de coisa fungível e a cessão fiduciária de direitos sobre coisas móveis, bem como de títulos de crédito, hipóteses em que, salvo disposição em contrário, a posse direta e indireta do bem objeto da propriedade fiduciária ou do título representativo do direito ou do crédito é atribuída ao credor, que, em caso de inadimplemento ou mora da obrigação garantida, poderá vender a terceiros o bem objeto da propriedade fiduciária independente de leilão, hasta pública ou qualquer outra medida judicial ou extrajudicial, devendo aplicar o preço da venda no pagamento do seu crédito e das despesas decorrentes da realização da garantia, entregando ao devedor o saldo, se houver, acompanhado do demonstrativo da operação realizada. (Incluído pela Lei nº. 10.931, de 2004)

- Aplica-se o direito à espécie para manter, por fundamento diverso, a extinção do processo da ação de busca e apreensão, tendo em vista que, em se tratando de bens fungíveis e consumíveis (comerciáveis), é inadmissível a alienação fiduciária e tampouco a ação de busca e apreensão e de depósito a que se refere o Decreto-Lei nº. 911/69." REsp 346240 / SC, DJ 04/11/2002 p. 198.

25 MOREIRA ALVES, ob. cit., p. 89.

26 "Artigo 66-B § 1º Se a coisa objeto de propriedade fiduciária não se identifica por números, marcas e sinais no contrato de alienação fiduciária, cabe ao proprietário fiduciário o ônus da prova, contra terceiros, da identificação dos bens do seu domínio que se encontram em poder do devedor."

Observe-se que a lei admite a alienação fiduciária em garantia e a cessão fiduciária em garantia de coisas fungíveis, permitindo que a posse do bem objeto da propriedade fiduciária fique com o credor fiduciante, de forma diversa do que estabelecia no regime anterior a Lei nº. 10.931/2004.[27] Nada obstante, a regra é que a posse direta e indireta é do credor-fiduciário, sendo exceção o desdobramento da posse, que deve estar prevista em contrato. A referida modificação teve por objetivo adaptar a legislação à introdução da cessão fiduciária em garantia de direitos creditórios, que será estudada mais a diante.

8.3 ALIENAÇÃO FIDUCIÁRIA DE BENS IMÓVEIS

A doutrina era unânime em afirmar a impossibilidade da alienação fiduciária em garantia de bens imóveis antes do advento da Lei nº. 9.514/97. Oswaldo Optiz,[28] José Foster,[29] Beck da Silva[30] e Moreira Alves,[31] em síntese, afirmavam que o legislador, ao prever a possibilidade de alienação fiduciária somente sobre bens móveis, excluía os imóveis. De fato, não havia campo para a alienação fiduciária em garantia de bens imóveis, em que se constitui uma propriedade fiduciária em favor do credor-fiduciário. Por óbvio, nada impedia às partes a celebração de um contrato fiduciário clássico sem as garantias legais aplicáveis ao negócio típico dos móveis. Ou seja, admitia-se a transferência fiduciária; entretanto, a propriedade seria transferida de forma plena e o devedor-fiduciante teria apenas um direito pessoal contra o credor-fiduciário, isto é, estaríamos diante de uma fidúcia em garantia atípica.

---

27 Fabricío critica severamente a alienação fiduciária de coisas fungíveis. Diz o autor que o devedor-fiduciante fica impedido de fazer o uso da coisa fiduciada, pois tem o "dever de guarda, conservação e entrega" o que implica na imobilização e a "conseqüente paralisação da atividade que constitui o escopo mesmo da empresa comercial ou industrial" a medida que não poderá dispor das coisas do seu ativo circulante que podem ser confundidas com as coisas fiduciadas. Conclui: "O devedor já não os pode vender, ou especificar, ou transformar, ou aceder, porque deve mantê-los tais como são, in natura, à disposição do credor, íntegros e imutáveis. FABRÍCIO, Adroaldo Furtado. *Alienação fiduciária de coisa fungível - um grande equivoco*. RT, 617/19, março de 1987.

28 Alienação..., ob. cit., p. 149.

29 FORSTER, Nestor José. *Alienação fiduciária em garantia*, 2. ed., Ed. Sulina, 1976, p. 63.

30 Alienação, ob. cit., p. 40.

31 Alienação..., ob. cit., p. 91.

A Lei nº. 9.514/97 positivou a alienação fiduciária em garantia de bens imóveis estabelecendo o seguinte conceito legal para o negócio:

> Art. 22. A alienação fiduciária regulada por esta Lei é o negócio jurídico pelo qual o devedor, ou fiduciante, com o escopo de garantia, contrata a transferência ao credor, ou fiduciário, da propriedade resolúvel de coisa imóvel.
>
> § 1º. A alienação fiduciária poderá ser contratada por pessoa física ou jurídica, não sendo privativa das entidades que operam no SFI, podendo ter como objeto, além da propriedade plena. (Renumerado do parágrafo único pela Lei nº. 11.481, de 2007)
>
> I - bens enfitêuticos, hipótese em que será exigível o pagamento do laudêmio, se houver a consolidação do domínio útil no fiduciário; (Incluído pela Lei nº. 11.481, de 2007)
>
> II - o direito de uso especial para fins de moradia; (Incluído pela Lei nº. 11.481, de 2007)
>
> III - o direito real de uso, desde que suscetível de alienação; (Incluído pela Lei nº. 11.481, de 2007)
>
> IV - a propriedade superficiária. (Incluído pela Lei nº. 11.481, de 2007)
>
> § 2º. Os direitos de garantia instituídos nas hipóteses dos incisos III e IV do § 1º deste artigo ficam limitados à duração da concessão ou direito de superfície, caso tenham sido transferidos por período determinado. (Incluído pela Lei nº. 11.481, de 2007)

A lei estabeleceu, assim, que podem ser objeto de alienação fiduciária de bens imóveis a propriedade plena, os bens enfitêuticos, o direito de uso para fins de moradia, o direito real de uso alienável e a propriedade superficiária. Em relação aos bens enfitêuticos, comuns nas cidades litorâneas brasileiras, em que há edificações em terreno da Marinha, a lei permite a alienação fiduciária, não havendo maiores considerações sobre a matéria.

O direito real de uso especial para fins de moradia consiste no direito adquirido por aquele que possuiu como seu, por cinco anos, ininterruptamente e sem oposição, até duzentos e cinquenta metros quadrados de imóvel público situado em área urbana, utilizando-o para sua moradia ou de sua família.[32]

---

32 Medida Provisória nº. 2.220, de 4 de setembro de 2001.

Tem, assim, o direito à concessão de uso especial para fins de moradia em relação ao bem objeto da posse, desde que não seja proprietário ou concessionário, a qualquer título, de outro imóvel urbano ou rural. Podendo o direito real de uso especial ser, portanto, objeto de alienação fiduciária para fins de garantia, por ser direito real sobre bem imóvel.

O direito de uso regulado nos artigos 1.412 e 1.413 do CCB refere-se ao direito real de uso da coisa e percepção de frutos, podendo ser objeto de alienação fiduciária enquanto durar o direito alienado.

O direito de propriedade superficiária regulado nos artigo 1.369 do CCB consiste no direito real adquirido do proprietário de um imóvel para construção ou plantação no terreno, mediante escritura pública devidamente registrada no cartório de registro de imóveis, a determinado termo. A concessão da superfície poderá ser gratuita ou onerosa. O adquirente do direito real, denominado superficiário, assume os encargos da coisa, obrigando-se a conservá-la. O CCB estabelece ainda que o direito real de superfície é alienável a terceiro e passível de sucessão hereditária. A lei determina que o proprietário terá direito de preferência em igualdade de condições, caso o superficiário queira vender o bem. Findo o prazo concessivo do direito de superfície, a lei estabelece que as benfeitorias incorporam-se ao patrimônio do proprietário, independente de indenização.

A alienação fiduciária do direito real de superfície não encontra muitas dificuldades, devendo as partes observar que, findo o direito real de superfície, a garantia fiduciária perderá seu objeto. Por isso, a norma do § 2º. do artigo 22 da Lei nº. 9.514/97 determinou que a garantia fiduciária tivesse como limite temporal a duração da propriedade superficiária. Assim, pode ser objeto de alienação fiduciária de bens imóveis, além do direito de propriedade pleno, todos os direitos reais enumerados no artigo 22 da Lei nº. 9.514/97.

8.4 ALIENAÇÃO FIDUCIÁRIA AÇÕES DAS SOCIEDADES ANÔNIMAS E CESSÃO FIDUCIÁRIA DE DIREITOS CREDITÓRIOS

A matéria da cessão fiduciária de direitos creditórios é tema para abordagem no capítulo pertinente, bastando aqui dizer sobre a sua admissibilidade após o advento da Lei nº. 9.514/97 e da nova redação dada às normas sobre alienação fiduciária em garantia no âmbito do mercado financeiro e de capitais pela Lei nº. 10.931/2004. Quanto à alienação fiduciária em garantia de ações a lei das sociedades anônimas, essa é admitida e a matéria é regula na lei das sociedades anônimas, que dispõe inclusive sobre os direitos do credor-fiduciário nas assembleias de acionistas (ver artigos 40 e 100 da Lei nº. 6.404, de 1976).

8.5 NATUREZA JURÍDICA DO DIREITO DAS PARTES NA ALIENAÇÃO FIDUCIÁRIA EM GARANTIA

A alienação fiduciária em garantia brasileira estabelece que a transmissão da propriedade ou titularidade da coisa tem caráter de propriedade resolúvel (art. 1.361 do CCB), estabelecendo uma série de adaptações à figura tradicional para garantir que se tornasse um instrumento rápido e eficaz na recuperação dos créditos, como demanda a economia moderna.

O artigo 66 da Lei nº. 4.728/65, conforme redação dada pela Lei nº. 10.931/2004, reputa que a alienação fiduciária é regulada pelo Código Civil, conforme aquela definição. O artigo 1.361 do CCB define a propriedade fiduciária como a propriedade resolúvel com escopo de garantia transferida ao credor. No campo dos bens imóveis, o artigo 22 da Lei nº. 9.514/97 define a alienação fiduciária em garantia como negócio jurídico pelo qual o devedor, ou fiduciante, com o escopo de garantia, contrata a transferência ao credor, ou fiduciário, da propriedade resolúvel de coisa imóvel. Nas cessões fiduciárias, o artigo 18 da Lei nº. 9.514/97 estabelece que transferência ao credor da titularidade dos créditos cedidos se extingue com a liquidação da dívida garantida.

O conceito legal estabelecido na nova redação do artigo 66 da Lei nº. 4.728/65 é equivocado. A remissão ao Código Civil é infeliz, já que a lei civil somente conceitua o que seria a propriedade fiduciária, não definindo a alienação fiduciária nem suas condições. Como se sabe, a propriedade fiduciária e o negócio fiduciário (alienação fiduciária em garantia) são coisas distintas. A atual lei mistura os conceitos, tornando a extração do que seria alienação fiduciária em garantia para o Direito positivo brasileiro bem mais complexa. A construção do conceito de alienação fiduciária em garantia em decorrência da Lei nº. 10.931/2004 é obtida pela intercalação de vários dispositivos, não contendo um conceito único. Pode-se extrair do artigo 1.361 do CCB que a alienação fiduciária transfere a propriedade resolúvel, desdobrando-se a posse, tornando-se o devedor possuidor direito da coisa e o credor indireto.

Apesar de ser mais rígido e restrito que a construção moderna dos negócios fiduciários positivados, o conceito geral da alienação fiduciária alinha-se às premissas estabelecidas na fidúcia moderna positivada.[33] A propriedade fiduciária é criada pela celebração de um negócio fiduciário que contém as condições resolutivas da propriedade transferida que não integra o patrimônio geral do fiduciário. Observe-se que a natureza jurídica não é pura e simplesmente de uma propriedade resolúvel mas de uma propriedade resolúvel funcionalizada, pois existe com o objetivo de garantir. A extensão dos direitos dominiais do fiduciário é limitada por essa função. As leis também estabelecem que, uma vez ocorrida a condição, o devedor-fiduciante recebe a propriedade plena da coisa.

O §3º. do artigo 1.361 do CCB preceitua que a propriedade superveniente adquirida pelo devedor-fiduciante, decorrente do pagamento da dívida, torna-se eficaz desde o arquivamento da transferência da propriedade fiduciária, ou seja, paga a dívida, a extinção da propriedade fiduciária tem efeito *ex tunc*, passando o fiduciante a ser proprietário pleno da coisa sem qualquer limitação.

Na alienação fiduciária de bens imóveis, o artigo 25 da Lei nº. 9.514/97 estabelece, de forma análoga, que paga a dívida e seus encargos, resolve-se a propriedade fiduciária, devendo o oficial do cartório de registro de imóveis cancelar o registro da transferência da propriedade fiduciária ao credor-fiduciário. Denota-se dessa construção que o devedor-fiduciante tem uma pretensão restitutória, ou seja, uma expectativa real de aquisição, subordinada à existência da condição estabelecida na lei e no contrato.

Para conceituar o direito do devedor-fiduciante, Moreira Alves faz um paralelo entre compra e venda e reserva de domínio, em que "o comprador, antes de pagar integralmente o preço, tem como titular que é de propriedade sob condição suspensiva, direito expectativo, em cujo conteúdo se encontram os

---

33 "ARTICULO 1.- Habrá fideicomiso cuando una persona (fiduciante) transmita la propiedad fiduciaria de bienes determinados a otra (fiduciario), quien se obliga a ejercerla en beneficio de quien se designe en el contrato (beneficiario), y a transmitirlo al cumplimiento de un plazo o condición al fiduciante, al beneficiario o al fideicomisario." Lei argentina de fideicomisso, 24.441/95.

iura possidendi, utendi e *fruendi*".[34] A figura se assemelha, em muito, à venda com reserva de domínio admitida no Direito brasileiro apenas sobre as coisas móveis (art. 517 a 528 do CCB) e à figura análoga do Direito português conforme estudos de Lima Pinheiro,[35] a venda com reserva de propriedade, visto que nas figuras, à semelhança do caso estudado, existe uma expectativa real de aquisição da propriedade. Tal fato possibilita afirmar que o devedor-fiduciante tem um direito real de aquisição decorrente da expectativa de direito que tem de se tornar proprietário ao cumprir a obrigação.[36] Assim, pode-se afirmar que o direito do devedor-fiduciante tem natureza real, constituído no direito real de aquisição, decorrente do seu direito de propriedade estar sujeito a uma condição suspensiva (*condictio iuris*). Tal direito é passível de avaliação econômica integrando-se ao patrimônio do devedor-fiduciante como "direito expectado". Em decorrência desse elemento, o direito do fiduciante pode ser objeto de sucessão hereditária, penhorado, dado em pagamento ou cedido.[37]

A transferência do direito do devedor-fiduciante não é da propriedade, mas de sua posição jurídica. Assim, aquele que assumir a titularidade do direito à aquisição recebe, também, as obrigações correspondentes, de forma que o sucessor, a que título for, passa a figurar como devedor-fiduciante com os mesmos direitos e obrigações. Aderbal Gonçalves, ao comentar a propriedade resolúvel, salienta que o direito das partes são opostos e complementares de forma que o fato que "aniquila o direito de um consolidará"[38] o do outro.

---

34 MOREIRA ALVES, ob. cit., 132.

35 PINHEIRO, Luís de Lima, A cláusula de reserva de propriedade: algumas reflexões sobre a sua função, regime e natureza jurídica. Coimbra: Almedina, 1988.

36 "quanto falo de expectativa (pura), estou necessariamente aludindo à posição de alguém em que se perfizeram elementos do suporte fático, de que sairá fato jurídico, produtor de direitos e outros efeitos, porém ainda não todos os elementos do suporte fático: a regra jurídica, a cuja incidência corresponderia o fato jurídico, ainda não incidiu, porque suporte fático ainda não há." MIRANDA, Francisco Cavalcanti Pontes de, *Tratado*, §577, nº. 8.

37 Sobre a penhorabilidade do direito do credor e devedor fiduciário JACOMINO aponta que é uma condição natural da possibilidade que a lei estabelece de cessão das referidas posições jurídicas. JACOMINO, Sérgio, *Penhora – alienação fiduciária de coisa imóvel. Algumas considerações sobre o registro.* Boletim Eletrônico IRIB n. 2245, http://www.irib.org.br/biblio/boletimel2233.asp em 9/5/2009.

38 GONÇALVES, Aderbal da Cunha. *Da propriedade resolúvel*, São Paulo: RT, 1979, p. 66.

A construção é por demais simples: paga a dívida, desaparece o direito do credor-fiduciário sobre a coisa. Não paga a dívida, o devedor-fiduciante é quem perde o seu direito sobre a coisa.

O credor-fiduciário, por sua vez, torna-se proprietário da coisa de forma limitada ao fim do negócio e sob condição resolutiva. Dessa construção decorre a natureza jurídica do direito do credor-fiduciário. A propriedade do fiduciário está condicionada ao implemento de uma condição futura prevista no próprio termo que constitutivo do seu direito de propriedade. A lei estabelece uma série de limitações ao poder do fiduciário no exercício de sua propriedade resolúvel. O direito de propriedade, assim, somente existe enquanto existir a dívida. Daí, é possível concluir que a propriedade fiduciária, além de resolúvel, tem função específica: garantir a dívida. Como garantia de dívida, a propriedade fiduciária é acessória ao contrato de financiamento. Da acessoriedade da propriedade fiduciária decorre o fato do titular da propriedade fiduciária, somente poder dispor da coisa fiduciada mediante a transmissão do direito de crédito, ou seja, por meio da cessão do crédito.

Observa-se que no sistema adotado não há necessidade de um ato posterior do proprietário fiduciário para a transmissão da propriedade para o fiduciante. Essa se opera de forma automática, quando a dívida é paga. Vale dizer, na alienação fiduciária a resolução decorre da verificação de *condicio iuris* e não *condicio facti*, "porquanto a existência de *condicio iuris* não depende da vontade das partes".[39] A *condicio facti*, que é condição em sentido técnico,[40] depende da vontade das partes, enquanto na *condicio iuris* verifica-se pela extinção da obrigação.

No caso inverso, em que a condição resolutiva não se implementa, após a caracterização de descumprimento definitivo[41] da obrigação pelo devedor-fiduciante, a coisa fiduciada incorpora-se ao patrimônio do fiduciário, pela

---

39 MOREIRA ALVES, ob. cit., p. 140.

40 As condições nesse caso são impróprias no conceito de Pontes de Miranda, que as difere das próprias com o seguinte conceito: "enquanto as condições, em sentido próprio, são postas pelo manifestante ou pelos manifestantes, as *condiciones iuris* são-no pela lei.", ob. cit., p. 297.

41 No caso da alienação fiduciária de bens imóveis, a transformação da simples mora em incumprimento definitivo se dá através da notificação do fiduciário para purgar a mora, através do cartório de registros de imóveis em que o bem está registrado (artigo 26 da Lei nº. 9514/97).

consolidação da propriedade. Entretanto, a consolidação da propriedade em nome do fiduciário-credor não significa a incorporação do bem ao patrimônio do fiduciário. Como se verá mais adiante, a lei determina expressamente que o credor proceda ao leilão da coisa, pagando-se e restituindo ao devedor-fiduciante o eventual saldo da venda, ou seja, na alienação fiduciária em garantia de bens imóveis não existe, a princípio, a possibilidade de, em razão do inadimplemento do fiduciante, o fiduciário retomar a coisa para si de forma definitiva (pacto comissório).

Dos conceitos acima, é possível afirmar, que o direito do fiduciário-credor tem natureza de propriedade resolúvel funcionalizada e limitada, acessória ao contrato de financiamento garantido.

9

FIGURAS ANÁLOGAS. DISTINÇÃO ENTRE ALIENAÇÃO FIDUCIÁRIA EM GARANTIA E A COMPRA E VENDA A PRESTAÇÕES E COMPRA E VENDA COM RESERVA DE DOMÍNIO

No contrato de compra e venda a prestações, o vendedor transfere o domínio do bem alienado de forma plena ao comprador, que se torna desde a tradição (coisa móvel) ou do registro (bens imóveis) titular do direito de domínio da coisa. A obrigação do comprador de pagar a coisa é pessoal, não vinculada ao negócio. O não pagamento dá ao credor-vendedor o direito de cobrar judicialmente a dívida, não tendo direito de reaver a coisa.

A compra e venda com reserva de domínio é aquela pela qual o vendedor reserva para si a coisa até o pagamento integral do preço. Pago o preço, a propriedade da coisa transmitida se materializa no comprador. Não pago o preço, o vendedor pode reaver a coisa ou cobrar a dívida do comprador. O art. 527 do CCB assegura ao vendedor, face o inadimplemento do comprador, reter as prestações pagas até o necessário para cobrir a depreciação da coisa e as despesas feitas, devolvendo o excedente ao comprador, caso prefira recuperar a posse.

A finalidade da compra e venda com reserva de domínio é garantir ao vendedor que o comprador pague o preço. A propriedade do vendedor será resolúvel e se extingue com o pagamento do preço. Tratando-se de compra e venda, os elementos essenciais do negócio são a transmissão da propriedade em decorrência da contraprestação, materializada no preço. É típico negócio de compra e venda regido pelas normas aplicáveis aquele tipo.

A eventual confusão ou mistura conceitual com a alienação fiduciária em garantia decorre do seu uso comum no financiamento para aquisição de bens de consumo duráveis ou imóveis. Entretanto, é necessário enfatizar que, apesar de muitas vezes a alienação fiduciária em garantia ser celebrada junto ao contrato de compra e venda, já que recursos oriundos do contrato de mútuo garantido por alienação fiduciária em garantia se destinam a adquirir o bem alienado fiduciariamente, não se está diante de uma hipótese equivalente a compra e venda em prestações ou compra e venda com reserva de domínio. A alienação fiduciária em garantia é contrato autônomo em relação à compra e venda e tem por finalidade garantir o pagamento do mútuo pactuado (muitas vezes, no próprio instrumento de alienação fiduciária). O valor do financiamento, normalmente, é direcionado à aquisição do bem, que mais tarde será transferido ao fiduciário em garantia do empréstimo concedido.

O vendedor, proprietário original do bem, recebe o preço integral do bem por meio do financiamento concedido pelo futuro credor-fiduciário. O vendedor do bem, que mais tarde será alienado fiduciariamente pelo tomador do empréstimo, o transfere ao devedor-fiduciante, dando-lhe plena e geral quitação. O contrato de compra e venda do bem se extinguiu pelo cumprimento, passando o comprador e futuro alienante-fiduciante a ser titular do domínio do bem. Nesse momento, o contrato de compra e venda, financiado pelo credor futuramente fiduciário da coisa, se completou. Há a execução definitiva do contrato, o vendedor transferiu a propriedade plena e o comprador pagou (com os recursos do credor-fiduciário) a totalidade do preço da compra e venda, dando-se as partes mútua quitação.

Em ato subsequente à compra do bem com os recursos do financiamento (mútuo), celebra-se a alienação fiduciária em garantia. Trata-se, portanto, de um contrato em que se pactua a alienação do bem em garantia de um mútuo, não se podendo aplicar as normas pertinentes à compra e venda em prestações ou compra e venda com reserva de domínio, nem mesmo de forma subsidiária. No caso, admite-se, quando muito, que se apliquem de forma subsidiária as normas atinentes ao mútuo, jamais à compra e venda.

10

ALIENAÇÃO FIDUCIÁRIA DE BENS IMÓVEIS

A alienação fiduciária de bens imóveis surgiu como instrumento para tornar o processo de concessão e recuperação dos créditos imobiliários mais ágeis e seguros. Como visto no capítulo introdutório ao trabalho, a deficiência sistêmica existente no Judiciário brasileiro tornou a tradicional forma de garantia imobiliária (hipoteca) inadequada à necessidade da economia moderna. A hipoteca é de difícil execução por depender de um processo judicial lento e custoso que, no Brasil, pode levar até uma década.

Diante desse quadro lamentável, os créditos imobiliários no Brasil, antes da utilização da alienação fiduciária de bens imóveis, eram escassos e caros. Os juros tinham de ser elevados, pois o inadimplemento era de prejuízo certo. Poucas instituições financeiras arriscavam-se nesse mercado e as que se arriscavam faziam-no no âmbito restrito do Sistema Financeiro Habitacional, que contava com fortes subsídios estatais.

O legislador, compreendendo a dificuldade do setor financeiro e da construção civil de trabalhar em conjunto para solucionar o enorme déficit habitacional no Brasil, recorreu à alienação fiduciária em garantia, instrumento há muito utilizado nas operações para financiamento de bens móveis duráveis (automóveis, veículos comerciais e maquinário). A lei criada no espírito de facilitar a circulação de crédito para fomento à indústria da construção civil acabou por permitir a criação de um direito de garantia real geral. Como visto no capítulo sobre a validade jurídica do negócio (capítulo 4.6), a operação não se restringe aos financiamentos realizados dentro do sistema financeiro imobiliário. Os negócios imobiliários envolvendo relações cíveis (entre empresas ou entre particulares), de consumo (fornecedores e consumidores) e financeiras (instituições financeiras e tomadores de empréstimos) podem socorrer-se da alienação fiduciária de bens imóveis como instrumento de garantia real nas suas relações.

A construção da alienação fiduciária em garantia é tal que a propriedade do bem dado em garantia é transferida ao credor, permanecendo o devedor apenas com a posse direta e o direito real de aquisição. Esse elemento, pelo qual a propriedade fiduciária é um direito real sob coisa própria, de forma diversa das tradicionais formas de garantia real que recaiam sobre coisa alheia, torna a alienação fiduciária mais eficaz como instrumento de recuperação dos créditos. A eficácia decorre do título que o credor tem sobre a coisa alienada fiduciariamente. Como proprietário fiduciário, o credor-fiduciário pode exercer todos os poderes inerentes ao domínio, que sejam necessários a finalidade da sua propriedade. Os poderes inerentes ao domínio que permanecem dentro da função de garantia de sua propriedade são: 1) reaver a coisa de quem injustamente a detenha, como no caso de reaver a coisa do fiduciante inadimplente; 2) dispor da coisa para pagar-se, cedendo a propriedade fiduciária e recebendo o valor correspondente a seu crédito ou, no caso de inadimplemento do fiduciante-devedor, alienando a propriedade plena para pagar-se.

Outro elemento de eficácia da alienação fiduciária em garantia em relação às outras formas tradicionais de garantia real decorre, também, do fato de se tratar de direito real em coisa própria. Trata-se da proteção do bem alienado fiduciariamente como elemento exclusivo de garantia da dívida, já que o bem fiduciado constituirá um patrimônio de afetação separado do patrimônio do fiduciante e fiduciário. Ao alienar o bem fiduciariamente, o fiduciante-devedor retira aquele bem de sua esfera patrimonial geral, não mais podendo ser objeto de constrição em razão das outras dívidas do devedor-fiduciante. Na hipoteca, por exemplo, é possível que outro credor do devedor penhore e promova o leilão judicial do bem hipotecado, tendo o credor hipotecário preferência no recebimento do produto da venda. Na alienação fiduciária em garantia, essa hipótese, que pode representar um prejuízo ao credor, não existe. Também, por não mais integrar o patrimônio do devedor-fiduciante, ele não poderá gravar o bem com outros ônus reais, sendo inaplicável o artigo 1.476 do CCB que permite ao proprietário gravar mais de um ônus real em graus diferentes de preferência sobre o mesmo bem.

Todos esses elementos constituem uma vantagem técnica da alienação fiduciária em garantia sobre as demais formas de garantia real, no interesse do credor.

10.1 CONCEITO LEGAL

A alienação fiduciária de bens imóveis em garantia conta com conceito legal estabelecido no artigo 22 da Lei nº. 9.514/97, definindo a alienação fiduciária em garantia como o negócio jurídico pelo qual o devedor-fiduciante contrata a transferência ao credor-fiduciário da propriedade resolúvel de um bem imóvel de seu patrimônio em garantia de uma dívida.

Do conceito legal de alienação fiduciária em garantia pode se extrair que é um negócio jurídico em que se contrata a transferência da propriedade ao credor. Denota-se que é um contrato com efeitos reais por meio do qual as partes pactuam a transferência da propriedade em caráter resolúvel ao credor, daí se afirmar que a alienação fiduciária em garantia é um contrato obrigacional com efeitos reais.

O conceito legal do negócio jurídico estudado também determina que a propriedade transferida ao credor-fiduciário é resolúvel e tem função de garantir a dívida. Retira-se desse conceito legal que a propriedade do credor-fiduciário é temporária e vinculada à existência da dívida garantida. Paga a dívida, opera-se a reversão da alienação, voltando a propriedade plena ao devedor-fiduciante. Por outro lado, caracterizado o incumprimento do contrato pelo referido devedor, a condição resolutiva da propriedade fiduciária não irá ocorrer. Por força do artigo 125 do CCB, verificada a impossibilidade de ocorrência da condição suspensiva, o negócio jurídico original irá vigorar desde a data da conclusão do negócio, ou seja, diante da impossibilidade de ocorrência da condição resolutiva da propriedade do fiduciário, a transferência da propriedade passa a ser plena.

Do conceito legal de alienação fiduciária de bens imóveis verifica-se que a condição resolutiva da propriedade do credor-fiduciário está prevista no próprio título translativo da propriedade. O título subordina a propriedade do fiduciário à finalidade de garantir a dívida e prevê as condições da extinção da dívida e da própria propriedade fiduciária.

10.2 PROPRIEDADE FIDUCIÁRIA DE BENS IMÓVEIS

A alienação fiduciária em garantia tem efeitos reais, constituindo título aquisitivo da propriedade fiduciária. A Lei nº. 9.514, em seu artigo 23, prevê que a propriedade fiduciária é adquirida pelo credor-fiduciário pelo registro do contrato no cartório de registro de imóveis. Registrado o contrato, estará constituído o direito real de garantia (propriedade fiduciária) em bem próprio. Tendo em vista o sistema brasileiro, no qual o contrato não transmite a propriedade, exigindo-se o registro, tem-se que o registro é essencial para a constituição da propriedade fiduciária. Não registrado o contrato, a propriedade plena permanece com o devedor-fiduciante, não existindo qualquer garantia real para o credor.

Uma vez registrado o título e constituída a propriedade fiduciária em nome do credor, o artigo 23 da Lei nº. 9.514/97 prevê o desdobramento da posse sobre o bem, "tornando-se o fiduciante possuidor direito e o fiduciário possuidor indireto da coisa imóvel."

10.3 SUJEITOS DO CONTRATO

São sujeitos no contrato de alienação fiduciária em garantia de bens imóveis o credor-fiduciário e o devedor-fiduciante. O credor-fiduciário tem um crédito contra o devedor-fiduciante decorrente de um contrato de mútuo ou financiamento. Em decorrência desse contrato financeiro que pode estar previsto no mesmo instrumento da alienação fiduciária em garantia ou em instrumento apartado, as partes celebram o contrato de alienação fiduciária para garantir a dívida.

As regras de capacidade para celebração do contrato são as mesmas que regem as regras gerais de Direito civil. Ambas as partes devem ter capacidade para dispor de seus bens; durante a execução da alienação fiduciária o bem deverá ser transmitido no mínimo duas vezes, a depender de sua execução ou inexecução. Inicialmente o bem será transmitido do devedor-fiduciante para o credor-fiduciário que recebe o imóvel em propriedade resolúvel. Executado o contrato, com o pagamento da dívida, ou seja, implementada a condição resolutiva da propriedade do credor-fiduciário, ocorrerá a reversão da propriedade para o fiduciante, o que significa uma nova transmissão do domínio do fiduciário para o fiduciante. Por outro lado, caso ocorra a inexecução do contrato, tornando-se definitivo o incumprimento contratual, o que torna impossível a ocorrência da condição resolutiva da propriedade do fiduciário, o cartório de registro de imóveis irá consolidar a propriedade em nome do fiduciário, que deverá, por força de lei, vender o bem em leilão para pagar-se.

Há quem inclua o vendedor do bem futuramente alienado fiduciariamente como parte do contrato, ao fundamento de que a maioria dos contratos é celebrada para financiamento de aquisição de imóveis que não integram o patrimônio do devedor-fiduciante.[1] *Data venia*, a inclusão é equivocada. O vendedor do bem adquirido com o recurso do financiamento é parte de outro negócio, a compra e venda do imóvel financiado. A compra e venda do imóvel financiado já foi realizada quando da celebração da alienação fiduciária do bem imóvel, tendo o vendedor vendido a coisa ao devedor-fiduciário e recebido o preço acertado (através da concessão do financiamento). A compra e venda, quando da celebração da alienação fiduciária, já se extinguiu pelo cumprimento do contrato.

De fato, quando a operação financeira tem por objetivo a aquisição de um novo imóvel, o proprietário original da coisa pode vir a transferir a propriedade fiduciária diretamente ao credor-fiduciário e atribuir ao devedor-fiduciante a condição de fiduciante titular do direito expectativo de aquisição da coisa no mesmo instrumento contratual.[2] Entretanto, essa inclusão do proprietário do bem financiado no contrato não o torna parte do contrato de alienação fiduciária. Ele é parte de outro contrato, que está inserido no mesmo instrumento:

---

1 CHALHUB, ob. cit., 4. ed., p. 229.

2 "Na segunda hipótese, figurariam como partes do conjunto de contratos a financiadora, o incorporador e o adquirente; *financiadora* e *credora-fiduciária* há de ser a instituição financeira que fornecerá os recursos ao adquirente, para que este adquira o imóvel; *incorporador (vendedor)* há de ser o titular do empreendimento imobiliário em que se situa o imóvel objeto da venda, que celebrará um contrato de compra e venda com o adquirente; e, por fim, *adquirente* e *devedor-fiduciante* há de ser aquele que obtém financiamento para adquirir um imóvel, adquire-o mediante contrato de compra e venda e, a seguir, para garantia da dívida decorrente do financiamento, aliena-o fiduciariamente à financiadora. Na dinâmica desse tipo de operação, a financiadora celebrará com o adquirente dois contratos: o primeiro o de financiamento e depois o de alienação fiduciária; o contrato de financiamento está no nascedouro desse conjunto de operações, que obedecerá invariavelmente a seguinte sequência: (1º) *financiamento* (origem dos recursos para a compra), (2º) *compra e venda* (pagamento com os recursos do financiamento) e (3º) *alienação fiduciária* (transmissão da propriedade do imóvel recém-adquirido, para fins de garantia do financiamento." CHALHUB, ob. cit., p. 299-230.

o contrato de compra e venda do imóvel, que está perfeito e acabado, extinto pela execução.

Mesmo quanto o credor-fiduciário for o antigo proprietário do bem, na hipótese de financiamento direto em que o antigo proprietário financia a aquisição do imóvel pelo fiduciante-devedor, o vendedor do bem financiado não será parte do contrato de alienação fiduciária em garantia na condição de vendedor, mas sim, como credor-fiduciário. O mesmo instrumento contratual terá três contratos distintos e coligados, refletindo um conjunto apartado de direitos e obrigações e invocando a aplicação de normas diversas. Dentro daquele instrumento contratual, existirá uma compra e venda, um contrato de financiamento e uma alienação fiduciária em garantia.

O contrato de compra e venda se completa com a transferência da propriedade ao comprador futuro devedor-fiduciário. As partes celebram o mútuo, possibilitando que o comprador-devedor e o vendedor-credor se deem mútua e geral quitação em relação ao contrato de compra e venda, extinguindo-se esse pelo cumprimento definitivo. Para garantir o mútuo, ainda no mesmo instrumento contratual, o comprador-devedor aliena fiduciariamente o bem em garantia ao vendedor-credor, passando cada um à condição de fiduciante e fiduciário, respectivamente.

Assim, na hipótese de financiamento direto pelo vendedor do bem alienado fiduciariamente em garantia, devem-se aplicar as normas pertinentes a cada um dos três contratos existentes nessa relação complexa. Em relação à compra e venda aplica-se os artigos 481 e seguintes do CCB. O mútuo celebrado naquele instrumento, por sua vez, será regido pelas normas dos artigos 586 e seguintes do CCB e pelos dispositivos especiais contidos nos artigos 4º. e 5º. da Lei nº. 9.514/97. A alienação fiduciária do bem imóvel dado em garantia será regida pelo artigo 22 e seguintes da Lei nº. 9.514/97.

Assim, é possível afirmar que, apesar do vendedor e credor-fiduciário poder ser a mesma pessoa, do ponto de vista jurídico não se confundem quanto aos seus direitos e obrigações no contrato de alienação fiduciária em garantia. Significa dizer que o vendedor poderá figurar no contrato de alienação fiduciária em garantia porque é credor do mútuo e não por ser vendedor do bem financiado.

Incluir o vendedor como parte do contrato de alienação fiduciária tampouco corresponde a todas as hipóteses em que o contrato de alienação fiduciária poderia ser utilizado. Como visto, o contrato pode ter por objeto bens que já integram o patrimônio do devedor, funcionando como uma garantia real a qualquer operação de crédito.

Além de capacidade, os sujeitos da relação contratual, credor-fiduciário e devedor-fiduciante devem ter legitimidade para figurar como partes no contrato. A Lei nº. 9.514/97, desde a sua redação original, previa a possibilidade de pessoas físicas ou jurídicas não integrantes do SFI figurarem como fiduciárias.[3]

A liberalidade da lei demonstrava sua preocupação centralizada no mercado secundário. Ao permitir que as pessoas não integrantes do SFI celebrassem o contrato de alienação fiduciária em garantia de bens imóveis, a lei potencializou o número de contratos celebrados. A Lei nº. 9.514/97 visava a criar instrumentos pelos quais os financiadores de imóveis pudessem ceder seus créditos em um mercado secundário que, por meio de operações de securitização, captassem novos recursos para o fomento da indústria da construção civil.

No sistema econômico brasileiro, dada a sua estrutura de restrição creditícia (juros mais elevados do mundo e participação reduzida do crédito no PIB), a alienação fiduciária de bens imóveis foi inicialmente utilizada mais pela indústria da construção civil para financiar diretamente os adquirentes de unidades imobiliárias, sem a participação das instituições financeiras. O sistema financeiro iniciou sua atuação do SFI, por meio dos mercados secundários, adquirindo créditos das construtoras e incorporadoras imobiliárias e promovendo o lançamento de títulos representativos desses créditos. Somente na segunda metade da primeira década do século XXI verificou-se a presença direta da banca nos processos de financiamento imobiliário, na concessão de créditos ao consumo.

A legitimidade para figurar como fiduciante é do proprietário do bem imóvel a ser alienado fiduciariamente. Pode ser o próprio devedor da operação de financiamento ou terceiro, nas operações de garantia por terceiro.

---

3 "Art. 22. A alienação fiduciária regulada por esta lei é o negócio jurídico pelo qual o devedor, ou fiduciante, com o escopo de garantia, contrata a transferência ao credor, ou fiduciário, da propriedade resolúvel de coisa imóvel.
§ 1o A alienação fiduciária poderá ser contratada por pessoa física ou jurídica, não sendo privativa das entidades que operam no SFI, podendo ter como objeto, além da propriedade plena: "(Renumerado do parágrafo único pela Lei nº. 11.481, de 2007).

10.4 FORMA

O artigo 38 da Lei nº. 9.514/97, com o objetivo de simplificar e dar agilidade às operações de financiamento de imóveis, dispensou a necessidade do instrumento público para celebração dos contratos referidos na lei.[4] Assim, o contrato de alienação fiduciária e o contrato de cessão fiduciária de créditos imobiliários, por previsão expressa da lei, podem ser celebrados por instrumento particular. A questão é saber se quando o contrato é celebrado para garantir o financiamento de um imóvel adquirido com o produto do financiamento, a compra e venda deverá ser feita por escritura pública.

A operação mais comum de utilização da alienação fiduciária de bens imóveis é aquela pela qual o incorporador (vendedor) vende uma unidade imobiliária a um adquirente (devedor-fiduciante), que celebra um contrato de financiamento com o financiador (credor-fiduciário), pagando-se o incorporador (vendedor) com os recursos do financiamento. O adquirente (devedor-fiduciante) transfere, em ato contínuo, pela alienação fiduciária, o bem ao financiador (credor-fiduciário), em garantia do financiamento concedido.

Se esses três contratos forem celebrados em um único instrumento, não haverá necessidade de observar a exigência, do CCB, de instrumento público para transferência de domínio de bem imóvel. O artigo 38 da Lei nº. 9.514/97 estabelece que, além dos contratos referidos na Lei, os resultantes de sua aplicação poderão ser celebrados por instrumento particular com efeito de escritura pública. A compra e venda, no caso referido, está diretamente vinculada à concessão do financiamento e da garantia fiduciária. É possível afirmar até mesmo que a compra e venda poderia nem existir sem o financiamento e a alienação fiduciária, já que o adquirente (devedor-fiduciante) não teria meios para pagar o preço da compra e venda sem o financiamento.

Assim, todos os contratos coligados com as operações de financiamento imobiliário poderão ser celebrados por instrumento particular, "mesmo aqueles que visem à constituição, transferência, modificação ou renúncia de direitos reais sobre imóveis" (art. 38 da Lei nº. 9.514/97). Com esse dispositivo legal, em consonância com os princípios da simplicidade e rapidez, os contratos

---

4 "Art. 38. Os atos e contratos referidos nesta Lei ou resultantes da sua aplicação, mesmo aqueles que visem à constituição, transferência, modificação ou renúncia de direitos reais sobre imóveis, poderão ser celebrados por escritura pública ou por instrumento particular com efeitos de escritura pública." (Redação dada pela Lei nº. 11.076, de 2004).

de hipoteca, compra e venda, promessa de compra e venda, caução de direitos aquisitivos, cessão fiduciária e alienação fiduciária poderão ser celebrados por instrumento particular, se decorrentes de financiamento imobiliário.

10.5 REQUISITOS DO NEGÓCIO JURÍDICO – CONTEÚDO OBRIGATÓRIO DO CONTRATO

10.5.1 Condições financeiras do financiamento imobiliário

A lei estabelece as cláusulas essenciais que devem estar inseridas no contrato de alienação fiduciária de bens imóveis. A norma prevista no artigo 27 da Lei nº. 9.514/97 determina a inclusão, no próprio contrato de alienação fiduciária em garantia, das condições do mútuo ou financiamento concedido e garantido pela alienação fiduciária. A razão dessa exigência legal é incluir no instrumento constitutivo da propriedade fiduciária os elementos para a resolução da propriedade fiduciária.

A lei exige que o instrumento de alienação fiduciária contenha o valor do principal da dívida, o prazo e as condições de reposição do empréstimo ou do crédito fiduciário, a taxa de juros e os encargos incidentes, a cláusula de constituição da propriedade fiduciária, com a individualização do bem, a indicação do valor do bem para efeitos de eventual venda em público leilão[5] e transcrição dos procedimentos de venda do imóvel caso o fiduciante fique inadimplente (art. 24 da Lei nº. 9.514/97). Além disso, o artigo 5º. da Lei do Sistema Financeiro Imobiliário estabelece os requisitos financeiros da operação. O artigo determina que as cláusulas financeiras da alienação fiduciária observem a reposição integral do valor emprestado e respectivo reajuste, a remuneração do capital emprestado às taxas convencionadas no contrato, permitida a capitalização de juros e a utilização das mesmas condições que as entidades autorizadas a operar no SFI possam praticar.

---

5 Parágrafo único. Caso o valor do imóvel convencionado pelas partes nos termos do inciso VI do caput deste artigo seja inferior ao utilizado pelo órgão competente como base de cálculo para a apuração do imposto sobre transmissão inter vivos, exigível por força da consolidação da propriedade em nome do credor fiduciário, este último será o valor mínimo para efeito de venda do imóvel no primeiro leilão." (Parágrafo único do artigo 24 da lei 9.514/1997 introduzido pela lei 13.465 de 11 de julho de 2017

Por fim, entre as condições do financiamento garantido pela alienação fiduciária em garantia de bens imóveis, aplica-se o artigo 46 da Lei nº. 10.931/2004, que prevê a possibilidade de correção monetária mensal por índices de preços setoriais ou gerais, nos contratos com duração superior a 36 meses.

Os dispositivos acima citados representam uma revolução no sistema jurídico brasileiro no campo dos encargos financeiros, especialmente ao permitir a livre estipulação de juros e a sua capitalização em contratos não celebrados por entidades integrantes do Sistema Financeiro Nacional.

No Brasil prevalece uma mentalidade anticapitalista, principalmente no Judiciário. As decisões do Judiciário brasileiro, quase sempre, são paternalistas e protetoras dos devedores, em detrimento do credor, que é visto como o capitalista (figura demonizada pela sociedade brasileira). O Judiciário brasileiro, aplicando a jurisprudência "do coração" em detrimento de decisões mais alinhadas com o rigor, com a força obrigatória dos contratos e respeitante da liberdade contratual procura, quase sempre, aplicar a norma de forma a beneficiar o devedor, mesmo que isso exija interpretações questionáveis e muitas vezes contrárias à lei.

O Judiciário, em decorrência da miopia que lhe é particular, acaba sempre por decidir analisando apenas a repercussão de suas decisões em relação às partes do processo, pouco se importando com a repercussão que a decisão poderá ter na sociedade como um todo.[6] Um campo comum dessa proteção decorre da interpretação da Lei da Usura (Decreto nº. 22.626/1933) e do Código Civil Brasileiro (art. 406, 407 e 591).[7] Em regra geral, o Judiciário não admite

---

6 Um exemplo muito comum citado entre os críticos da posição do Judiciário brasileiro é a do *leasing* para financiamento de carros importados, reajustado pela variação cambial. Em decorrência da maxidesvalorização do real em 2000, os consumidores ajuizaram ação contra as financiadoras para declarar nula a cláusula que previa a correção da prestação em moeda estrangeira. O Judiciário decidiu a favor dos consumidores devedores. Em decorrência dessas decisões, as instituições financeiras retiraram do mercado os produtos de financiamento em moeda estrangeira para aquisição de bens de consumo. Hoje que a realidade econômica é tal que esse financiamento seria mais barato e interessante para o consumidor brasileiro, não se encontra mais o produto financeiro no mercado. Para beneficiar uma pequena quantidade de consumidores, o Judiciário acabou por prejudicar toda a sociedade e a economia nacional que não mais pode contar com esse produto financeiro, por ter sua cláusula contratual, que garantia o equilíbrio contratual, declarada nula.

7 "Art. 406. Quando os juros moratórios não forem convencionados, ou o forem sem taxa estipulada, ou quando provierem de determinação da lei, serão fixados segundo a taxa que estiver em vigor para a mora do pagamento de impostos devidos à Fazenda Nacional.

a cobrança de juros nas operações de empréstimo acima do limite, que por interpretação questionável,[8] seria de 1% ao mês quando o credor não pertencer ao Sistema Financeiro Nacional.

Nos contratos de financiamento imobiliário, em decorrência de lei especial, a nosso ver, não se aplicariam os limites e vedações à capitalização previs-

---

Art. 591. Destinando-se o mútuo a fins econômicos, presumem-se devidos juros, os quais, sob pena de redução, não poderão exceder a taxa a que se refere o art. 406, permitida a capitalização anual.

8 "Enunciado 20 do CEJ "A taxa de juros moratórios a que se refere o art. 406 é a do art. 161, §1º, do Código Tributário Nacional, ou seja, 1% (um por cento) ao mês." "A utilização da taxa SELIC como índice de apuração dos juros legais não é juridicamente segura, porque impede o prévio conhecimento dos juros; não é operacional, porque seu uso será inviável sempre que se calcularem somente juros ou somente correção monetária; é incompatível com a regra do art. 591 do novo Código Civil, que permite apenas a capitalização anual dos juros, e pose ser incompatível com o art. 192, §3º, da Constituição Federal, se resultarem juros reais superiores a 12% (doze por cento) ao ano". Essas conclusões do CEJ são criticáveis e representam um grande empecilho ao desenvolvimento e a modernização da economia brasileira. Em primeiro lugar, perdeu-se uma grande oportunidade de acabar com a correção monetária no Brasil, o que perpetua a inflação ao trazer para o presente a inflação passada. A melhor interpretação seria que o limite fosse a SELIC, eliminando-se a sua cumulação com qualquer outro índice de correção monetária, pois a SELIC inclui um componente inflacionário e outro de juros reais. Assim, os contratos que adotassem a SELIC como taxa de juros não poderiam prever correção monetária, se não aquela já inserida na SELIC.
O segundo argumento é que a taxa referencial do Banco Central (SELIC) seria insegura por impedir o conhecimento prévio dos juros. Tal afirmativa também é falsa, já que confunde os conceitos de juros pré e pós-fixados. Estabelecer no contrato que os juros são os da taxa SELIC na data do contrato em nada modifica a previsibilidade do contrato em relação a taxa de juros compensatórios. Quanto aos juros moratórios, a mora decorre do incumprimento. Sendo essa parte externa da execução do contrato, poderia se prever que os juros seriam aqueles adotados pela Fazenda Nacional na data da constituição da mora, mantendo a previsibilidade.
O terceiro argumento é que a utilização da SELIC seria incompatível com o artigo 591 do CCB, que veda a capitalização dos juros. *Data venia,* juros compostos (capitalizados) ou simples é forma de aplicação matemática do índice, nada se referindo ao percentual dos juros.
Em quarto lugar, verifica-se que a lei remete aos juros cobrados nos casos de mora do pagamento de imposto devidos à Fazenda Nacional. Qualquer execução, promovida pela União, de tributos em mora, é corrigida pela SELIC e não pelos juros previstos no artigo 161 do CTN. Interpretar como quer a CEJ é proteger o devedor em detrimento da economia de mercado moderna.
Por fim, o limite de 12% ao ano referido no artigo 192 da C.R. encontra-se revogado. Além do mais, a taxa SELIC, que é a efetivamente utilizada pela Fazenda Nacional nas cobranças dos impostos em atraso, é variável. Descontado o fator inflacionário, os juros reais da SELIC, nos últimos cinco anos sempre ficaram abaixo de 12% ao ano. Ou seja, para os devedores a utilização da SELIC, eliminada a correção monetária, seria mais benéfica que juros de 12% ao ano e mais correção monetária, além de promover a economia de mercado no Brasil.

tos nos artigos 591 e 406 do Código Civil Brasileiro. O inciso III do artigo 5º. da Lei nº. 9.514/97 prevê a capitalização dos juros nas operações de financiamento de imóveis. Tal dispositivo, apesar de romper com a tradição jurídica brasileira de vetar a capitalização de juros, tem razão de ser. O objetivo da Lei do Sistema Financeiro Imobiliário é garantir a circulação do capital e o financiamento da indústria da construção no Brasil. Para isso, é essencial padronizar os créditos que serão negociados no mercado secundário. Os investidores e poupadores que aplicam seus recursos nas instituições financeiras esperam e serão remunerados com juros capitalizados, mas os papéis que remuneram as aplicações são decorrentes das alienações fiduciárias, após a securitização. Simplificando, os bancos emprestam a juros capitalizados e remuneram a poupança popular com juros capitalizados. Impedir a capitalização dos juros das alienações fiduciárias, em última instância, é gerar prejuízos à poupança popular, que é remunerada pelos títulos vinculados às alienações fiduciárias.

Em relação ao percentual da taxa de juros, Saad afirma que nos contratos de financiamento de imóveis garantidos por alienação fiduciária, quando o credor não for instituição integrante do Sistema Financeiro Nacional, os juros estariam limitados a 12% em decorrência da aplicação da Lei de Usura.[9] A posição de Saad é criticável. Em relação ao limite legal dos juros, a Lei nº. 9.514/97, por ser especial, também permite a livre fixação, respeitando-se como limite as condições permitidas para as entidades autorizadas a operar no SFI.[10] São autorizados a atuar no SFI as caixas econômicas, os bancos comerciais, os bancos de investimento, os bancos com carteira de crédito imobiliário, as sociedades de crédito imobiliário, as associações de poupança e empréstimo, as companhias hipotecárias e, a critério do Conselho Monetário Nacional (CMN), outras entidades. Ou seja, as condições dos juros podem ser livremente pactuadas entre as partes, inclusive acima do limite de 1% ao mês previsto no CCB, desde que se respeitem as normas impostas pela CMN para concessão dos empréstimos imobiliários. A jurisprudência do STJ sempre

9 "A regra, acima transcrita, não elimina, contudo, a vedação da Lei de Usura à cobrança, por instituição que não integram o sistema financeiro nacional, de taxa de juros superior a 12% (doze por cento) ao ano." SAAD, Renan Miguel, ob. cit, p. 190.

10 "§ 2º. As operações de comercialização de imóveis, com pagamento parcelado, de arrendamento mercantil de imóveis e de financiamento imobiliário em geral poderão ser pactuadas nas mesmas condições permitidas para as entidades autorizadas a operar no SFI. (Redação dada pela Lei nº. 10.931, de 2004)" (art. 5º. da Lei 9.514).

considerou válida a cobrança de juros capitalizados e a taxa de mercado (livre) para as instituições integrantes do sistema financeiro nacional, que são, em boa parte, as mesmas que integram o SFI.[11] Os particulares, mesmo não integrantes

---

11 A jurisprudência do STJ referente aos contratos de mútuo garantidos por alienação fiduciária de bens móveis sempre foi no sentido de permitir a capitalização mensal e a fixação de juros remuneratórios acima dos limites do CCB), já que os credores eram instituições financeiras. "CIVIL - AGRAVO REGIMENTAL NO RECURSO ESPECIAL - MÚTUO BANCÁRIO COM ALIENAÇÃO FIDUCIÁRIA EM GARANTIA - JUROS REMUNERATÓRIOS - LEI Nº. 4.595/64 - ENUNCIADO 596 DA SÚMULA DO STF - JUROS MORATÓRIOS LIMITADOS A 12% A. A. LEI DE USURA - CAPITALIZAÇÃO - POSSIBILIDADE - COMISSÃO DE PERMANÊNCIA - ENUNCIADO 294 DA SÚMULA DO STJ - INSCRIÇÃO DO NOME DO DEVEDOR EM CADASTROS DE PROTEÇÃO AO CRÉDITO - POSSIBILIDADE - AGRAVO IMPROVIDO - 1. Com o advento da Lei nº. 4.595/1964, restou afastada a incidência da Lei de Usura, que limitou os juros remuneratórios no patamar de 12% ao ano, nos termos do enunciado nº. 596 da Súmula do eg. Supremo tribunal federal: "as disposições do Decreto 22.626/1933 não se aplicam às taxas de juros e aos outros encargos cobrados nas operações realizadas por instituições públicas ou privadas, que integram o Sistema Financeiro Nacional". 2. A taxa média do mercado não é considerada excessivamente onerosa. Assim, o pacto referente à taxa de juros remuneratórios só pode ser alterado se reconhecida sua abusividade em cada situação. 3. Os juros moratórios podem ser pactuados até o limite de 12% ao ano, conforme previsão legal. Precedentes. 4. O Superior Tribunal de Justiça admite a capitalização mensal dos juros nos contratos firmados posteriormente à entrada em vigor da medida provisória nº. 1.963-17/2000, desde que haja previsão contratual. No particular, o contrato sob exame foi firmado posteriormente à norma referenciada. Dessarte, legítima a capitalização mensal dos juros remuneratórios, como pactuada. 5. Segundo o posicionamento consolidado pela eg. Segunda seção desta corte superior, é possível a cobrança da comissão de permanência, desde que não cumulada com juros remuneratórios, correção monetária e/ou juros e multa moratórios. 6. A simples discussão judicial da dívida não é suficiente para obstaculizar ou remover a inscrição do nome do devedor em órgãos de proteção ao crédito. 7. Agravo regimental improvido." (STJ - AGRESP 200501767062 - (791172 RS) - 4ª T. - Rel. Min. Hélio Quaglia Barbosa - DJU 02.10.2006 - p. 289).
CIVIL - CONTRATO DE MÚTUO BANCÁRIO COM ALIENAÇÃO FIDUCIÁRIA - REVISÃO DE CLÁUSULAS FINANCEIRAS - JUROS REMUNERATÓRIOS - LIMITES - INEXISTÊNCIA - CONFORMIDADE COM OS ACESSÓRIOS PRATICADOS NO MERCADO - MITIGAÇÃO - IMPOSSIBILIDADE - CAPITALIZAÇÃO MENSAL - TABELA PRICE - PACTUAÇÃO - LEGALIDADE - RECURSO - DEFICIÊNCIA FORMAL - APREENSÃO DO INCONFORMISMO E DAS RAZÕES - INOCORRÊNCIA - 1- Ao exigir que o recurso derive de fatos e fundamentos aptos a infirmar o originariamente decidido e ensejar sua reforma, o legislador processual debitara à parte o ônus de, ao exercitar o direito subjetivo que lhe é ressalvado de recorrer como expressão do princípio do duplo grau de jurisdição que permeia o sistema processual, alinhavar lastro passível de infirmar o decisório recorrido como forma de resguardar o objetivo teleológico do recurso, o que é suprido quando, ainda que sem atenção para a ortodoxia processual, o recorrente manifesta sua inconformidade e viabiliza a apreensão dos fundamentos aptos a elidir o decisório recorrido. 2- O contrato bancário, enliçando em seus vértices instituição fomentadora de serviços de crédito e consumidor como destinatário final do importe mutuado, qualifica-se como relação de consumo, não derivando da sua natureza jurídica, contudo, a possibilidade de ser revisado ante sua simples qualificação, estando a interseção judicial sobre o ajustado condicionada à aferição de que está permeado por cláusulas

do SFI, podem pactuar nas mesmas condições permitidas para aquelas entidades (§ 2º. do art. 5º. da Lei nº. 9.514/97). Significa dizer que o credor-fiduciário e o devedor-fiduciante podem estipular as taxas de juros iguais às que seriam cobradas se o credor-fiduciário fosse instituição financeira.

Novamente, a lei, ao permitir a utilização de taxas de juros livres de mercado para as operações de financiamento de imóveis, procura promover a circulação dos créditos imobiliários. Adequando-se as condições financeiras de um contrato à realidade do mercado de crédito, há maior possibilidade que o crédito possa ser cedido e securitizado. O mercado financeiro não iria aceitar, em suas operações créditos, títulos que não expressassem condições efetivas do custo financeiro da operação. Novamente, a compreensão de que alienação fiduciária em garantia está inserida dentro de um sistema é importante. Como será visto no capítulo sobre cessão de recebíveis imobiliários e securitização, a remuneração dos poupadores e investidores (poupança popular) está diretamente atrelada ao rendimento dos valores mutuados nas operações garantidas pelas alienações fiduciárias. Reduzindo-se os juros ou limitando-os abaixo da realidade do mercado, acarretar-se-á prejuízo à poupança popular, que não terá o rendimento esperado nas suas aplicações financeiras garantidas pelos créditos imobiliários cedidos e securitizados.

Assim, é possível concluir que, nos contratos de financiamento imobiliários, celebrados de acordo com a Lei nº. 9.514/97, mesmo que tendo como credor pessoa física ou jurídica não integrantes do SFI, poder-se-ão prever

---

abusivas e desprovidas de estofo legal ou desconforme com os usos e costumes. 3- As instituições financeiras são imunes à incidência da lei da usura ao concertarem contratos de mútuo e, não estando sujeitas a nenhum tarifamento quanto aos juros remuneratórios que praticam, são livres para mensurá-los de acordo com os parâmetros vigentes no mercado, sobejando intacto o que restar avençado (STF, SÚMULA 596). 4- O sistema de amortização derivado da tabela price possibilita que as prestações encartem os juros que incidem sobre o montante mutuado e importe destinado a amortizá-lo, viabilizando sua quitação ao final do prazo ajustado, ensejando que todas as parcelas sejam fixadas em valores iguais, denotando que da sua utilização não deriva capitalização de juros na medida em que, a cada prestação paga, o mutuário está quitando os juros que incidiram exclusivamente sobre o valor mutuado, e não sobre a prestação antecedente, inviabilizando a contagem de juros sobre juros. 5- A capitalização mensal de juros, derivando do expressamente avençado, está revestida de lastro e se afigura legítima, sendo passível de incidir nas operações creditícias derivadas dos contratos concertados por instituição financeira integrante do sistema financeiro nacional a partir do dia 31 de março de 2.000, quando entrara a viger a medida provisória atualmente identificada com o nº. 2.170-36, de 23 de agosto de 2.001. 6- Apelação conhecida e improvida. Unânime." (TJDFT - APC 20070510091199 - 6ª T.Cív. - Rel. Teófilo Caetano - DJU 12.11.2008).

juros capitalizados e acima do limite do CCB de 1% ao mês,[12] conforme expressamente autorizado no § 2º. do artigo 5º. da Lei nº. 9.514/97.

Essa opinião é compartilhada por Chalhub, que entende que qualquer pessoa física ou jurídica tem legitimidade para utilizar as condições operacionais das instituições integrantes do SFI.[13]

O Conselho Monetário Nacional não estabelece limites aos juros nas operações de crédito envolvendo as instituições integrantes do SFI. Assim, não haveria limites legais para adoção de qualquer taxa de juros. Entretanto, a adoção de uma taxa de juros livre não é sem consequências. A cumulação de juros sem qualquer limite com correção monetária pode tornar o contrato excessivamente oneroso. Dessa forma, é importante que os particulares, ao celebrarem os contratos de financiamento de imóveis garantidos por alienação fiduciária, estabeleçam sistema de juros e correção monetária compatíveis com os adotados pelas entidades integrantes do SFI. Por exemplo, se as entidades integrantes do SFI adotam taxa de juros igual à taxa de juros referencial de mercado (SELIC), podem os credores não integrantes do SFI adotar a mesma condição. Por óbvio, deve-se ter cuidado com a questão da cumulação dessas taxas livres com correção monetária. No caso da SELIC, que já insere no seu

---

12 Aqui cabe fazer uma pequena ressalva de ordem prática. Apesar de não se vislumbrar forma de interpretação diversa da aqui defendida, capaz de impedir a capitalização dos juros e sua estipulação de forma livre, não se recomenda, nas operações de financiamento direto ao consumidor, envolvendo credor não integrante do SFI e consumidor, a utilização de juros capitalizados e acima do limite de 1% ao mês previsto no CCB. Isso, porque o Judiciário brasileiro tem uma tendência, por questões ideológicas anticapitalistas, de criar construções jurídicas inusitadas para defender quem considera hipossuficiente. Em termos de crédito ao consumo, a jurisprudência no Brasil é a "jurisprudência do coração", em que se busca proteger o economicamente mais fraco, mesmo que esse não tenha razão de ordem jurídico-econômica.
A presença de cláusulas que prevejam a capitalização de juros e juros acima de 1% ao mês, apesar de legais, como aqui defendido, pode levar o juiz a conceder medidas cautelares que impeçam a execução do contrato, impedindo a consolidação da propriedade em nome do credor e venda extrajudicial do bem, em caso de inadimplência do consumidor. Isso seria, de fato, um prejuízo infinitamente maior para a poupança popular que a limitação dos juros ou a ausência de capitalização.

13 "Assim, da mesma forma que o §2º. do art. 5º. estende a qualquer pessoa, física ou jurídica, a legitimidade para adotar as condições operacionais a que estão autorizadas as instituições do SFI, também o §1º. art. 22 da Lei nº. 9.514/97 permite a contratação da alienação fiduciária por qualquer pessoa, quer física, quer jurídica, não restringindo às entidades que operam no Sistema de Financiamento Imobiliário (SFI)." CHALHUB, Melhim Namem, ob. cit., 4. ed., p. 239.

percentual um componente inflacionário, seria inadmissível a sua cumulação com um índice de correção monetária.

Atualmente, as operações de crédito imobiliário praticadas pelas instituições integrantes do SFI usam a taxa referencial de juros apurada no mercado financeiro (TR) como fator de correção monetária, acrescido de juros remuneratórios pactuados livremente.[14] Tendo em vista que é essa a prática do mercado, deve-se, nas operações de financiamento imobiliário, tomar a TR como índice de correção monetária acrescido de juros remuneratórios condizentes com a taxa média de mercado para essas operações.

10.5.2 A cláusula constitutiva da propriedade fiduciária

Além das condições financeiras do mútuo, acima analisadas, a lei exige a inserção de cláusula constitutiva da propriedade fiduciária. Como visto, o contrato de alienação fiduciária não é um contrato real, mas um contrato com efeitos reais. O contrato de alienação fiduciária em garantia é título constitutivo da propriedade fiduciária. Para que seja passível de ser levado ao registro, para a transferência da propriedade fiduciária ao credor-fiduciário, é mister constar do instrumento a cláusula de transferência de propriedade ao credor. Sem essa cláusula, a garantia real não será constituída. A cláusula deverá constar a individualização do bem transferido. No sistema registral brasileiro a individualização se dá pela indicação do número de matrícula do imóvel, no cartório de registro de imóveis de onde está localizado o bem.

10.5.3 As cláusulas inerentes à execução da garantia

Ainda, é requisito do contrato a inclusão do valor do bem para efeitos de eventual leilão extrajudicial (parágrafo único do artigo 24 da lei 9.514/97). A lei prevê, como instrumento para execução da dívida, caso o devedor-fiduciante não cumpra o contrato, a venda do bem em leilão público. A lei estabelece a realização de dois leilões, o primeiro tendo como lance mínimo inicial o valor fixado no contrato para o leilão. A lei 13.465/17 introduziu o parágrafo único ao artigo 24 da lei 9.514/97, passando a estabelecer como preço mínimo para o primeiro leilão o valor de avaliação do bem para fins da base de cálculo e

---

14 "Taxa de Juros Efetiva: 10,95% a.a. + TR* nos 120 primeiros meses e 8,95% a.a. + TR* no restante do contrato" fonte www.bancoreal.com.br em 14 de abril de 2009. "Taxa de Juros 12,00% a.a * + TR" fonte www.itau.com.br em 14 de abril de 2009.

pagamento do imposto de transmissão inter vivos. O segundo leilão será realizado pelo valor mínimo correspondente à dívida, acrescidas as despesas do leilão e eventuais impostos e taxas condominiais não pagas pelo devedor-fiduciante. Suficiente dizer que o motivo da fixação dos referidos valores e dos critérios para atualização, tendo em vista a valorização e depreciação dos bens, é assegurar a não configuração do pacto comissório, o que será estudado no próximo capítulo.

Por fim a lei exige a transcrição dos procedimentos de venda do imóvel caso o fiduciante fique inadimplente (art. 27 da Lei nº. 9.514/97). Tendo em vista a celeridade do procedimento e a necessidade de informar o devedor-fiduciante dos riscos do inadimplemento, a lei exigiu a previsão expressa dos procedimentos legais no corpo do contrato. A cláusula tem função meramente de informação, já que seria dispensável, por ser mera transcrição de dispositivo de lei.

10.6 DIREITOS E OBRIGAÇÕES DOS CONTRATANTES

Com a constituição da propriedade fiduciária, pelo registro no cartório de registro de imóveis, dá-se o desdobramento da posse, tornando-se o fiduciante possuidor direto e o fiduciário possuidor indireto da coisa imóvel (parágrafo único do artigo 23 da Lei nº. 9.515/97). O credor-fiduciante, a partir do registro, passará à condição de proprietário, titular da propriedade resolúvel sobre o bem transferido. O devedor-fiduciante, além de possuidor direto, será titular do direito real de aquisição da coisa, sujeita a condição suspensiva. Paga a dívida, o devedor-fiduciante exerce seu direito expectativo e a propriedade do credor-fiduciante se resolve pela instauração da condição legal.

Dessa estrutura nasce o primeiro direito do devedor-fiduciante: receber do credor-fiduciário, após o pagamento da dívida, o termo de quitação do financiamento que será levado à registro no CRI, cancelando-se a alienação fiduciária e, por este ato, restituída a propriedade ao devedor-fiduciante.[15]

---

15 Art. 25. Com o pagamento da dívida e seus encargos, resolve-se, nos termos deste artigo, a propriedade fiduciária do imóvel.
§ 1º. No prazo de trinta dias, a contar da data de liquidação da dívida, o fiduciário fornecerá o respectivo termo de quitação ao fiduciante, sob pena de multa em favor deste, equivalente a meio por cento ao mês, ou fração, sobre o valor do contrato.

Observe-se que não seria correto incluir nas obrigações do devedor-fiduciante a de pagar a dívida. Essa obrigação decorre da execução do contrato de mútuo ou financiamento e não da execução da alienação fiduciária em garantia, que é contrato distinto do mútuo, estando ligado a esse em uma verdadeira união de contratos. A obrigação de pagar ou o direito de receber o valor do mútuo ou financiamento está no campo do contrato financeiro que deu origem à garantia real constituída pela alienação fiduciária em garantia.

Como o devedor-fiduciante tem o direito de receber o termo de quitação, é lógico afirmar que o credor-fiduciário tem essa obrigação. A lei do SFI concede ao credor-fiduciário o prazo de 30 dias para fornecer ao devedor, após a liquidação da dívida, o termo de quitação, sob pena de multa em favor do devedor-fiduciante, equivalente a 0,5% ao mês, ou fração, sobre o valor do contrato.

Os direitos do devedor-fiduciante se estendem aos direitos inerentes ao possuidor. A lei do SFI atribui ao fiduciante a posse direta do bem, o que lhe dá a possibilidade de usar das ações possessórias, inclusive contra o fiduciário que esbulhar sua posse.

Em decorrência da atribuição da posse direta do bem fiduciado, tendo o devedor-fiduciante a percepção do uso, gozo e frutos da coisa, a lei do SFI atribuiu a ele a responsabilidade pelo pagamento dos impostos, taxas, contribuições condominiais e quaisquer outros encargos que recaiam ou venham a recair sobre o imóvel (§ 8º, art.27). O inciso V do artigo 24 da Lei nº. 9.514/97 estabelece, também, que ao fiduciante, enquanto adimplente, é assegurada a livre utilização da coisa, por sua conta e risco.

Quem assume o risco do perecimento e as despesas de utilização do bem enquanto durar a alienação fiduciária é o fiduciante, como estabelece o artigo acima citado. O fiduciante, ao receber o risco sobre a coisa, em decorrência da legislação aplicável, passa a ter sobre ela custos e encargos da sua manutenção.

Durante a execução do contrato, ao fiduciante-devedor é dado o direito de gozar, usar e perceber os frutos da coisa fiduciada. Entretanto, não é titular do domínio, que pertence de forma resolúvel ao credor-fiduciário. Em decorrência de o domínio estar nas mãos do credor-fiduciário, a lei exigiu que os eventuais contratos de locação do imóvel fiduciado, com prazo superior a um ano, celebrados pelo devedor-fiduciante dependam de anuência do credor-fiduciante para terem validade contra o fiduciário e seus sucessores (artigo 37-B da Lei nº. 9.514/97).[16] Daí poder-se afirmar que é direito do credor-fiduciário anuir os contratos de locação com duração superior a um ano. A questão é saber se o credor-fiduciário pode opor-se à locação, recusando a anuir.

A recusa em anuir ao contrato de locação terá efeito em relação à possibilidade da extinção da locação, pelo fiduciário ou seus sucessores, quando o fiduciante não pagar a dívida. Ausente a anuência o fiduciário ou seu sucessor, após a consolidação da propriedade em nome do fiduciário, quando o fiduciante se tornar inadimplente, permitirá a denúncia do contrato de locação no prazo estabelecido no § 7º. do artigo 27 da Lei nº. 9.514/97.

Em regra geral, o credor-fiduciário poderá recusar-se a anuir em qualquer contrato de locação, especialmente naqueles que possam diminuir o valor do imóvel fiduciado ou tornem sua alienação em hasta pública mais difícil. O ideal é que as partes, no contrato de alienação, estabeleçam regras claras sobre a possibilidade de locação do imóvel fiduciado e as hipóteses em que se admita a recusa do fiduciário em anuir nos referidos contratos de locação. Por outro lado, os contratos de locação com prazo inferior a um ano, não dependem de anuência do fiduciário e são oponíveis a ele e seus sucessores.

Entre os direitos do devedor-fiduciante está o direito de purgar a mora. Caso não pague as obrigações do contrato de financiamento, o credor para executar sua garantia fiduciária, deve notificá-lo, por intermédio do cartório de registro de imóveis, para que pague a dívida em atraso no prazo de 15 dias, sob pena de consolidação da propriedade em nome do fiduciário (art. 26, Lei nº. 9.514/97).

A última obrigação do credor-fiduciário é, caracterizado o incumprimento definitivo do devedor-fiduciante, vender o bem em hasta pública. Com o intuito de proibir a caracterização do pacto comissório, a lei do SFI não permite que

16 "Art. 37-B. Será considerada ineficaz, e sem qualquer efeito perante o fiduciário ou seus sucessores, a contratação ou a prorrogação de locação de imóvel alienado fiduciariamente por prazo superior a um ano sem concordância por escrito do fiduciário. (Incluído pela Lei nº. 10.931, de 2004)

Art. 27.

§ 7º. Se o imóvel estiver locado, a locação poderá ser denunciada com o prazo de trinta dias para desocupação, salvo se tiver havido aquiescência por escrito do fiduciário, devendo a denúncia ser realizada no prazo de noventa dias a contar da data da consolidação da propriedade no fiduciário, devendo essa condição constar expressamente em cláusula contratual específica, destacando-se das demais por sua apresentação gráfica. (Incluído pela Lei nº. 10.931, de 2004).

o credor-fiduciário faça seu o bem que garante a dívida. O credor-fiduciário deve vender o bem, apropriando-se do produto, somente até o limite do seu crédito. Daí decorre o direito assegurado ao devedor-fiduciante de receber do credor-fiduciário, no prazo de cinco dias após o leilão, o eventual saldo apurado, decorrente da diferença entre o valor da venda do imóvel e o valor da dívida acrescida das despesas com leilão ou eventuais encargos do imóvel em atraso (§ 4º., art. 27, Lei nº. 9.514/97).[17]

O credor-fiduciário, além dos direitos acima estabelecidos, pode requerer a consolidação da propriedade e, após a efetivação, tendo em vista a impossibilidade de ocorrer a condição resolutiva, denunciar qualquer contrato de locação com duração superior a um ano que tenha por objeto o imóvel e requerer em juízo a reintegração na posse do imóvel, que será concedida liminarmente, mediante a comprovação da consolidação da propriedade.

10.7 CESSÃO

A estrutura do negócio jurídico estudado permite a cessão da posição contratual tanto do credor-fiduciário como do devedor-fiduciante. No contexto do sistema financeiro imobiliário, a cessão dos créditos do credor-fiduciário é extremamente relevante, pois é por meio dela que circulam os créditos necessários à obtenção de recursos para fomentar a indústria da construção civil.

A propriedade fiduciária como garantia real ao cumprimento de uma obrigação tem caráter acessório em relação ao crédito que garante. Aplica-se ao caso a regra geral de que o acessório segue o principal.[18] Assim, o credor-fiduciário tem legitimidade para ceder, por contrato de cessão de créditos, os seus recebíveis. Essa transferência dos créditos é acompanhada por sua garantia real, transferindo-se a propriedade fiduciária do cedente para o cessionário.

Nessa linha, o artigo 28 da Lei nº. 9.514/97 estabelece que "a cessão do crédito objeto da alienação fiduciária implicará a transferência, ao cessionário, de

---

17 § 4º. Nos cinco dias que se seguirem à venda do imóvel no leilão, o credor entregará ao devedor a importância que sobejar, considerando-se nela compreendido o valor da indenização de benfeitorias, depois de deduzidos os valores da dívida e das despesas e encargos de que tratam os §§ 2º. e 3º, fato esse que importará em recíproca quitação, não se aplicando o disposto na parte final do art. 516 do Código Civil.

18 "Art. 287 Salvo disposição em contrário, na cessão de um crédito abrangem-se todos os seus acessórios." (CCB).

todos os direitos e obrigações inerentes à propriedade fiduciária em garantia." A lei, de forma estranha, não estabeleceu que a cessão do crédito garantido pela alienação fiduciária implica a transferência da propriedade fiduciária. De forma oblíqua, estabelece a transferência de todos os direitos e obrigações inerentes à propriedade fiduciária. A terminologia é inadequada. Tendo em vista que a propriedade fiduciária é garantia real sobre bem próprio, a transferência do crédito acarreta o deslocamento da propriedade do fiduciário-cedente para o cessionário. Com a cessão do crédito, o cessionário passará a ter a propriedade resolúvel do bem dado em garantia. Não basta que se transfiram os direitos e as obrigações, há de se transferir efetivamente a propriedade fiduciária.

De forma análoga à cessão de créditos hipotecários, a cessão de créditos decorrentes de alienações fiduciárias em garantia deve ser averbada no cartório de registro de imóveis.[19] A averbação da cessão desloca a titularidade da propriedade fiduciária do cedente para o cessionário. A lei não exige a averbação da cessão. Entretanto, para que o cessionário possa exercer todos os direitos e obrigações que lhe foram transferidos na cessão, é indispensável que registre a cessão no cartório de registro de imóveis. Somente com o referido registro, poderá o cessionário emitir termo de quitação válido para extinguir a propriedade fiduciária, cobrar a dívida pelos procedimentos previstos na lei do SFI e requerer a imissão na posse do imóvel após a consolidação da propriedade em nome do credor.

A cessão poderá ser com ou sem garantia fidejussória do cedente. A regra geral prevista no CCB é que o cedente não responde pela solvência do devedor. Entretanto, para se voltar contra o cedente, o cessionário deverá esgotar os meios de cobrança contra o devedor, inclusive promovendo a execução extrajudicial prevista na lei do SFI.

De forma diversa da prevista no Código Civil Brasileiro, a lei do SFI não exige a notificação do devedor para sua validade contra este. Entretanto, tal dispensa pode gerar dúvida a quem pagar. O devedor poderia, em tese, continuar pagando ao cedente com efeito liberatório. Portanto, tal dispensa da lei (art. 35), apesar de dar velocidade às operações, não é eficiente do ponto de vista do cessionário.

---

19 "Art. 289 O cessionário de crédito hipotecário tem o direito de fazer averbar a cessão no registo do imóvel." CCB.

A Lei nº. 10.931, de 2004, criou uma nova forma de cessão dos créditos imobiliários garantidos por alienações fiduciárias. Trata-se da cédula de crédito imobiliário (CCI) regulada nos artigos 18 a 25 da respectiva lei. A CCI será emitida pelo credor do crédito imobiliário e poderá ser integral, quando representar a totalidade do crédito, ou fracionária, quando representar parte dele. A lei prevê que a CCI pode ser escritural ou cartular, com ou sem garantia (real ou fidejussória) do emitente. Caso o crédito imobiliário que deu origem à CCI for garantido por direito real, a Lei nº. 10.931/2004 prevê que sua emissão será averbada no registro de imóveis. A CCI, assim, é um título emitido pelo credor-fiduciário representando o crédito que tem contra o devedor-fiduciante, sendo devedor do título o próprio devedor-fiduciante e credor originário o emitente credor-fiduciário.

São requisitos da CCI a indicação do nome, a qualificação e o endereço do credor e devedor e, no caso de emissão escritural, os dados do custodiante, a identificação do imóvel objeto do crédito imobiliário, a modalidade da garantia real, o número de série da CCI, o valor do crédito que representa e a condição de integral ou fracionária (nesse caso a indicação da fração que representa). A CCI deve conter, ainda, o prazo, data de vencimento, o valor da prestação total, o local e a data da emissão, a assinatura do credor, a autenticação pelo registro de imóveis e a cláusula a ordem se endossável.

A lei vincula a CCI ao contrato que lhe deu origem, o que significa que o valor exigido será igual aquele do crédito que deu origem a CCI. Sua emissão, por força de lei, independe de autorização do devedor do crédito imobiliário.

Em relação à cessão por meio da CCI, a Lei nº. 10.931/2004 estabelece que essa se opere por sistemas de registro e de liquidação financeira de títulos privados autorizados pelo Banco Central do Brasil. O § 1º do artigo 22 da Lei nº. 10.931/2004 determina que a cessão do crédito representado por CCI implica a automática transmissão das respectivas garantias ao cessionário, sub-rogando-o em todos os direitos representados pela cédula, ficando o cessionário, no caso de contrato de alienação fiduciária, investido na propriedade fiduciária.

Para ser passível de transmitir a propriedade fiduciária por cessão, a CCI deve representar a totalidade do crédito imobiliário, já que a natureza da garantia fiduciária não permite o fracionamento. A hipoteca pode ser desmembrada, por exemplo, em casos que existam vários créditos hipotecários sobre o mesmo bem. A propriedade fiduciária, tendo em vista a sua natureza de direito real de garantia em bem próprio, não comporta a existência de mais de um ônus real, o que impossibilita a aplicação do § 1º. do artigo 22 da lei 10.931/2004 quando a CCI for parcial (representar fração do crédito).

A Lei nº. 10.931/2004 traz mais uma hipótese de cessão por CCIs emitidas sob forma escritural. Nessa hipótese, como não haverá título (cartular) a ser registrado no cartório de registro de imóveis, a lei dispensa a sua averbação, determinado que se opere a cessão na forma do Código Civil (artigos 286 e seguintes do CCB).

Quanto à possibilidade de cessão da posição do fiduciante, este pode fazê-lo. O devedor-fiduciante é titular do direito real de aquisição sujeita a condição suspensiva, um direito passível de percepção econômica. Observa-se que, de fato, o devedor-fiduciante não está transferindo o domínio de coisa, mas o direito aquisitivo ao bem fiduciado. Trata-se de transferência de direitos e obrigações, já que o domínio pertence ao credor-fiduciário até a implementação da condição resolutiva. Não há como devedor fiduciante transmitir o domínio, somente sua posição contratual.

Tendo em vista que a cessão acarreta a sub-rogação de todos os direitos e obrigações do contrato, a Lei nº. 9.514/97 exigiu a anuência expressa do fiduciário para validade da cessão (art. 29). A anuência é indispensável, pois, em decorrência dela, há a modificação do sujeito no polo devedor do contrato. O credor tem o direito de se opor a cessão e não anuir, já que o novo devedor poderá não ter as mesmas características de confiança e solvabilidade que o cedente.

A cessão é consolidada pelo registro no cartório de registro de imóveis do termo de cessão, já que há transferência de um direito real de aquisição. A transmissão somente se opera, nesta hipótese, após o registro no CRI. Sem o registro tampouco seria possível que o cessionário se tornasse proprietário, quando implementada a condição e resolvida a propriedade fiduciária que estava em nome do credor-fiduciário.

10.8 PAGAMENTO

O cumprimento do contrato de mútuo ou financiamento pelo devedor-fiduciante resolve a propriedade fiduciária do credor-fiduciário. A propriedade foi transferida ao credor com a finalidade de garantir a obrigação estipulada no contrato de mútuo ou financiamento. Paga a dívida, o devedor-fiduciante receberá o termo de quitação, que será levado a registro, extinguindo a propriedade fiduciária e ocorrendo a reversão da propriedade ao devedor-fiduciante. O pagamento é forma de extinção das obrigações previsto nos artigos 304 e seguintes do Código Civil Brasileiro.

Por força do artigo 310 do CCB,[20] o pagamento feito a credor incapaz de dar quitação não tem valor. Tal dispositivo torna de suma importância em face da possibilidade de cessão do crédito imobiliário garantido por alienação fiduciária. Como visto, a lei do SFI expressamente dispensa a notificação do devedor em caso de cessão da posição do credor-fiduciário. Assim, o devedor-fiduciante deve cientificar-se de estar pagando a quem é titular da propriedade fiduciária, para ter certeza de se liberar da obrigação. Caso no registro conste a emissão do Certificado de Crédito Imobiliário, o devedor-fiduciante somente deve pagar mediante a exibição do credor do título (cartular) em posse do credor. No caso dos CCI escriturais, há sempre a necessidade de intimação do devedor das cessões, por força do artigo 290 do CCB c/c § 2º do artigo 22 da Lei nº. 10.931/2004, o que afasta o risco de pagamento a quem não tem capacidade para dar quitação.

As regras do Código Civil referentes a pagamentos por terceiros são compatíveis com a estrutura da garantia fiduciária. O terceiro interessado (coobrigado) que paga a dívida sub-roga-se no crédito pago e na garantia fiduciária que é acessória à obrigação. Assim, se além da garantia fiduciária, o mútuo tiver garantia fidejussória, o coobrigado poderá pagar a dívida e sub-rogar-se na dívida. Nessa hipótese, após a sub-rogação, o coobrigado poderá executar a garantia na forma da Lei nº. 9.514/97.

Outra forma de quitação do mútuo e extinção da propriedade fiduciária é por dação em pagamento do direito real de aquisição, quando o devedor estiver em incumprimento definitivo (após os procedimentos previstos no artigo 26 da Lei nº. 9.514/97). Tal hipótese, prevista no § 8º. do artigo 26, é extremamente criticável em decorrência da possibilidade de configurar o pacto comissório nas alienações fiduciárias em garantia, apesar de haver previsão legal expressa para autorizar essa forma de extinção da obrigação no artigo 1.365 do CCB e na Lei nº. 9.514/97. Entretanto, como a dação em pagamento

---

20 "Art. 310. Não vale o pagamento cientemente feito ao credor incapaz de quitar, se o devedor não provar que em benefício dele efetivamente reverteu."

depende de manifestação de vontade posterior do devedor-fiduciante, não se está atribuindo ao credor a faculdade de fazer sua a coisa dada em garantia, por vontade unilateral, que caracteriza o pacto comissório.

Será analisada no capítulo específico a hipótese de configuração do pacto comissório na alienação fiduciária em garantia e as soluções jurídicas para garantir o equilíbrio contratual, não sendo necessárias mais delongas sobre o assunto neste momento.

10.9 EXTINÇÃO DA PROPRIEDADE FIDUCIÁRIA

O efeito lógico do pagamento é a extinção da propriedade fiduciária. A Lei nº. 9.514/97 prevê algumas hipóteses para extinção da propriedade fiduciária. A primeira decorre do cumprimento do contrato de mútuo ou financiamento garantido pela propriedade fiduciária (artigo 25 da Lei nº. 9.514/97). Após o pagamento, o credor-fiduciário deve emitir um termo de quitação que o devedor-fiduciante apresentará ao cartório de registro de imóvel. O cartório, diante do termo de quitação, cancelará o registro da constituição da propriedade fiduciária em nome do credor-fiduciante. Por esse procedimento, extingue-se a propriedade fiduciária e a propriedade é revertida ao antigo proprietário (devedor-fiduciante).

As outras hipóteses legais para extinção da propriedade fiduciária são aquelas em que a propriedade plena passa para o credor-fiduciante, confundindo-se na mesma pessoa o titular do direito de aquisição e o titular do domínio resolúvel.

Vencida e não paga a dívida, o credor-fiduciário deverá intimar o fiduciante, por intermédio do cartório de registro de imóveis, para, querendo, pagar a dívida no prazo de 15 dias, sob pena de consolidação da propriedade em nome do fiduciário. Após a notificação, caso o fiduciante não purgue a mora, os contratantes, por mútuo acordo, podem estabelecer a transferência do direito à aquisição do imóvel do fiduciante para o fiduciário, dispensando-se a venda extrajudicial do bem. Nessa hipótese, o fiduciante e fiduciário se confundem na mesma pessoa, extinguindo-se a propriedade fiduciária e consolidando-se no credor a propriedade plena do bem fiduciado.

Caso as partes não concordem com a dação em pagamento do direito de aquisição, prevista no § 8º. do artigo 26 da Lei nº. 9.514/97, a extinção da propriedade fiduciária se dará pela consolidação da propriedade em nome do fiduciário. A consolidação da propriedade é o procedimento previsto no § 7º. do artigo 26 da Lei nº. 9.514/97, pelo qual o oficial do cartório de registro de imóveis certifica o incumprimento definitivo da obrigação contratual do devedor-fiduciante, que torna a ocorrência da condição resolutiva da propriedade do fiduciário impossível, autorizando o fiduciário a ter a propriedade plena do bem fiduciado.

As demais formas de perda da propriedade fiduciária são aquelas previstas para perda da propriedade em geral, perecimento, desapropriação e abandono (art. 1.275 do CCB).

No caso de perecimento, cabe ao credor exigir do devedor a substituição da garantia. Se não fizer, vencerá antecipadamente a dívida, respondendo o patrimônio do devedor pelo crédito. Desse fato, decorre a necessidade que a Lei nº. 9.514/97 faz para que os contratos de financiamento imobiliário sejam garantidos por seguro (art. 5º). Tal requisito é essencial para segurança do sistema e para permitir a circulação eficiente do crédito.

Com a desapropriação, extingue-se o direito do credor-fiduciário e do devedor-fiduciante. Do montante pago a título de indenização, o credor-fiduciário fará jus ao recebimento de valor equivalente ao valor do crédito. Tendo em vista que a propriedade fiduciária é funcionalizada e só tem razão de ser como garantia da dívida, o limite do exercício desse direito específico de propriedade é o recebimento do crédito. Assim, para ficar dentro dos limites funcionais da propriedade, o credor-fiduciário só pode receber, pela propriedade fiduciária, o valor do seu crédito, em decorrência de desapropriação do bem. O que sobejar do valor da indenização ficará com o devedor-fiduciante, a título de indenização pela perda do direito real de aquisição do bem.

A conclusão dos efeitos da desapropriação decorre da aplicação do artigo 1.367 do Código Civil, que remete ao artigo 1.425, inciso V do mesmo diploma legal. Com a desapropriação, desaparece a garantia do credor e, por essa razão, prevê a lei o vencimento antecipado da dívida. O ente expropriante deverá depositar integralmente o valor do crédito em favor do credor-fiduciário. A parte do preço correspondente ao crédito vencido será levantada pelo credor-fiduciário, que dará carta de quitação ao devedor-fiduciante. O devedor-fiduciante, assim, consolidará a propriedade plena para si e passará a ter legitimidade passiva perante o processo de desapropriação na qualidade de proprietário do bem expropriado, para receber o valor da indenização (descontado o preço pago ao credor-fiduciário).

10.10 MORA E INCUMPRIMENTO DEFINITIVO

O incumprimento culposo da obrigação contratual dá direito, ao credor da obrigação, de resolver ou exigir a prestação (art. 475 do C.C.). O incumprimento pode ser definitivo ou apenas mora. Somente o incumprimento definitivo atribui ao credor o direito de resolver o contrato. Não é essa a regra referente à mora, em que a contraparte deve recorrer à estipulação de um prazo, a partir do qual o incumprimento denota objetivamente a falta de interesse do credor na obrigação do devedor.

Para que o credor-fiduciário possa se tornar proprietário pleno da coisa pela consolidação da propriedade, é necessário que o incumprimento seja definitivo e que haja adequação entre a gravidade do incumprimento e a pretensão de extinção do vínculo. Nos termos do artigo 397 do Código Civil Brasileiro, o inadimplemento da obrigação positiva e líquida, no seu termo, constitui, de pleno direito, em mora o devedor. Assim, o devedor fiduciante que não paga a dívida contratual no vencimento, quando se tratar de dívida liquida e com termo definitivo, está em mora com sua obrigação, independente de interpelação.

O *caput* do artigo 26 da Lei nº. 9.514/97 segue a regra *dies interpellat pro homine*, estabelecendo norma idêntica à do artigo 397 do CCB. Entretanto, traz uma série de procedimentos para notificação do fiduciante,[21] antes que o fiduciário possa requerer a consolidação da propriedade.

---

21 "Art. 26. Vencida e não paga, no todo ou em parte, a dívida e constituído em mora o fiduciante, consolidar-se-á, nos termos deste artigo, a propriedade do imóvel em nome do fiduciário.

§ 1º. Para os fins do disposto neste artigo, o fiduciante, ou seu representante legal ou procurador regularmente constituído, será intimado, a requerimento do fiduciário, pelo oficial do competente Registro de Imóveis, a satisfazer, no prazo de quinze dias, a prestação vencida e as que se vencerem até a data do pagamento, os juros convencionais, as penalidades e os demais encargos contratuais, os encargos legais, inclusive tributos, as contribuições condominiais imputáveis ao imóvel, além das despesas de cobrança e de intimação.

§ 2º. O contrato definirá o prazo de carência após o qual será expedida a intimação.

§ 3º. A intimação far-se-á pessoalmente ao fiduciante, ou ao seu representante legal ou ao procurador regularmente constituído, podendo ser promovida, por solicitação do oficial do Registro de Imóveis, por oficial de Registro de Títulos e Documentos da comarca da

Para Orlando Gomes e Restiffe Neto,[22] a notificação tem por objetivo comprovar a mora.[23] A posição dos autores não corresponde aos efeitos do ato, como se passa a demonstrar. Chalhub, por sua vez, afirma que não se trata de interpelação para extinção do contrato, a par do que ocorre e é exigido para a resolução das promessas de compra e venda.[24] A notificação, a nosso ver, não tem função de comprovar a mora e sim, de caracterizar o incumprimento de-

---

situação do imóvel ou do domicílio de quem deva recebê-la, ou pelo correio, com aviso de recebimento.

§ 3o-A. Quando, por duas vezes, o oficial de registro de imóveis ou de registro de títulos e documentos ou o serventuário por eles credenciado houver procurado o intimando em seu domicílio ou residência sem o encontrar, deverá, havendo suspeita motivada de ocultação, intimar qualquer pessoa da família ou, em sua falta, qualquer vizinho de que, no dia útil imediato, retornará ao imóvel, a fim de efetuar a intimação, na hora que designar, aplicando-se subsidiariamente o disposto nos arts. 252, 253 e 254 da Lei no 13.105, de 16 de março de 2015 (Código de Processo Civil).

§ 3o-B. Nos condomínios edilícios ou outras espécies de conjuntos imobiliários com controle de acesso, a intimação de que trata o § 3o-A poderá ser feita ao funcionário da portaria responsável pelo recebimento de correspondência.

§ 4º. Quando o fiduciante, ou seu representante legal ou procurador regularmente constituído se encontrar em outro local, incerto e não sabido, o oficial certificará o fato, cabendo, então, ao oficial do competente Registro de Imóveis promover a intimação por edital, publicado por três dias, pelo menos, em um dos jornais de maior circulação local ou noutro de comarca de fácil acesso, se no local não houver imprensa diária.

§ 5º. Purgada a mora no Registro de Imóveis, convalescerá o contrato de alienação fiduciária.

§ 6º. O oficial do Registro de Imóveis, nos três dias seguintes à purgação da mora, entregará ao fiduciário as importâncias recebidas, deduzidas as despesas de cobrança e de intimação.

§ 7º. Decorrido o prazo de que trata o § 1o sem a purgação da mora, o oficial do competente Registro de Imóveis, certificando esse fato, promoverá a averbação, na matrícula do imóvel, da consolidação da propriedade em nome do fiduciário, à vista da prova do pagamento por este, do imposto de transmissão inter vivos e, se for o caso, do laudêmio." (Redação dada pela Lei nº. 10.931, de 2004).

"§ 8º. O fiduciante pode, com a anuência do fiduciário, dar seu direito eventual ao imóvel em pagamento da dívida, dispensados os procedimentos previstos no art. 27." (Incluído pela Lei nº. 10.931, de 2004).

22 "É que o conteúdo (mora) só é palpável através do continente (prova), ou seja, só através da forma percebe-se a matéria." RESTIFE NETO, Paulo, ob. cit., p. 315.

23 ORLANDO GOMES, ob. cit., p. 100 e GOMES, Orlando. *Obrigações*, ob. cit., p. 169.

24 "...apesar de a Lei 9.514/97 ter adotado procedimento similar ao da lei de parcelamento do solo urbano, para efeito da comprovação da mora, admitindo a purgação, não se pode confundir a estrutura do compromisso de compra e venda, de que trata a Lei 6.766/79, com a estrutura da alienação fiduciária, aquele um contrato preliminar para futura transmissão da propriedade e este um contrato acessório, pelo qual o devedor transmite a propriedade ao credor, sendo certo que, no caso, a condição resolutiva é expressa e, assim, opera de pleno direito, independente de interpelação, considerando-se a propriedade irremediavelmente adquirida, como se nunca tivesse havido condição" CHALHUB, ob. cit., 4. ed., p. 250.

finitivo da obrigação do devedor. A mora não se prova pela notificação, mas se presume quando o credor declara não ter recebido, devendo o devedor exibir prova do pagamento para comprovar que cumpriu a obrigação (art. 313 a 326 do CCB).

O objetivo da notificação prevista na lei é caracterizar que o fiduciante--devedor não irá cumprir o contrato e que, portanto, a condição resolutiva da propriedade do credor-fiduciário não se implementará. É a impossibilidade de realização da condição resolutiva da propriedade do fiduciário que dá legitimidade ao fiduciário para tornar-se proprietário pleno da coisa.

Além disso, o efeito da mora previsto no artigo 395 do CCB não é a extinção do contrato. O artigo prevê que, em decorrência da mora, o devedor responde pelos prejuízos, juros e correção monetária. O credor poderia não notificar o devedor e mesmo assim exigir a obrigação de pagamento pela execução da dívida, pois está a dívida vencida e não paga. Se adotar esse procedimento e receber, convalesce o contrato de alienação fiduciária.

Caracterizada a mora pelo não pagamento, no prazo, da dívida,[25] o credor-fiduciário poderá solicitar ao oficial do registro de imóveis que notifique o devedor-fiduciante para que proceda ao pagamento, no prazo de 15 dias (§ 1º. do artigo 26). Vencido o prazo, o incumprimento deixa de ser simples mora sujeita aos efeitos do artigo 395 do CCB e passa a ser definitivo. Nesse momento, o credor-fiduciante terá legitimidade para se tornar proprietário pleno da coisa, já que a condição resolutiva de sua propriedade não irá se realizar.

A intimação deverá ser pessoal para ter validade, admitindo-se a presunção de entrega por hora certa (§3ºA do artigo 26 da lei 9.514/97) ou na pessoa do porteiro do edifício (§3ºB do mesmo dispositivo), consoante modificações introduzidas pela lei 13.465, de 11 de julho de 2017. Os novos dispositivos remetem à forma de citação prevista no CPC de 2015 (artigos 252, 253 e 254), devendo o oficial do cartório de registro de imóveis encaminhar a correspondência simples aludida no artigo 254 do CPC. O oficial do registro poderá se utilizar do cartório de títulos e documentos ou dos correios para promover

25 O § 2º do artigo 26 da Lei 9.514 prevê que as partes podem prever um prazo de carência após o qual será expedida a intimação. Não previsto o prazo deve-se, a nosso ver, aplicar-se o artigo 397 do CCB. Assim, vencido e não paga a dívida o devedor-fiduciante estará em mora, independente de interpelação, devendo a intimação ser expedida imediatamente sem a observância de qualquer prazo entre a mora e a expedição da intimação.

a intimação (§3º). Terá valor a notificação feita por cartório em que o aviso de recebimento for assinado por porteiro de condomínios edilícios ou outras espécies de conjuntos imobiliários com controle de acesso, somente na hipótese de a intimação pessoal prevista no §3º do artigo 26 da lei 9.514/1997 for frustrada. Vencido o prazo estabelecido no §1º do artigo 26-A sem a purga da mora, ocorre a extinção do direito real de aquisição do devedor-fiduciante. Nessa hipótese, o oficial do registro de imóveis certificará o fato, o que possibilitará ao credor requerer a consolidação da propriedade em seu nome.

Com a consolidação, deixarão de existir os ônus reais sobre a propriedade do fiduciário. O fiduciário, nesse momento, adquire legitimidade para alienar de forma plena a coisa, como proprietário da coisa que é, não mais ficando restrito a ter a propriedade como acessória ao contrato de financiamento ou mútuo.

Para que ocorra a averbação, a lei exige que o credor recolha o imposto de transmissão *inter vivos* (ITBI) e, se for o caso, do laudêmio. Na verdade, a lei criou uma suspensão da exigibilidade do imposto, correspondente à condição resolutiva da propriedade fiduciária. O imposto, a rigor, deveria ser pago quando do registro da alienação fiduciária e da constituição da propriedade fiduciária. Entretanto, a lei, prevendo que a transferência da propriedade para o fiduciário, enquanto resolúvel, seria temporária e poderia não se materializar, caso o fiduciante pagasse a dívida, suspendeu a exigibilidade do ITBI até que a transferência se completasse em definitivo.

Outra modificação introduzida pela lei 13.465/17 foi a aplicação do prazo para que o devedor-fiduciante purgue a mora. O novo artigo 26-A altera o disposto nos §1º e §7º do artigo 26 da 9.514/64. O prazo para o devedor-fiduciante purgar a mora, segundo o §1º do artigo 26 da lei, é de 15 dias após a notificação. O §7º do mesmo dispositivo estabelecia que, vencido o prazo do §1º, o oficial do registro imobiliário deveria certificar o fato e consolidar a propriedade em nome do credor-fiduciário.

O artigo 26-A, por sua vez, estabeleceu que a averbação da consolidação da propriedade se dará em trinta dias após vencimento do prazo que alude o §1º do artigo 26. Logo, a consolidação não ocorrerá mais de forma imediata com o vencimento do prazo de 15 dias para purga da mora, como previa o §º 7º do artigo 26 da Lei 9.514/1964. A ampliação do prazo teve claro objetivo de assegurar ao devedor tempo suficiente para angariar recursos ou opor-se judicialmente à cobrança. É comum que o devedor-fiduciário, uma vez notificado para purgar a mora, permaneça inerte, somente procurando socorro judicial quando toma ciência da designação do leilão, para então questionar eventual licitude da cobrança, o que pode ser demasiadamente tarde.

Parece que houve descuido do legislador, que deveria prever a revogação expressa do §7º do artigo 26 da lei 9.514/1997 quando da edição da lei 13.465/2017. Entretanto, pela incompatibilidade dos dispositivos é possível afirmar a revogação tácita.

Outro ponto importante introduzido pela lei 13.465/2017 foi deixar absolutamente claro que o devedor-fiduciante somente tem direito de purgar a mora até a consolidação da propriedade[26]. Após a consolidação poderá adquirir o bem com preferência pelo valor da dívida e demais despesas (§2º-B do artigo 27 da lei 9.514/1997). O Superior Tribunal de Justiça vinha, *data venia* de forma equivocada, entendia que o devedor-fiduciário poderia purgar a mora até a data do leilão. Claramente o objetivo da nova lei foi corrigir o equívoco interpretativo do Superior Tribunal de Justiça, o que será analisado mais adiante.

Na hipótese do devedor-fiduciante desejar purgar a mora, o fará diretamente ao oficial do cartório de registro de imóveis (§ 6º. do artigo 26 da Lei nº. 9.514/97). Para possibilitar que o devedor-fiduciante pague corretamente o valor devido, caso queira purgar a mora, o credor-fiduciante instruirá o pedido de intimação com todos os elementos previstos no § 1º do artigo 26 da Lei nº. 9.514/97, ou seja, planilha de cálculo constando o valor das prestações vencidas e vincendas até a data do pagamento, os juros convencionais e moratórios, as penalidades contratuais, os encargos e tributos que estiverem em

---

26 § 2o Até a data da averbação da consolidação da propriedade fiduciária, é assegurado ao devedor fiduciante pagar as parcelas da dívida vencidas e as despesas de que trata o inciso II do § 3o do art. 27, hipótese em que convalescerá o contrato de alienação fiduciária."
Art. 27...
§ 2o-B. Após a averbação da consolidação da propriedade fiduciária no patrimônio do credor fiduciário e até a data da realização do segundo leilão, é assegurado ao devedor fiduciante o direito de preferência para adquirir o imóvel por preço correspondente ao valor da dívida, somado aos encargos e despesas de que trata o § 2o deste artigo, aos valores correspondentes ao imposto sobre transmissão inter vivos e ao laudêmio, se for o caso, pagos para efeito de consolidação da propriedade fiduciária no patrimônio do credor fiduciário, e às despesas inerentes ao procedimento de cobrança e leilão, incumbindo, também, ao devedor fiduciante o pagamento dos encargos tributários e despesas exigíveis para a nova aquisição do imóvel, de que trata este parágrafo, inclusive custas e emolumentos.

atraso, as contribuições imputáveis ao imóvel, além das despesas de cobrança e de intimação.

A redação do § 1º do artigo 26 da Lei nº. 9.514/97 levanta interessante questão sobre a possibilidade do credor-fiduciário, diante do incumprimento de obrigações acessórias (encargos) ao contrato de alienação fiduciária, promover a execução da garantia na forma do artigo 26 e 27 da Lei nº. 9.514/97. O inciso V do artigo 24 e o § 8º. do artigo 27 da Lei nº. 9.514/97 atribuem ao devedor-fiduciante o ônus de conservação da coisa, devendo pagar os impostos, taxas, contribuições condominiais e quaisquer outros encargos que recaiam ou venham a recair sobre o imóvel.

Os encargos atribuídos ao devedor-fiduciante têm a característica de agregarem-se ao bem por serem *obligatio propter rem*. Assim, independente da natureza da garantia do credor-fiduciário, as obrigações enumeradas no § 8º. do artigo 27 irão diminuir o valor da garantia do credor-fiduciário, por se tornarem passivos agregados ao próprio bem.

A natureza de *obligatio propter rem* das obrigações acessórias do fiduciante-devedor autoriza concluir que, por força do § 1º. do artigo 26 da Lei nº. 9.514/97, caso o devedor não pague as obrigações acessórias, poderá o credor-fiduciante notificá-lo para pagá-las no prazo de 15 dias, sob pena de consolidação da propriedade. Se isso não fosse possível, o devedor-fiduciante poderia deixar acumular um passivo de valor expressivo sobre a coisa, que tornasse inútil a garantia dada pela propriedade fiduciária.

10.11 AÇÃO DE EXECUÇÃO

A alienação fiduciária em garantia é acessória ao contrato de mútuo ou empréstimo. Em caso de mora do devedor-fiduciante, o credor tem a opção de executar a garantia por meio do procedimento previsto nos artigos 26 e 27 da Lei nº. 9.514/97, ou cobrá-la via judicial. O contrato de empréstimo ou mútuo garantido pela alienação fiduciária será título executivo extrajudicial por conter dívida líquida e certa e estar assinado por, no mínimo, duas testemunhas (artigo 784, II a IV, II, do Código de Processo Civil).

As razões que podem levar o credor-fiduciário a optar pela execução judicial no lugar da execução da garantia fiduciária prestada são muitas, entre elas o perecimento e a depreciação da coisa. Na execução judicial da dívida, o credor poderá penhorar todos os bens penhoráveis do devedor-fiduciante, além do próprio direito à aquisição da coisa alienada fiduciariamente. Tal opção pode ser seguida pelo credor-fiduciário, inclusive como forma de se livrar das mazelas provocadas pela aplicação de normas de defesa do consumidor (a aplicação do artigo 53 do CDC à alienação fiduciária será objeto de estudo nos capítulos posteriores).

A execução judicial dá, ainda, uma vantagem ao credor fiduciante, que manterá seu crédito contra o devedor em caso de pagamento parcial. A lei prevê que, no caso da execução específica da garantia, se o credor não obtiver o valor necessário para pagar a dívida no leilão extrajudicial, extingue-se o restante da dívida (§ 5º. do art. 27 da Lei nº. 9.514/97). Mas, na execução judicial do mútuo ou financiamento, caso o credor adjudique ou promova o leilão do direito real à aquisição do devedor, apurando valor inferior ao valor da dívida, permanecerá o crédito remanescente.

10.12 LEILÃO

Consolidada a propriedade em decorrência da impossibilidade de implementar a condição resolutiva da propriedade do fiduciário, a lei impõe a venda da coisa. Trata-se de uma obrigação legal ainda decorrente da funcionalidade da propriedade do fiduciário. A propriedade da coisa só está no patrimônio do credor-fiduciário com o objetivo de garantir a dívida. Como correlato dessa funcionalidade da propriedade, a lei impõe ao fiduciário que venda a coisa em leilão público, podendo apropriar-se do produto da venda somente até o limite de seu crédito e das despesas que tiver em decorrência do incumprimento contratual do fiduciante (despesas de leilão, notificação, impostos, etc.).

A Lei nº. 9.514/97, no seu artigo 27, traça de formas gerais o procedimento do leilão, fixando em dois o número de leilões que devem ser feitos e o valor mínimo para os lances. O procedimento do leilão em si, por força do artigo 39, inciso II, deve seguir, no que couber, os artigos 29 a 41 do Decreto-Lei nº. 70, de 21 de novembro de 1966.

O Decreto-Lei nº. 70/66 regulamenta o procedimento de leilão extrajudicial dos bens hipotecados em garantia de financiamentos imobiliários celebrados com financiamentos do SFH (Sistema Financeiro da Habitação), programa subsidiado pelo governo federal para moradias de baixo custo. Nos artigos 29 a

41, o decreto detalha o procedimento para o leilão extrajudicial. Inicialmente, estabelece que, caso o credor queira proceder ao leilão extrajudicial, deverá nomear um agente fiduciário, que é encarregado de promover o leilão.[27] Tal dispositivo é incompatível com a estrutura da alienação fiduciária, tendo em vista que o artigo 27 da Lei nº. 9.514/97 estabelece que seja o fiduciante, por intermédio de um leiloeiro oficial, que irá promover o leilão no caso da alienação fiduciária, e não por agente fiduciário. As atribuições dadas ao leiloeiro oficial, no artigo 27 da Lei nº. 9.514/97, são similares aos do agente fiduciário, devendo o leiloeiro respeitar os procedimentos do Decreto-Lei nº. 70/66, no que couber. Além disso, o objetivo do agente fiduciário é gerar um controle sobre o credor para evitar abusos, já que se trata de execução de garantia real em bem do devedor (hipoteca). No caso da alienação fiduciária, o fiduciário está a vender o que já lhe pertence. A coisa está, após a consolidação, integrada ao patrimônio do credor, tendo ele legitimidade para dispor da coisa. O leilão

---

27 "Art. 29. As hipotecas a que se referem os artigos 9º. e 10 e seus incisos, quando não pagas no vencimento, poderão, à escolha do credor, ser objeto de execução na forma do Código de Processo Civil (artigos 298 e 301) ou deste decreto-lei (artigos 31 a 38).

Parágrafo único. A falta de pagamento do principal, no todo ou em parte, ou de qualquer parcela de juros, nas épocas próprias, bem como descumprimento das obrigações constantes do artigo 21, importará, automaticamente, salvo disposição diversa do contrato de hipoteca, em exigibilidade imediata de toda a dívida.

Art. 30. Para os efeitos de exercício da opção do artigo 29, será agente fiduciário, com as funções determinadas nos artigos 31 a 38:

I - nas hipotecas compreendidas no Sistema Financeiro da Habitação, o Banco Nacional da Habitação;

II - nas demais, as instituições financeiras inclusive sociedades de crédito imobiliário, credenciadas a tanto pelo Banco Central da República do Brasil, nas condições que o Conselho Monetário Nacional, venha a autorizar.

§ 1º. O Conselho de Administração ao Banco Nacional da Habitação poderá determinar que este exerça as funções de agente fiduciário, conforme o inciso I, diretamente ou através das pessoas jurídicas mencionadas no inciso II, fixando os critérios de atuação delas.

§ 2º. As pessoas jurídicas mencionadas no inciso II, a fim de poderem exercer as funções de agente fiduciário deste decreto-lei, deverão ter sido escolhidas para tanto, de comum acordo entre o credor e o devedor, no contrato originário de hipoteca ou em aditamento ao mesmo, salvo se estiverem agindo em nome do Banco Nacional da Habitação ou nas hipóteses do artigo 41.

§ 3º. Os agentes fiduciários não poderão ter ou manter vínculos societários com os credores ou devedores das hipotecas em que sejam envolvidos.

§ 4º. É lícito às partes, em qualquer tempo, substituir o agente fiduciário eleito, em aditamento ao contrato de hipoteca.

Art. 31. Vencida e não paga a dívida hipotecária, no todo ou em parte, o credor que houver preferido executá-la de acordo com este decreto-lei formalizará ao agente fiduciário a solicitação de execução da dívida.

por agente fiduciário, além de ser dispensável, é incompatível com o artigo 27 da Lei nº. 9.514/97.

A Lei nº. 9.514/97 é silente quanto à exigência de publicação de edital para a designação do leilão. Entretanto, o artigo 32 do Decreto-Lei nº. 70/66 estabelece essa obrigação como requisito do leilão.[28] A exigência é aplicável ao caso da alienação fiduciária em garantia, não existindo qualquer incompatibilidade entre o procedimento do artigo 27 e o Decreto-Lei nº. 70/66, na matéria.

O artigo 34 do Decreto-Lei nº. 70/66 permite ao devedor que purgue a mora até a data do leilão. Esse procedimento é absolutamente incompatível com a alienação fiduciária. Se purgar-se a mora nesse momento, não há como se convalidar a alienação fiduciária, tendo em vista que já ocorreu a consolidação da propriedade em nome do credor. O momento que o devedor-fiduciante tinha para purgar a mora foi aquele especificado na notificação feita pelo oficial do cartório de registro de imóveis. No momento do leilão, tendo em vista a impossibilidade de se dar a condição resolutiva da propriedade do fiduciante, a propriedade plena já se encontra com o credor, não tendo qualquer efeito a purga da mora, nesse momento.

A proibição prevista no parágrafo único do artigo 36 do Decreto-Lei nº. 70/66, referente à nulidade das cláusulas que subtraiam ao devedor a possibilidade de ter ciência do leilão, são compatíveis com o sistema da Lei nº. 9.514/97.[29] A lei do SFI não prevê a notificação pessoal do devedor para a realização do leilão, tal exigência tampouco está presente no Decreto-Lei nº. 70/66. Entretanto, o Superior Tribunal de Justiça, pela 3ª Turma, estabeleceu, no julgamento do REsp 1447687/DF, o entendimento de que há necessidade de intimação pessoal do devedor do leilão, sobre pena de nulidade do mesmo.

O posicionamento do STJ é extremamente questionável e lamentável do ponto de vista da celeridade da execução da garantia. No julgamento do recurso especial acima citado, um dos fundamentos foi que a "assinatura do auto

---

28 Art. 32. Não acudindo o devedor à purgação do débito, o agente fiduciário estará de pleno direito autorizado a publicar editais e a efetuar no decurso dos 15 (quinze) dias imediatos, o primeiro público leilão do imóvel hipotecado."

29 "Art. 36. Parágrafo único. Considera-se não escrita a cláusula contratual que sob qualquer pretexto preveja condições que subtraiam ao devedor o conhecimento dos públicos leilões de imóvel hipotecado, ou que autorizem sua promoção e realização sem publicidade pelo menos igual à usualmente adotada pelos leiloeiros públicos em sua atividade corrente" (Decreto-Lei nº. 70/66).

de arrematação representa o último momento para purgação da mora, daí a relevância do conhecimento pelo devedor do momento da alienação do bem."

O acórdão, então, cita e baseia-se, em seguida, em julgamentos sobre a matéria, referentes à execução extrajudicial de hipotecas. De fato, o último momento em que o devedor hipotecário tem para purgar a mora é o leilão. Até aquele momento o bem garantidor da dívida é de sua propriedade. Entretanto, na alienação fiduciária não é isso que se passa. Quando do leilão, o bem já deixou a esfera patrimonial do devedor e esse é mero possuidor sem justa causa do bem, do que deve ser sumariamente destituído. Uma vez consolidada a propriedade, não há como se restaurar a alienação fiduciária sem uma nova transmissão da propriedade do credor-fiduciário para o devedor-fiduciante. O ato de consolidação da propriedade é de transmissão definitiva, inclusive geradora do imposto de transmissão.

A propriedade do credor-fiduciário, então, seria extinta pela purgação da mora do devedor-fiduciário? *Data venia*, o artigo 1.275 do Código Civil prevê as formas de extinção da propriedade, não sendo a hipótese gerada pela purgação da mora extemporânea uma delas.

Data maxima venia, o STJ aplicou solução jurídica igual para institutos jurídicos distintos – regime de garantia real sobre bem próprio sobre a garantia real sobre bem do credor. Uma vez feita a transferência definitiva da propriedade para o credor, não há como se extinguir a propriedade do credor, por violação ao artigo 1.275 do Código Civil.

O legislador, verificando a desvirtuação do instituto, resolveu aperfeiçoá-lo, introduzindo importantes modificações nesse ponto. A Lei 13.465/2017 veio sanar a omissão existente na Lei 9.514/97 exatamente sobre a necessidade de intimação do devedor, antigo fiduciante, para acompanhar o leilão. O §2º-A do artigo 27 da Lei 9.514/97 determina, após a modificação legislativa, a comunicação do devedor por correspondência simples e eletrônica, sem a necessidade de comprovação de intimação pessoal, da data, local e horário dos leilões.

Como no segundo leilão o preço mínimo é o valor da dívida, acrescido dos encargos do leilão e da consolidação da propriedade (ITBI e registro), o devedor pode arrematar o imóvel que não mais lhe pertence, como prevê o novo §2-B do artigo 27 da Lei 9.514/97. Observa-se que ao devedor é dado direito de preferência para adquirir o bem pelo valor da dívida até a data do segundo leilão. Caso existam lances superiores ao preço mínimo, o devedor manterá sua preferência mesmo que pelo preço mínimo. Afinal o que sobejar o lance mínimo pertence ao próprio devedor por força do artigo 27, § 4º, da Lei 9.514/97. O antigo devedor-fiduciante é intimado do leilão para que possa dar lance e arrematar, não lhe sendo, entretanto, facultada a purga da mora nesse momento.

A notificação feita pelo CRI para que o devedor-fiduciante purgasse a mora já lhe deu ciência das consequências de não pagar. Uma nova notificação pessoal nesse momento é inútil, já que na estrutura da alienação fiduciária, vencido o prazo do artigo 26, não é dado mais ao devedor o direito de purgar a mora.

Outro problema em exigir-se a intimação pessoal do devedor para comparecer ao leilão, o que não consta da lei, é a geração de excesso de prazos, já que a lei estabelece o limite de 30 dias para realização do leilão do imóvel, após a consolidação da propriedade. Assim, a correspondência simples encaminhada ao endereço constante do contrato é tida como suficiente para o legislador, pois, caso contrário, haveria risco de excesso de prazo.

Outro ponto relevante, já advertido anteriormente, é a diferença entre o direito de purgar a mora concedido ao devedor até a data da consolidação da propriedade e o direito de arrematar o bem pelo valor da dívida. Na primeira hipótese, há a convalidação da alienação fiduciária, como expresso em lei, já que o devedor coloca em dia suas obrigações. No caso da arrematação com preferência prevista no §2-B do artigo 27 da Lei 9.514/97, não é mais possível a convalidação da alienação fiduciária. Essa demandaria a celebração de novo contrato entre o credor e o devedor com novo registro da propriedade fiduciária. Uma vez ocorrida a consolidação da propriedade desaparece a garantia real e toda a dívida vence antecipadamente, nos termos dos artigos 333 e 1.425 do CCB. Além disso, os credores-fiduciários fazem constar do contrato, normalmente, que a consolidação da propriedade acarreta o vencimento antecipado da dívida. Assim, para arrematar o bem no leilão com preferência, o devedor deve pagar toda a dívida vencida e vincenda que teve o vencimento antecipado por força de lei ou do contrato.

Antes da Lei 13.465/17 aplicava-se o Decreto-Lei 70/66 que prevê no artigo 37 que no leilão com licitante será expedida carta de arrematação assinada por cinco testemunhas, pelo credor e pelo agente fiduciário.[30] O artigo estabelece

30 "Art. 37. Uma vez efetivada a alienação do imóvel, de acordo com o artigo 32, será emitida a

ainda que a carta de arrematação seja título aquisitivo da propriedade, podendo ser registrado no cartório de registro de imóveis pelo licitante vencedor. Com a impossibilidade de aplicação do Decreto-Lei 70/66 após a publicação da Lei 13.465/17, nos processos de leilão não há forma prescrita em lei para transferência da propriedade do credor-fiduciário para o arrematante. Logo, o leiloeiro oficial deverá expedir certidão, com fé pública, da realização do leilão e das condições de arrematação, devendo o credor-fiduciário outorgar escritura de compra e venda em favor do arrematante. Tal construção é preferível, por ser direito real de garantia em bem próprio. O fiduciário assina o termo de escritura como proprietário da coisa alienada, na qualidade de vendedor e o licitante assina a escritura como comprador da propriedade plena da coisa. Quanto ao prazo para realização dos leilões, a Lei nº. 9.514/97 é bem clara, estabelecendo prazo de 30 dias a contar da consolidação da propriedade para a realização do leilão. Trata-se de prazo máximo, podendo o credor antecipar o leilão, caso exista autorização contratual para tal. O segundo leilão, por força do § 1º do artigo 27 da Lei nº. 9.514/97, será realizado no prazo de 15 dias a contar do primeiro leilão.

O valor de venda do imóvel no primeiro leilão deverá estar previsto no contrato de alienação fiduciária. Trata-se de cláusula essencial do contrato, exigida no inciso VI do artigo 24. A razão de ser dessa exigência é garantir um adequado equilíbrio contratual e a efetividade da garantia contratual sem prejuízo a qualquer das partes.

O ideal é que o valor do primeiro leilão expresse quantitativo mais próximo ao valor de mercado possível. Valor muito superior ao valor de mercado representa prejuízo potencial ao fiduciante, pois dificultará a venda do imóvel em primeiro leilão, momento mais vantajoso para ter o imóvel vendido, já que potencializa as chances de receber o que sobejar a dívida. Se o valor for muito baixo, o fiduciante poderá perder o direito a restituição de eventual sobra (diferença entre o valor arrecadado no leilão e o valor da dívida) ou ter esse valor reduzido.

As partes podem adotar qualquer critério para determinação do valor de venda do imóvel no primeiro leilão, observando-se o mínimo legal previsto

---

respectiva carta de arrematação, assinada pelo leiloeiro, pelo credor, pelo agente fiduciário, e por cinco pessoas físicas idôneas, absolutamente capazes, como testemunhas, documento que servirá como titulo para a transcrição no Registro Geral de Imóveis.

§ 1º. O devedor, se estiver presente ao público leilão, deverá assinar a carta de arrematação que, em caso contrário, conterá necessàriamente a constatação de sua ausência ou de sua recusa em subscrevê-la."

para base de cálculo do ITBI (parágrafo único do artigo 24 introduzido pela Lei 13.465/17). É desejável que os critérios já estejam previstos no contrato, sem a necessidade de novos atos de terceiros.[31] Entretanto, a dificuldade de adoção de critérios é enorme. Como as partes podem estabelecer instrumentos contratuais que garantam que o valor de mercado declarado no contrato para fins de leilão reflita as variações de mercado durante a longa duração do contrato? As fórmulas matemáticas utilizadas são rígidas, só podendo prever eventual efeito inflacionário e a depreciação do bem no tempo. Esses critérios somente garantem a aproximação do valor previsto no contrato do efetivo valor de mercado do bem, não garantindo que efetivamente reflita a real condição de mercado em um futuro mais ou menos distante. Por outro lado, a lei não estabelece se o valor do bem para efeitos do primeiro leilão deva corresponder ao valor de mercado do bem, podendo as partes fixar livremente o valor, inclusive estabelecendo percentual sobre o valor pelo qual o devedor-fiduciante comprou o bem, desde que esse valor não seja inferior ao valor de avaliação da administração fazendária municipal para fins de ITBI.

O Judiciário brasileiro, nas execuções judiciais, aplicando o parágrafo único do artigo 891 do CPC,[32] estabelecia que a venda em leilão por preço inferior a 50% do valor de mercado do bem é impossível, já que o preço seria vil.[33] Esse entendimento jurisprudencial foi incorporado no Código de Processo Civil de 2015. Tal construção é absolutamente transportável para o caso dos leilões extrajudiciais promovidos pelo credor-fiduciário. Respeitado o limite de 50% do valor do bem, praticado pelo Judiciário brasileiro por construção jurisprudencial, as partes poderiam estabelecer no contrato de alienação fiduciária que o valor do bem para efeitos do primeiro leilão poderá ser em qualquer percen-

---

31 O terceiro se refere ao chamado "*appraiser*", figura comum no direito norte-americano: uma pessoa que avalia propriedades imobiliárias para fins judiciais ou extrajudiciais, normalmente investida de fé pública. Tal figura inexiste no direito brasileiro, apesar de ser muito bem-vinda no presente caso, dada a dificuldade de estabelecer em contrato critérios de longo prazo para determinação efetiva de valor de mercado de um bem imóvel.

32 Art. 891. Não será aceito lance que ofereça preço vil.
Parágrafo único. Considera-se vil o preço inferior ao mínimo estipulado pelo juiz e constante do edital, e, não tendo sido fixado preço mínimo, considera-se vil o preço inferior a cinquanta por cento do valor da avaliação.

33 "Esta Corte, em regra, tem considerado preço vil o inferior a 50% do valor da avaliação do bem" (STJ 4ª T, Resp 839.856; STJ 1ª T, Resp 347.327).

tual superior a esse limite (50%), tomando-se por base o valor pelo qual o bem dado em garantia foi originalmente adquirido pelo fiduciante-devedor.

Caso o bem não seja vendido em primeiro leilão, a Lei nº. 9.514/97 prevê a realização de um segundo leilão, no prazo de 15 dias. No segundo leilão, o valor mínimo para o lance será o valor do saldo devedor da operação de alienação fiduciária na data do leilão, nele incluído os juros convencionais, as penalidades e os demais encargos contratuais. Além disso, acrescem ao valor da dívida as despesas que o credor teve para consolidar a propriedade e promover o leilão, incluindo todas as taxas, impostos e contribuições condominiais que o credor teve de pagar para promover o leilão.

Presente licitante no primeiro ou segundo leilão que pague valor superior ao valor da dívida e despesas, a lei prevê que o valor que sobejar deverá ser devolvido pelo credor-fiduciário ao devedor-fiduciante no prazo de cinco dias. Entretanto, a lei não estabelece de forma clara todas as consequências da eventual inexistência de licitante que pague valor superior ao preço mínimo no segundo leilão. Pode o credor ficar com o bem por prazo indeterminado? A coisa integra-se ao seu patrimônio por qual valor? Como conciliar essa hipótese com a proibição do pacto comissório nas alienações fiduciárias (art. 1.365 do CCB)? Chalhub responde que se não houver licitante no segundo leilão que ofereça valor mínimo exigido em lei para o segundo leilão, o bem integrará o patrimônio do credor de forma definitiva.[34] Concordamos com tal posição, mesmo porque a lei não prevê a exigência de infinito número de leilões até que o credor consiga vender o bem para satisfazer seu crédito. Inexistindo lance mínimo no segundo leilão, o credor pode ficar com o bem sem a exigência de tentar aliená-lo no futuro.

As respostas à segunda e à terceira perguntas ficam para o próximo capítulo (11), por exigirem digressões específicas sobre a natureza do pacto comissório.

A única consequência prevista em lei para a hipótese de não se alcançar no segundo leilão o lance mínimo é a extinção da dívida do devedor-fiduciante. Trata-se de um benefício extremamente criticável, especialmente quando não estivermos diante dos casos de alienação fiduciária para financiamento de bens de consumo para moradia.

---

34 CHALHUB, Melhim Namem, ob. cit., 4. ed., p. 253.

O dispositivo contém proteção de cunho social e apreciável quando se estabelece que o devedor-fiduciante esteja em uma posição de hipossuficiência em relação ao credor-fiduciário, decorrente do financiamento de um bem para moradia pessoal. Entretanto, não é essa a regra ideal para todas as hipóteses de garantia por alienação fiduciária. Como visto, a garantia se presta para todos os tipos de financiamento e mútuo, inclusive para uso profissional e comercial. O disposto no § 5º do artigo 27 da Lei nº. 9.514/97 reflete um convite ao inadimplemento, toda vez que o valor do bem, por alguma razão ou conjuntura econômica, ficar inferior ao valor da dívida. Se o comerciante que aliena fiduciariamente um bem em garantia de uma dívida, passado algum tempo, não tiver mais interesse no bem alienado fiduciariamente, dependendo da relação dívida-bem, pode optar simplesmente por não pagar o empréstimo para quitar o saldo remanescente.

O referido dispositivo deve ser levado em conta nas operações de financiamento garantidas por alienação fiduciária, especialmente na avaliação do risco do negócio, devendo o credor garantir-se de que a relação dívida-bem esteja sempre na razão em que o bem terá valor superior ao valor da dívida garantida, contratando-se, inclusive, seguro contra eventual perecimento do bem.

Além das questões acima levantadas, discute-se com frequência a constitucionalidade do leilão previsto no artigo 27 da Lei nº. 9.514/97, tendo em vista a eventual infração da norma em face do princípio do devido processo legal decorrente do art. 5º, incisos XXXV,[35] LIV[36] e LV,[37] da Constituição da República.

A questão da constitucionalidade dos procedimentos de consolidação da propriedade e do leilão extrajudicial para satisfação do crédito do credor-fiduciário pode parecer desnecessária aos juristas civilistas. Contudo, em decorrência das circunstâncias do Direito brasileiro, o tema tomou relevância por ser instrumento amplamente utilizado nos tribunais pelos advogados dos mutuários do Sistema Financeiro da Habitação, quando seus clientes, diante da inadimplência, têm seus imóveis leiloados pelos agentes fiduciários na forma do Decreto-Lei nº. 70/66. Tornou-se comum nos tribunais, com fundamento

35 "XXXV - a lei não excluirá da apreciação do Poder Judiciário lesão ou ameaça a direito".

36 "LIV - ninguém será privado da liberdade ou de seus bens sem o devido processo legal".

37 "LV - aos litigantes, em processo judicial ou administrativo, e aos acusados em geral são assegurados o contraditório e ampla defesa, com os meios e recursos a ela inerentes".

nos dispositivos constitucionais pertinentes ao princípio do devido processo legal, tentar impedir a realização dos leilões extrajudiciais pelos agentes fiduciários ao fundamento que tal procedimento violaria o princípio do devido processo legal.[38]

Os tribunais acabaram por interpretar que o procedimento extrajudicial previsto no Decreto-Lei nº. 70/66 foi recepcionado pela C.R. de 1988, não havendo qualquer incompatibilidade com o procedimento.[39] A posição dos tribunais infraconstitucionais foi ratificada pelo Supremo Tribunal Federal (Recurso Extraordinário n. 223.075/DF).[40] À luz do regime da Lei nº. 9.514/97, a conclusão será, também, pela sua constitucionalidade. Os fatores que permitem essa afirmativa derivam da natureza da garantia real em bem próprio (propriedade fiduciária) e a sua natureza de propriedade resolúvel, como se passa a demonstrar.

A forma pela qual se extingue o direito real de aquisição da propriedade do devedor-fiduciante é o já estudado procedimento de consolidação da propriedade que se opera perante o oficial do cartório de registro de imóveis. A

---

38 O 1º. Tribunal de Alçada de São Paulo e o Tribunal de Alçada do Estado do Rio Grande do Sul se posicionaram inicialmente pela inconstitucionalidade do DL 70/66 (Lex-JTA, 151/186 e JTAERGS, 76/81).

39 TFR-RF, 254/246, RJTJESP, 68/121, 161/193, TFR-RF, 260/233, REsp 46050/RJ, rel. Min. Garcia Vieira, j. 27.4.94, DJU 30.5.94.

40 "Essa mudança, em termos de política legislativa, pôde ser feita, na espécie, sem inflição de dano irreparável às garantias de defesa do devedor. Tem este aberta a via da reparação... Se, no novo procedimento, vier a sofrer detrimento o direito individual concernente à propriedade, a reparação pode ser procurada no Poder Judiciário, seja pelo efeito rescindente da sentença na ação de imissão de posse, seja por ação direta contra o credor ou o agente fiduciário. Assim, a eventual lesão ao direito individual não fica excluída da apreciação judicial. O novo procedimento não retira do Poder Judiciário para o agente fiduciário parcela alguma do poder jurisdicional. O agente fiduciário executa somente uma função administrativa resulta de uma nova especificação legal do contrato hipotecário, que assumiu, nesse particular, feição anteriormente aceita no contrato de penhor, a previsão contratual da excussão por meio da venda amigável" (Código Civil, art. 774, III). A conclusão do ministro relator Ilmar Galvão foi a seguinte: "Restou demonstrado, efetivamente, de modo irretorquível, que o DL n. 70/66, além de prever uma fase de controle judicial, antes da perda da posse do imóvel pelo devedor (art. 36, §2º), não impede que eventual ilegalidade perpetrada no curso do procedimento de venda do imóvel seja, de logo, reprimida pelo meios processuais próprios. Nesta condições, é fora de dúvida que não cabe falar, como fez o acórdão recorrido, em ofensa às normas dos incisos XXXV, XXXVII e LIII do art. 5º. da Constituição, nem, tampouco, em inobservância dos princípios do devido processo legal, do contraditório ou da ampla defesa."

propriedade fiduciária está sujeita a uma condição resolúvel; assim, a impossibilidade de ocorrência da condição acarreta a consolidação da propriedade.

O procedimento para consolidação da propriedade, como visto, inicia-se perante o oficial do cartório de imóveis, através da notificação ao devedor-fiduciante em mora para que a purgue no prazo de 15 dias, sob pena de consolidação da propriedade em nome do credor-fiduciário. O referido procedimento tem objetivo de transformar o incumprimento moroso em definitivo.

O devedor-fiduciante receberá pessoalmente a notificação, acompanhada do demonstrativo do débito em aberto até a data da notificação. Por esse ato, caso o devedor não purgue a mora no prazo estabelecido, a propriedade resolúvel consolida-se no credor-fiduciário pelo simples fato do não implemento da condição resolutiva, ou seja, o que se passa é o advento do termo ou condição prevista no contrato e na lei, o que dispensa intervenção de autoridade judicial para ocorrer. O objetivo de uma eventual intervenção judicial seria declarar que a condição resolutiva da propriedade não ocorrerá em definitivo e, portanto, o credor-fiduciário poderá se tornar proprietário pleno da coisa.

Para verificação de tal fato, não há necessidade de intervenção judicial, basta que se verifique o incumprimento definitivo da obrigação nas condições do contrato e da lei. A condição resolutiva da propriedade fiduciária é expressa, bastando a sua verificação para que produza seus efeitos de pleno direito. Caio Mário da Silva Pereira já afirmava que a condição resolutiva expressa "opera-se de pleno direito, independente de interpelação, vale dizer, verificada a condição (seja positiva, seja negativa), atua automaticamente sobre o vínculo jurídico resolvendo-o".[41] O incumprimento definitivo da obrigação irá resolver a propriedade fiduciária em decorrência da impossibilidade de operar-se condição contratual que resolveria a propriedade fiduciária, assim, a propriedade consolida-se em nome do titular da propriedade fidúcia, *iuris et iure*.

A opinião aqui defendida não é unânime. Ernane Fidélis dos Santos[42] defende que a atribuição legal ao oficial do registro de declarar o incumprimento

---

41 PEREIRA, Caio Mário da Silva. *Instituições de direito civil.* 19. ed. Rio de Janeiro: Forense, 2001. v. I, p. 363.

42 SANTOS, Ernane Fidélis dos. Alienação fiduciária - coisa imóvel Lei 9.514/97. *Revista de Julgados*, Belo Horizonte, v. 68, p. 43-47, jul./set. 1997.

definitivo e consolidar a propriedade no credor-fiduciário seria inconstitucional, já que essa função seria jurisdicional. Para o autor, a extinção do direito do devedor-fiduciante dependeria de tutela jurisdicional, já que a expropriação por garantia constitucional não poderia ser privada.

Os tribunais têm se manifestado de forma inconsistente. Alguns julgados seguem a teoria de Ernane Fidélis dos Santos, entendendo que a consolidação da propriedade em nome do credor-fiduciário dependeria de manifestação judicial.[43] Há julgados no sentido diverso, dando pela constitucionalidade do procedimento pelas razões aqui defendidas.[44]

A posição dos julgados que deram pela inconstitucionalidade da consolidação da propriedade sem a manifestação jurisdicional, *data venia*, demonstram total desconhecimento do instituto da alienação fiduciária. O devedor-fi-

---

43 "AGRAVO DE INSTRUMENTO. ALIENAÇÃO FIDUCIÁRIA. LIMINAR DE BUSCA E APREENSÃO. INCONSTITUCIONALIDADE E ILEGALIDADE DO ART. 3º, §1º, DO DECRETO-LEI 911/69. ALTERAÇÃO INTRODUZIDA PELA LEI 10.931/04. 1- A alteração introduzida pela Lei 10.931, de 02/08/04, ao art. 3º. do Decreto-Lei 911/69, fere, frontalmente, o devido processo legal (art. 5º, LV, da CF), o direito de propriedade (art. 5º, LVI, da CF), além de outras normas constitucionais e infraconstitucionais, pois, instituiu a possibilidade da perda do patrimônio do devedor, sem qualquer manifestação judicial. 2- Desse modo, a concessão da liminar de busca e apreensão é medida temerária. 3- Agravo a que se nega provimento. V.V." TJMG, Agravo 1.0702.08.522336-1/001(1), DJ 09/02/2009. O referido artigo de lei, alterado pela Lei nº. 10.931/04, prevê a consolidação da propriedade em nome do credor-fiduciário cinco dias após a busca e apreensão da coisa móvel fiduciada.

44 "Apelação cível. Ação declaratória de nulidade de ato do oficial do registro de imóveis. Consolidação da propriedade. Compra e venda. Bem imóvel. Alienação fiduciária. Ação revisional. Mora. Nada há de nulo no ato de consolidação da propriedade em favor do credor fiduciário, considerando a mora evidente da devedora fiduciante, ainda que haja ação revisional discutindo o contrato de alienação fiduciária. Negaram provimento ao recurso." (Apelação Cível nº. 70015993132, Décima Sétima Câmara Cível, Tribunal de Justiça do RS, rel. Desembargador Alzir Felippe Schimitz, Julgado em 05/04/02007).

"Processo civil – Financiamento de imóvel garantido pela alienação fiduciária do bem – Inadimplência – Medida cautelar proposta pelo devedor para impedir a averbação da consolidação da propriedade em nome da credora – Liminar deferida – Agravo. 1. O artigo 53 da Lei nº. 8.078/1990 estabelece a nulidade apenas dos dispositivos de cláusulas contratuais que estabeleçam a perda total das prestações pagas em benefícios do credor que, em razão do inadimplemento, pleitear a resolução do contrato e a retomada do bem não atingindo a disposição clausular que estabelecer a alienação fiduciária em garantia, não sendo permitido ao intérprete ler mais do que está escrito na Lei, em razão pela qual o credor fiduciário tem direito absoluto de promover a averbação da consolidação da propriedade do bem dado em garantia no caso de mora do devedor fiduciário, ficando a questão da devolução dos valores pagos para ser resolvido em ação consignatória movida pelo credor fiduciário ou em ação de cobrança movida pelo devedor fiduciário, quando então se deliberará sobre o aparente choque de disposições entre as Leis 8.078/1990 e 9.514/1997 e a Medida Provisória nº. 2.223/2001.2" (Agravo de Instrumento 2007.002.36279, 16ª Câmara Cível, TJRJ, rel. Desembargador Miguel Ângelo Barros, julgamento 1/4/2008).

duciante não tem mais a propriedade do bem desde a celebração da alienação fiduciária, pois essa já foi transferida ao credor em garantia da dívida e sob condição resolutiva. O ato do oficial de registro que certifica a não ocorrência da condição resolutiva não expropria o devedor-fiduciante da propriedade do bem, mas simplesmente reconhece que a condição resolutiva da propriedade fiduciária não irá se operar. A consolidação tampouco fere o direito de propriedade, já que não há propriedade do devedor fiduciante para tutelar, já que ele alienou (vendeu) fiduciariamente a propriedade em garantia.[45] O procedimento de consolidação somente atesta a inexecução definitiva da condição resolutiva. Nos dizeres de Chalhub, "não é o ato do Oficial que põe a propriedade no patrimônio de um ou de outro contratante, mas, sim, o evento correspondente à condição"[46] contratual prevista expressamente no contrato e na lei.

Exigir a intervenção do Judiciário para declarar a consolidação da propriedade, ou seja, que a condição resolutiva não se operou, tampouco se sustenta diante da natureza expressa da condição positiva que se opera de pleno direito. Ocorrendo a condição resolutiva expressa no contrato e na lei, com o pagamento da dívida garantida, a propriedade fiduciária também se resolve *iuris et iure*. Demandar o pronunciamento jurisdicional simplesmente para afirmar a ocorrência ou não da condição resolutiva expressa prevista no contrato é inútil. O Judiciário não tem como se pronunciar de forma diversa, ou seja, não há como afirmar que o devedor não irá cumprir a condição resolutiva que reverteria a propriedade plena para si e, ao mesmo tempo, não resolver o contrato de alienação fiduciária.

Além disso, entender que a consolidação sem pronunciamento judicial é impossível constitucionalmente nega a própria natureza do Direito material

45 "No caso da alienação fiduciária de coisa imóvel, por exemplo, a busca da satisfação do crédito não se processa de modo semelhante à execução comum, que contempla a expropriação de bens do devedor, traço característico da execução (CPC, art. 646), pois na alienação fiduciária o pagamento está vinculado a um bem do próprio credor, e não do devedor; aqui, como se viu, o direito do credor repousa na propriedade fiduciária, cuja titularidade é dele mesmo, credor, e não do devedor; o pagamento ou não pagamento produz os efeitos da condição a que está subordinado o contrato (destinando a propriedade ao devedor ou consolidando-a no credor), o que se dá naturalmente, sem intervenção judicial, não sendo Possível ajustar a dogmática da condição resolutiva à estrutura da expropriação no processo comum de execução." CHALHUB, ob. cit., p. 329. O CPC citado pelo autor é o de 1973, o artigo correspondente no CPC de 2015 é 824.

46 ob. cit., p. 326.

em questão. Nega-se, nos tribunais que defendem a inconstitucionalidade da consolidação sem pronunciamento jurisdicional prévio, qualquer distinção entre a configuração do direito real decorrente da propriedade fiduciária e as demais formas de direito real de garantia que se assentam em bens que não são de propriedade do próprio credor.

E ainda, o ato do oficial de registro que averba a ocorrência ou não da condição resolutiva, no primeiro caso, revertendo a propriedade para o devedor-fiduciante e no segundo caso, consolidando a propriedade em nome do credor-fiduciário, não é revestida de nenhum juízo de valor, sendo apenas um atestado de fato, qual seja: operou-se ou não a condição resolutiva da propriedade fiduciária.

Aplica-se, no caso, a regra *dies interpellat pro homine*, decorrente dos artigos 1.359 e 1.360 do CCB:[47] a consequência natural do incumprimento, independente de interpelação do devedor, é a consolidação da propriedade em nome do credor, já que não se implementou a condição resolutiva. Isso não quer dizer que o devedor-fiduciário esteja despido de qualquer prerrogativa de defesa e de socorrer-se do Judiciário. Caso ocorra qualquer lesão ou ameaça a lesão a direito, as partes terão pleno acesso ao Judiciário para exercer seu direito de defesa em toda a amplitude constitucional.

Nesse sentido, notificado o devedor-fiduciante para purgar a mora no prazo legal, sob pena de consolidação da propriedade em nome do credor-fiduciário, ele poderá dirigir-se ao Judiciário para tentar impedir o fato, mediante qualquer processo judicial que lhe possa socorrer. Por exemplo, caso o devedor-fiduciante detecte na notificação excesso de cobrança ou cobrança em desacordo com as normas contratuais ou legais poderá socorrer-se do Judiciário para tentar evitar a consolidação (capítulo 13). A notificação cartorial para o devedor-fiduciante purgar a mora não impede seu acesso ao Judiciário; na verdade, abre a oportunidade para instaurar-se o contraditório, mediante

---

47 "Art. 1.359. Resolvida a propriedade pelo implemento da condição ou pelo advento do termo, entendem-se também resolvidos os direitos reais concedidos na sua pendência, e o proprietário, em cujo favor se opera a resolução, pode reivindicar a coisa do poder de quem a possua ou detenha.
Art. 1.360. Se a propriedade se resolver por outra causa superveniente, o possuidor, que a tiver adquirido por título anterior à sua resolução, será considerado proprietário perfeito, restando à pessoa, em cujo benefício houve a resolução, ação contra aquele cuja propriedade se resolveu para haver a própria coisa ou o seu valor."

ação cabível de iniciativa do devedor-fiduciante, caso exista qualquer lesão ou expectativa de lesão a direito decorrente do ato.

A notificação e a eventual resistência do devedor-fiduciante atendem ao binômio que os juristas atuais defendem como requisitos para caracterização do contraditório. La China afirma que, para existir o contraditório assegurado constitucionalmente, sempre haverá a necessidade da notificação, intimação ou citação de uma das partes. Se existir a possibilidade de reação, por meio de procedimento judicial adequado, assegurado estaria o direito ao contraditório.[48] No mesmo sentido de La China, Arruda Alvim, examinando a questão do leilão extrajudicial previsto no DL 70/66, afirma que, após a notificação do mutuário pelo agente fiduciário, "todos os meios de reação, de resistência, extrajudiciais ou judiciais, restam à disposição do mutuário. Inclusive, com a possibilidade de o devedor, objetivando a recuperação do bem, purgar a mora até a expedição da carta de arrematação (cf. art. 34 do DL nº. 70/66)".[49]

Assim, pode se afirmar com segurança que o procedimento de consolidação da propriedade em nome do credor-fiduciário pelo procedimento extrajudicial examinado respeita, de forma plena, o princípio do devido processo legal e do contraditório, mesmo que esse se instale por iniciativa do devedor e *a posteriori*, não se podendo, tampouco, falar em qualquer violação ao direito de propriedade. Resta, então, analisar a questão em relação ao leilão imposto por lei ao fiduciário, após a consolidação da propriedade. Seria esse procedimento lesivo aos direitos constitucionais do fiduciante?

O leilão imposto pela Lei nº. 9.514/97 ao credor-fiduciário que se torna proprietário da coisa pela consolidação da propriedade é um instrumento de proteção do devedor-fiduciante. Trata-se de um mecanismo pelo qual se impede a caracterização do pacto comissório, evitando o enriquecimento sem causa do credor-fiduciário, em detrimento do devedor-fiduciante, possibilitando que o devedor recupere em parte ou no todo as quantias pagas, em consonância com o artigo 53 do CDC (capítulo 12). Esse duplo efeito do leilão impos-

48 "Il principio del contraddittorio si ariticola, nelle sue manifestazioni tecniche, il due aspetti o tempi essenziali: informazione, reazione; necessária sempre la prima, eventuale La seconda (ma necessário chi sia resa possibile!) in L´esecuzione forzata e Le disposizioni generali del codice di procedura civile..." LA CHINA, Sergio. *L'esecuzione forzata e le disposizioni generali del Codice di Procedure Civile*. Milano, 1970. p. 394.

49 ALVIM, José Manoel Arruda. Parecer solicitado pela ABECIP, Artigos de publicação da biblioteca da PUC-SP.

to em lei permite que o credor reponha ao seu patrimônio o valor mutuado, acrescido dos encargos contratuais e despesas e autoriza, eventualmente, que o devedor recupere parte do valor que pagou.

A obrigação do credor-fiduciário de tentar vender a coisa fiduciada por duas vezes para se pagar não representa violação do devido processo legal, nem impede que o devedor-fiduciante acesse o judiciário para proteger-se contra eventual lesão ou ameaça de lesão a seu direito.

No caso do leilão, o direito tutelável do devedor-fiduciante é o valor de venda do imóvel e o valor da dívida cobrada. Caso o credor-fiduciário exija mais do que tem direito ou venda o imóvel por preço vil, poderá o devedor-fiduciante, eventualmente, voltar-se contra o credor, buscando indenização pela lesão sofrida (parágrafo único do artigo 30 da Lei 9.514/97). Poderá, também, mediante consignação do valor cobrado, tentar judicialmente impedir a realização do leilão (capítulo 13). Os instrumentos e meios de defesa judiciais do devedor-fiduciante são muitos, não se podendo falar em qualquer cerceamento do direito de defesa.

Apesar da natureza do direito material referente ao leilão extrajudicial dos créditos hipotecários decorrentes do DL 70/66 e a natureza do direito material nas garantias fiduciárias serem distintas, podem-se aplicar à matéria dos leilões os mesmos princípios que resultaram nas interpretações referentes à aplicação do referido Decreto-Lei.[50] Se aquele procedimento é considerado

50 EMENTA: EXECUÇÃO EXTRAJUDICIAL. DECRETO-LEI Nº. 70/66. CONSTITUCIONALIDADE. Compatibilidade do aludido diploma legal com a Carta da República, posto que, além de prever uma fase de controle judicial, conquanto a posteriori, da venda do imóvel objeto da garantia pelo agente fiduciário, não impede que eventual ilegalidade perpetrada no curso do procedimento seja reprimida, de logo, pelos meios processuais adequados. Recurso conhecido e provido. (STF, RE 223075 / DF - DISTRITO FEDERAL, RECURSO EXTRAORDINÁRIO, Relator(a): Min. ILMAR GALVÃO).
CIVIL - PROCESSUAL CIVIL - SISTEMA FINANCEIRO DA HABITAÇÃO - CONSTITUCIONALIDADE DO DECRETO-LEI 70/66 - INEXISTÊNCIA DE CAUSA DE NULIDADE DO PROCEDIMENTO DE EXECUÇÃO EXTRAJUDICIAL - 1- Constitucionalidade da execução extrajudicial prevista no Decreto-Lei 70/66. Precedentes desta Corte, do STJ e do STF. 2- Inexistência de causa de nulidade do procedimento de execução extrajudicial, em razão de terem sido os devedores notificados para purgar a mora e cientificados da realização do leilão. 3- Apelação a que se nega provimento. (TRF-1ª R. - AC 2003.35.00.012455-4-GO - 6ª T - Relª Desª Fed. Maria Isabel Gallotti Rodrigues - DJe 20.04.2009 - p. 268).
DIREITO CIVIL E PROCESSUAL CIVIL - SISTEMA FINANCEIRO DA HABITAÇÃO - LEILÃO DE IMÓVEL - EXECUÇÃO EXTRAJUDICIAL - CONSTITUCIONALIDADE DO DECRETO-LEI Nº. 70/66 - 1 - Não encontra respaldo a alegação de que o Decreto-Lei nº. 70/66 é inconstitucional, uma vez que o STF já afirmou, por várias vezes, inclusive na

constitucional para alienar bem do devedor, não há como questionar a constitucionalidade do procedimento da Lei nº. 9.514/97, em que se vende bem do próprio credor.

10.13 AÇÃO DE REINTEGRAÇÃO DE POSSE PELO FIDUCIÁRIO OU LICITANTE

Como forma de garantir a efetividade da execução da garantia e tornar a arrematação do bem alienado fiduciariamente em leilão extrajudicial atrativa, a lei assegurou ao licitante do leilão e ao fiduciário, na hipótese de ficar com o bem, ação de reintegração na posse deste, inclusive com concessão de liminar. Além disso, a ação possessória abre a possibilidade do controle jurisdicional posterior em relação aos atos de consolidação da propriedade e leilão da coisa fiduciada.

Como visto, com a constituição da propriedade fiduciária, opera-se o desdobramento da posse, atribuindo-se ao fiduciário a posse indireta e ao fiduciante a posse direta da coisa. A lei ainda assegurou ao fiduciante o livre uso e gozo da coisa enquanto adimplente com suas obrigações contratuais (art. 24, IV).

---

vigência da Constituição Federal de 1988, a constitucionalidade daquele diploma legal. 2 - A propósito, o Pretório Excelso, no exercício do controle difuso de constitucionalidade das Leis e atos normativos, assinalou que a "Com- patibilidade do aludido diploma legal com a Carta da República, posto que, além de prever uma fase de controle judicial, conquanto a posteriori, da venda do imóvel objeto da garantia pelo agente fiduciário, não impede que eventual ilegalidade perpetrado no curso do procedimento seja reprimida, de logo, pelos meios processuais adequados." (RE nº. 223075/DF, Rel. Min. Ilmar Galvão, j. 23.06.1998, DJ 06.11.1998, p. 22). 3 - A r. sentença, pois, merece ser mantida por seus próprios fundamentos, porquanto ausente a inconstitucionalidade no procedimento previsto no Decreto-Lei nº. 70/66, sendo certo que a alienação extrajudicial por agente fiduciário é uma forma especial de alienação fiduciária em garantia, destinada à pronta recuperação dos créditos com garantia imobiliária, havendo sido instituída como um instrumento indispensável a um funcionamento razoável do sistema nacional de habitação. 4 - No caso vertente, apesar do contrato firmado autorizar a execução independente de notificação, a ré os notificou através de seu agente fiduciário para purgar o débito e assim evitar a execução. No entanto, nada foi feito e somente em 24.02.2000, isto é, quatro anos após o recebimento da notificação, os autores resolvem discutir judicialmente. 5 - Como se vê, não tendo os devedores providenciado a purgação da mora no prazo legal, ficou o agente fiduciário autorizado de pleno direito a publicar editais e efetuar, no prazo de quinze dias, o primeiro leilão público do imóvel hipotecado. 6 - Apelação Cível conhecida, mas improvida." (TRF-2ª R. - AC 2000.51.01.003545-8 - 4ª T. - Rel. Des. Fed. Arnaldo Lima - DJU 10.09.2003 - p. 253/254).

Inadimplente o fiduciante, caracteriza-se o esbulho possessório. Tal assertiva deriva diretamente do artigo 24, inciso IV, da Lei nº. 9.514/97, tendo em vista que o esbulho se dá toda vez que ocorrer moléstia aos direitos do possuidor. O fiduciante só tem a posse direta da coisa enquanto adimplente. Quando inadimplente deve restituir a coisa ao possuidor indireto, já que cessaram as condições para exercer sua posse (justo título), configurando-se, nesse momento, o esbulho possessório. Trata-se, no caso, de procedimento especial previsto em legislação específica.

Assim, além dos requisitos da ação possessória prevista no CPC, o requerente deve observar o artigo 30 da Lei nº. 9.514/97. Ele deverá provar a sua posse anterior por meio da juntada do contrato de alienação fiduciária, em que lhe é atribuída a posse indireta do bem. Além disso, provará o esbulho por meio da certidão de matrícula do imóvel, constando a consolidação da propriedade em nome do credor-fiduciário.

O adquirente em leilão público deverá juntar, além dos documentos acima, a carta de arrematação e o seu registro, para provar sua condição de sucessor do credor-fiduciário.[51]

Despachada a inicial, instruída de todos os documentos necessários, o juiz deverá conceder a liminar, determinando a desocupação do imóvel no prazo de 60 dias. O processo seguirá seu trâmite normal até o julgamento final, atribuindo ao arrematante do leilão público ou ao fiduciário a posse definitiva da coisa fiduciada.

10.14 A LOCAÇÃO DO IMÓVEL ALIENADO FIDUCIARIAMENTE E O LEILÃO

A lei de alienação fiduciária impõe expressamente restrições ao uso e gozo do bem pelo fiduciante-devedor, mesmo enquanto adimplente, em relação à locação do imóvel alienado fiduciariamente. O artigo 37-B e o § 7º. do artigo

51 "Art. 30. É assegurada ao fiduciário, seu cessionário ou sucessores, inclusive o adquirente do imóvel por força do público leilão de que tratam os §§ 1° e 2° do art. 27, a reintegração na posse do imóvel, que será concedida liminarmente, para desocupação em sessenta dias, desde que comprovada, na forma do disposto no art. 26, a consolidação da propriedade em seu nome."

27 da Lei nº. 9.514/97 estabelecem uma série de limitações à celebração do contrato de locação do bem fiduciado.[52]

Perante o fiduciário e seus sucessores, os contratos de locação da coisa fiduciada em que não haja anuência expressa do fiduciário consideram-se ineficazes. Assim, consolidada a propriedade, pode o fiduciário ou seu sucessor (licitante) promover a notificação do locatário para entregar a coisa no prazo de 30 dias, sob pena de despejo, já que o contrato de locação não será eficaz em relação ao fiduciário e seus sucessores

O regime adotado pelo legislador foi idêntico ao adotado para o caso de locação de coisa objeto de usufruto. A extinção do vínculo entre o fiduciário e fiduciante com a consolidação da propriedade não extingue o contrato de locação automaticamente. A lei determina que o fiduciário, ou seu sucessor, deve respeitar o contrato de locação caso tenham anuído a ele. Em caso de inexistência de anuência do credor-fiduciário, poderá ele ou seu sucessor denunciar o contrato, da mesma forma que o nu-proprietário poderia na extinção do usufruto.[53]

Tem-se, assim, que o credor-fiduciário, ou seu sucessor, sucede o devedor fiduciante na posição contratual de locador. Ao assumir essa posição contratual, poderá despejar o locatário, exigir-lhe o pagamento e a observância de todos os termos do contrato de locação. Caso o contrato de locação tenha duração inferior a um ano, o credor-fiduciário ou seu sucessor deverá respeitar o contrato até o seu termo, na forma do artigo 37-B da Lei nº. 9.514/97, mesmo porque, nessa hipótese, a anuência do credor-fiduciário é dispensada.

10.15 ATOS REGISTRÁVEIS

52 "§ 7º. Se o imóvel estiver locado, a locação poderá ser denunciada com o prazo de trinta dias para desocupação, salvo se tiver havido aquiescência por escrito do fiduciário, devendo a denúncia ser realizada no prazo de noventa dias a contar da data da consolidação da propriedade no fiduciário, devendo essa condição constar expressamente em cláusula contratual específica, destacando-se das demais por sua apresentação gráfica." (Incluído pela Lei nº. 10.931, de 2004).
"Art. 37-B. Será considerada ineficaz, e sem qualquer efeito perante o fiduciário ou seus sucessores, a contratação ou a prorrogação de locação de imóvel alienado fiduciariamente por prazo superior a um ano sem concordância por escrito do fiduciário." (NR).

53 BARROS, Francisco Carlos de Rocha. *Comentários à Lei do Inquilinato*. São Paulo: Saraiva, 1995. p. 26-27.

O contrato de alienação fiduciária em garantia é título para aquisição da propriedade fiduciária em nome do credor (art. 25 da Lei nº. 9.514/97). Entretanto, dentro da sistemática do Direito brasileiro, a aquisição efetiva da propriedade fiduciária se dá pelo registro no cartório de registro de imóveis competente do contrato aquisitivo da propriedade. O credor, munido do contrato de alienação fiduciária, pode requerer o registro do contrato pelo qual se torna proprietário fiduciário para fins de garantia da coisa. O oficial do cartório deverá lançar na matrícula do imóvel a transferência da propriedade do devedor-fiduciante para o credor-fiduciário, gravando, no mesmo lançamento, que a propriedade do fiduciário é uma propriedade fiduciária, nos termos da Lei nº. 9.514/97. Como visto, transfere-se a propriedade resolúvel sujeita à condição resolutiva ou termo.

No mesmo ato de registro do contrato de alienação fiduciária, caso requeira o credor-fiduciário, poderá ser registrada a emissão a Cédula de Crédito Imobiliária (CCI), devendo constar do registro o seu número de série e a instituição custodiante, se for o caso.[54]

A CCI pode ser cartular ou escritural e é garantida e vinculada ao crédito imobiliário que lhe deu origem. O objetivo da CCI é permitir a rápida circulação do crédito imobiliário. O título será estudado no capítulo referente aos sistemas de financiamento. Na presente parte do trabalho, basta dizer que, como título representativo do crédito do credor-fiduciário, as eventuais cessões deverão ser registradas junto ao cartório de registro de imóveis. A lei excepciona a necessidade de registro da cessão quando a CCI for escritural, determinando que se apliquem, no caso, as normas de cessão do CCB.

Além dos fatos acima, a lei prevê que as cessões das posições contratuais do credor-fiduciário e do devedor-fiduciante devem ser objeto de lançamento na matrícula do imóvel.

No caso de cessão da posição contratual do credor-fiduciário, o oficial do registro deve averbar a cessão, fazendo constar a substituição do credor. No caso, o que se transfere é um direito real de garantia acessório ao contrato

54 "§ 5º. Sendo o crédito imobiliário garantido por direito real, a emissão da CCI será averbada no Registro de Imóveis da situação do imóvel, na respectiva matrícula, devendo dela constar, exclusivamente, o número, a série e a instituição custodiante.
§ 6 º. A averbação da emissão da CCI e o registro da garantia do crédito respectivo, quando solicitados simultaneamente, serão considerados como ato único para efeito de cobrança de emolumentos." (art. 18, Lei n º. 10.931).

de financiamento celebrado entre o credor-fiduciário e o devedor-fiduciante. Tendo em vista que se transfere um direito real de garantia, não poderá o fisco exigir o pagamento de impostos de transmissão, por exclusão expressa na C.R.

A lei regulamenta diversas formas de cessão da posição do credor-fiduciário. A Lei nº. 9.514/97, no seu artigo 8º, que estabelece a forma da securitização de créditos imobiliários, determinou a obrigação de registrar na matrícula do imóvel a cessão dos créditos que deram origem àquela operação de financiamento. A companhia securitizadora, titular dos créditos cedidos, poderá instituir regime fiduciário sobre os créditos imobiliários (art. 9º., Lei 9514/97). Para tanto, utiliza-se um termo de securitização. Esse termo, por força do parágrafo único do artigo 9º. da Lei nº. 9.514/97, também deverá ser averbado no registro dos imóveis que garantem a operação de securitização.

Por outro lado, a cessão da posição contratual do devedor-fiduciante é muito mais simples, devendo ser registrada, sempre com anuência do credor-fiduciário. O devedor-fiduciante transfere ao cessionário o direito real de aquisição da coisa, devendo o lançamento corresponder ao registro desse título translativo da titularidade do direito real. Por haver a modificação da titularidade de direito real sobre imóvel, caberá o recolhimento dos impostos devidos na hipótese (ITBI).

Após o registro da propriedade fiduciária, caso o devedor-fiduciante apresente no cartório de registro de imóveis termo de quitação da dívida, estaremos diante da implementação da condição resolutiva da propriedade do credor-fiduciário. Nesse caso, o oficial do cartório deverá averbar, junto à matrícula, o cancelamento da alienação fiduciária com a extinção da propriedade fiduciária. Em princípio, o lançamento deverá ser uma averbação, apesar da lei não especificar, já que por meio dessa anotação simplesmente se registra a ocorrência da condição resolutiva da propriedade fiduciária anteriormente registrada.

Na hipótese inversa, em que o devedor-fiduciante não cumpre a sua obrigação, o oficial do registro de imóvel, após os procedimentos do artigo 26 da Lei nº. 9.514/97, deverá averbar na matrícula do imóvel, a requerimento do credor-fiduciário para consolidação da propriedade. Nessa hipótese, será devido o imposto de transmissão de bens imóveis. O imposto já era devido desde o registro da alienação fiduciária, entretanto a lei suspendeu sua exigibilidade, tendo em vista que a transferência da propriedade para o credor-fiduciário, em princípio, seria temporária e condicional. Confirmando-se que a transmissão será definitiva, ou seja, que não ocorrerá a condição resolutiva, o imposto deverá ser recolhido, conforme determinação legal, para que o oficial do cartório averbe a consolidação da propriedade.

Essas são as hipóteses mais comuns de registro envolvendo as operações de alienação fiduciária de bens imóveis, devendo as partes ter ciência que o registro e a averbação dos atos praticados são essenciais para o completo exercício do seu direito real sobre a coisa.

10.16 A INSOLVÊNCIA DOS CONTRATANTES

Em primeiro lugar, há de se estudar a hipótese de insolvência ou falência do fiduciário, tendo em conta a natureza da sua propriedade resolúvel e funcionalizada (propriedade fiduciária). Orlando Gomes, ao analisar a questão diante da falência do fiduciário, nos seus estudos sobre alienação fiduciária de coisas moveis, diz que o sindico deve proceder como se fosse o próprio titular da propriedade resolúvel.[55] O autor defende ainda que a propriedade fiduciária é oponível contra os demais credores do fiduciário, tendo em vista a função, as limitações e a temporalidade da propriedade fiduciária.

A posição do autor resta como correta e condizente com a natureza da propriedade fiduciária, razão pelo qual o administrador da massa deverá respeitar o contrato de alienação fiduciária até sua execução final. Caso o fiduciante pague a totalidade do débito, deverá o administrador judicial emitir o termo de quitação; na hipótese de mora, o administrador deverá seguir os procedimentos previstos na Lei nº. 9.514/97 para consolidar a propriedade no nome do fiduciário falido e promover os leilões públicos na forma do artigo 27 da Lei do Sistema Financeiro Imobiliário. O produto da praça integrará o ativo da massa. Se houver saldo a ser restituído ao devedor-fiduciante nessa hipótese (§ 4º do artigo 27 da Lei nº. 9.514/97), deve o administrador pagá-lo ou o devedor-fiduciante deve habilitar seu crédito na falência para receber o eventual saldo? Não se vislumbra na Lei de falências e recuperação judicial qualquer dispositivo sobre a questão. Entretanto, o artigo 117 da Lei nº. 11.101/2005 prevê que o administrador poderá dar continuidade aos contratos bilaterais se sua inexecução puder aumentar o passivo ou sua execução reduzi-lo.[56] Tendo

---

55 GOMES, Orlando, *Alienação fiduciária em garantia*, ob. cit., p. 142.

56 "Art. 117. Os contratos bilaterais não se resolvem pela falência e podem ser cumpridos pelo

em vista que alienação fiduciária é um contrato bilateral e as normas do artigo 27 da Lei nº. 9.514/97 integram a sua execução, a rigor, a massa deveria pagar o eventual saldo do leilão ao fiduciante como forma de cumprir o contrato bilateral existente entre as partes, já que é esse o regime legal do contrato.

Outro argumento que autoriza concluir que o eventual saldo deverá ser restituído imediatamente ao fiduciante-devedor, decorre da própria natureza da propriedade do falido (fiduciário-credor). A propriedade do fiduciário é limitada e funcionalizada. Como tal, somente existe para o garantir o pagamento da dívida. O eventual saldo do leilão não é propriedade do credor, mas do devedor, devendo ser restituído a ele na forma da lei.

A questão da insolvência do fiduciante é expressamente regulada na Lei nº. 9.514/97. Estabelece o artigo 32 que se o fiduciante ficar insolvente, "fica assegurado ao fiduciário restituição do imóvel alienado fiduciariamente, na forma da legislação pertinente." A razão de ser desse artigo decorre do fato que o bem fiduciado não integra mais o patrimônio do fiduciante, não sendo passível de arrecadação. Entretanto, o seu direito real de aquisição enquanto penhorável é passível de arrecadação. Falindo ou se tornando insolvente o fiduciante, deverá o administrador arrecadar o direito real de aquisição e dar cumprimento ao contrato para evitar o aumento do passivo e proteger os ativos da massa (artigo 117 da Lei nº. 11.101/2005). Contudo, se a massa não comportar a manutenção do contrato bilateral, o fiduciário poderá restituir-se do bem e promover os procedimentos previstos nos artigos 26 e 27 da Lei nº. 9.514/97, entregando a massa eventual saldo do leilao extrajudicial, tendo em vista a arrecadação do direito real de aquisição pela massa do falido.

Se o devedor-fiduciante requerer a recuperação judicial prevista no capítulo III da Lei nº. 11.101/2005, não poderá sujeitar o credor-fiduciário aos efeitos do pedido de recuperação judicial. Tal afirmativa decorre de dispositivo expresso da Lei de recuperação judicial e falências, que exclui esses créditos dos efeitos do pedido de recuperação judicial (§ 3º, art. 49, Lei nº. 11.101/2005).[57]

---

administrador judicial se o cumprimento reduzir ou evitar o aumento do passivo da massa falida ou for necessário à manutenção e preservação de seus ativos, mediante autorização do Comitê."

57 "§ 3º. Tratando-se de credor titular da posição de proprietário fiduciário de bens móveis ou imóveis, de arrendador mercantil, de proprietário ou promitente vendedor de imóvel cujos respectivos contratos contenham cláusula de irrevogabilidade ou irretratabilidade, inclusive em incorporações imobiliárias, ou de proprietário em contrato de venda com

11

O PACTO COMISSÓRIO, O PACTO MARCIANO, O TRATAMENTO LEGAL E CONTRATUAL PARA VALIDADE DO CONTRATO

O Código Civil de 2002 proíbe expressamente a adoção do pacto comissório nas alienações fiduciárias em garantia. Diz o artigo 1365 do CCB: "é nula a cláusula que autoriza o proprietário fiduciário a ficar com a coisa alienada em garantia, se a dívida não for paga no vencimento." Dado o sistema do leilão imposto pelo artigo 27 e a obrigação do credor-fiduciário de restaurar eventual saldo ao devedor, como já estudado, a ocorrência da apropriação do credor da coisa dada em garantia se dará apenas quando não existirem lances válidos nos leilões. Ficando o credor com o bem, como harmonizar o conteúdo do contrato à proibição do pacto comissório? Essa será a tônica deste capítulo.

A primeira questão se refere à aplicabilidade do disposto no artigo 1.365 do CCB de 2002 à alienação fiduciária de bens imóveis, face às regras de aplicação da lei no tempo, levando-se em consideração os critérios temporais e de especificidade. Além disso, é preciso verificar se há incompatibilidade entre a norma do referido artigo e o § 5º. do artigo 27 da Lei nº. 9.514/97. [1] O legislador brasileiro, na Lei nº. 9.514/97, por omissão, segundo Chalhub[2] e Saad[3], te-

---

1 "§ 5º. Se, no segundo leilão, o maior lance oferecido não for igual ou superior ao valor referido no § 2º, considerar-se-á extinta a dívida e exonerado o credor da obrigação de que trata o § 4º.

2 "Se, ao contrário, não tiver havido lance vencedor, o imóvel, que, por ocasião do leilão, já se encontrava consolidado no patrimônio do credor, aí permanecerá em definitivo sem qualquer ônus" CHALHUB, ob. cit., p. 264.

3 Comentando o disposto no §5º. do artigo 27: "A conseqüência, da norma acima destacada, é a de que poderá o fiduciário se tornar, por definitivo, o verdadeiro proprietário da coisa, em sua real acepção, podendo exercer todas as faculdades inerentes ao domínio (usar, fruir e dispor), deixando, entretanto, de ser credor do fiduciante que terá direito a plena quitação"

ria criado a possibilidade, na alienação fiduciária em garantia de bens imóveis, de o credor fazer sua a coisa fiduciada, desde que promova os dois leilões públicos da coisa para apurar o valor de mercado do bem e não encontre licitante que dê lance válido. Essa posição autorizaria a ocorrência do pacto comissório, permitindo que o credor faça sua a coisa fiduciada.

Em outras palavras, o § 5º. do artigo 27 da Lei nº. 9.514/97 estabeleceria, segundo os doutrinadores citados, que, se no segundo leilão, o maior lance oferecido não for igual ao valor da dívida, essa fica extinta[4] e ocorreria a adjudicação compulsória do bem pelo credor. Não há qualquer comando expresso que autorize, nessa hipótese, que o credor fique com o bem *ad infinitum*, tratando-se de interpretação doutrinária. Chalhub[5] e Saad, interpretando o referido artigo, face à omissão da lei, concluíram que, frustrado o segundo leilão, poderia o credor-fiduciário ficar com o bem dado em garantia, mediante adjudicação compulsória.

A adjudicação compulsória referida por Chalhub e Assis[6] refere-se à execução hipotecária pela Lei nº. 5.741/71 que institui o Sistema Financeiro da Habitação. Na referida lei, há o comando de que, "não havendo licitante na praça pública, o Juiz adjudicará, dentro de quarenta e oito horas, ao exequente o imóvel hipotecado, ficando exonerado o executado da obrigação de pagar o restante da dívida" (art. 7º.). A adjudicação, como forma de aquisição da propriedade pelo credor-fiduciário, não é autorizada expressamente pela Lei nº. 9.514/97 e trata-se de efetiva interpretação doutrinária. Não havendo comando expresso na lei do SFI autorizando a adjudicação do direito real de aquisição do devedor-fiduciante pelo valor do crédito, é possível afirmar que

---

4 "§ 5º. Se, no segundo leilão, o maior lance oferecido não for igual ou superior ao valor referido no § 2º, considerar-se-á extinta a dívida e exonerado o credor da obrigação de que trata o § 4º."

5 O autor, à p. 310, ob. cit, referindo-se a extinção da dívida com ausência de licitantes afirma se tratar de uma adjudicação compulsória: "Esse mecanismo compensatório, aliás, inspira-se em precedente do direito positivo brasileiro em situação análoga, qual seja, a execução judicial de crédito hipotecário vinculado ao sistema financeiro da habitação, segundo a Lei nº. 5.714/71; trata-se de processo de execução também sumário, no qual o imóvel é levado a leilão numa única praça e oferecido pelo valor do saldo devedor, sendo adjudicado ao credor caso não haja licitantes ou não haja lance que cubra o saldo devedor."

6 ASSIS, Araken de, *Manual do processo de execução*, São Paulo, RT, 5ª ed., 1998, p. 710.

reserva de domínio, seu crédito não se submeterá aos efeitos da recuperação judicial e prevalecerão os direitos de propriedade sobre a coisa e as condições contratuais, observada a legislação respectiva, não se permitindo, contudo, durante o prazo de suspensão a que se refere o § 4º. do art. 6º. desta Lei, a venda ou a retirada do estabelecimento do devedor dos bens de capital essenciais a sua atividade empresarial.

se deve aplicar subsidiariamente o artigo 876[7] e o § 1º [8] do artigo 892 do CPC, que autorizam o credor a ficar com a coisa penhorada em execução judicial somente se completar a diferença entre o preço e o crédito. A aplicação subsidiária de outra lei especial que regulamenta um outro tipo de contrato, não tem fundamento legal, em decorrência dos princípios de integração da norma.

Data venia, há um verdadeiro saldo lógico feito pelos autores na interpretação do dispositivo (§ 5º do art. 27 da Lei nº. 9.514). O que se regulamenta é o efeito da ausência de lance válido nos leilões sobre a dívida e não a destinação final da coisa dada em garantia. De fato, defende-se aqui que há efetiva omissão legislativa, o que, por conseguinte, possibilita compatibilizar o artigo 1.365 do CCB e o artigo 27 da Lei nº. 9.514/97. O instrumento adequado para contornar essa proibição, como se passará a demonstrar, é a adoção do pacto marciano, o que eliminará eventual incompatibilidade, permitindo a integração do artigo 1.365 do CCB a Lei nº. 9.514/97 de forma harmônica.

---

7 "É lícito ao exequente, oferecendo preço não inferior ao da avaliação, requerer que lhe sejam adjudicados os bens penhorados.
§ 1º Requerida a adjudicação, o executado será intimado do pedido:
I - pelo Diário da Justiça, na pessoa de seu advogado constituído nos autos;
II - por carta com aviso de recebimento, quando representado pela Defensoria Pública ou quando não tiver procurador constituído nos autos;
III - por meio eletrônico, quando, sendo o caso do § 1o do art. 246, não tiver procurador constituído nos autos.
§ 2º Considera-se realizada a intimação quando o executado houver mudado de endereço sem prévia comunicação ao juízo, observado o disposto no art. 274, parágrafo único.
§ 3º Se o executado, citado por edital, nao tiver procurador constituído nos autos, é dispensável a intimação prevista no § 1o.
§ 4º Se o valor do crédito for:
I - inferior ao dos bens, o requerente da adjudicação depositará de imediato a diferença, que ficará à disposição do executado;
II - superior ao dos bens, a execução prosseguirá pelo saldo remanescente.
§ 5º Idêntico direito pode ser exercido por aqueles indicados no art. 889, incisos II a VIII, pelos credores concorrentes que hajam penhorado o mesmo bem, pelo cônjuge, pelo companheiro, pelos descendentes ou pelos ascendentes do executado.
§ 6º Se houver mais de um pretendente, proceder-se-á a licitação entre eles, tendo preferência, em caso de igualdade de oferta, o cônjuge, o companheiro, o descendente ou o ascendente, nessa ordem.
§ 7º No caso de penhora de quota social ou de ação de sociedade anônima fechada realizada em favor de exequente alheio à sociedade, esta será intimada, ficando responsável por informar aos sócios a ocorrência da penhora, assegurando-se a estes a preferência.

8 "§ 1º Se o exequente arrematar os bens e for o único credor, não estará obrigado a exibir o preço, mas, se o valor dos bens exceder ao seu crédito, depositará, dentro de 3 (três) dias, a diferença, sob pena de tornar-se sem efeito a arrematação, e, nesse caso, realizar-se-á novo leilão, à custa do exequente."

A proibição do pacto comissório aplicada à alienação fiduciária em garantia, como estabelece o artigo 1.365 do CCB, criou certa perplexidade nos doutrinadores.[9] Chalhub manteve sua posição anterior[10] ao Código Civil de 2002,[11] defendendo que a proibição do pacto comissório não seria aplicável à alienação fiduciária em garantia, já que seria incompatível com a natureza real dessa garantia, que é sobre bem próprio do credor. Para o autor, "uma eventual proibição a que o proprietário fiduciário fique com o imóvel, se a dívida não for paga, implicaria a própria negação da teoria da propriedade resolúvel, desnaturando-a inteiramente."[12] *Data venia*, a posição de Chalhub ignora por completo a conformação da propriedade fiduciária, enquanto funcionalizada, e a proibição expressa ao pacto comissório no tipo estudado.[13] O autor não

---

9 "O legislador deixou-se por demais influenciar pela dogmática do penhor e da hipoteca. E da mesma influência penetrou-se o Projeto do Código Civil de 1975. No plano ontológico não tem cabimento a atração do princípio. Ao contrário do que ocorre na situação pignoratícia ou hipotecária, com a alienação fiduciária a coisa já está na propriedade e na posse (indireta embora) do credor. Desta sorte, não haveria proibir aquilo que é o efeito natural do negocio fiduciário (aquisição da coisa pelo credor)." PERREIRA, Caio Mário da Silva, *Instituições de direito civil,* ob. cit, v. IV, p. 281.
"Deixou-se o legislador impressionar, não obstante, pela semelhança da alienação fiduciária em garantia com o penhor, esquecendo-se de que, em relação àquela não subsistiam, como não subsistem, as razões determinantes da proibição do pacto comissório, criando, em conseqüência, dificuldade insolúveis sob o aspecto dogmático, na perspectiva da construção doutrinária acolhida." GOMES, Orlando, *Alienação fiduciária em garantia*, ob. cit., p. 95.

10 "[E]m face da diversidade de estrutura jurídica e de características econômicas entre o negócio fiduciário e os direitos reais de garantia, não se lhe aplica a proibição do pacto comissório" (RE 82.447, STF, Min. José Carlos Moreira Alves.

11 "Fica claro, portanto, que a propriedade fiduciária está excluída do campo de incidência do art. 1428 do Código Civil, seja porque essa norma não prevalece em relação à disciplina especial a que se submete a propriedade fiduciária, seja porque o que esse dispositivo considera nula é a clausula que autoriza o credor a ficar com a coisa, enquanto a apropriação do bem na propriedade fiduciária decorre de norma legal especial, seja porque a eventual subordinação dessa modalidade especial de garantia à norma do Código Civil eliminaria o traço que a distingue das demais garantias reais e implicaria a própria negação da teoria da propriedade resolúvel, desnaturando-a por completo." Ob. cit, 4. ed., p. 260.

12 Ob.cit, p. 221.

13 Cita-se, a respeito, a formulação doutrinária sobre o conceito de pacto comissório que a coloca de forma diretamente antagônica com a linha de pensamento de Chalhub: "Por vez, o pacto comissório surge referido a dois tipos distintos de convenções, consoante a forma pela qual tecnicamente opere a perda da propriedade em favor do credor insatisfeito. Assim, seria possível associar o pacto comissório a hipótese em que tipicamente opera uma destruição da plena titularidade da coisa, em virtude de uma condição resolutiva acordada num contrato bilateral ou, de modo diverso, entendê-lo relacionado com o

chega a se manifestar sobre o artigo 1.365 do CCB, restringindo sua análise ao aspecto da proibição geral ao pacto comissório às outras formas de garantia real (hipoteca, penhor e anticrese), prevista no artigo 1.428[14] do CCB.

A solução legislativa para contornar a proibição do pacto comissório foi a adoção do pacto marciano. A natureza desses direitos é objeto deste capítulo. A diferenciação entre o pacto comissório e o pacto marciano é peça central para adequar o contrato a seu fim social, garantir o devido equilíbrio contratual e proteger o devedor-fiduciante, evitando o potencial enriquecimento sem causa do credor-fiduciário.

Para aqueles que defendem que haveria autorização para o credor fazer sua a coisa dada em garantia no § 5º do artigo 27 da Lei nº. 9.514/97, poderia haver incompatibilidade entre o artigo 1.365 do CCB e o referido dispositivo. A nosso ver, não há efetiva incompatibilidade entre a proibição geral a adoção do pacto comissório e a Lei nº. 9.514/97, especialmente se as partes mitigarem, por meio do pacto marciano, os efeitos negativos que a proibição visa a coibir, concluindo-se, assim, a aplicação do artigo 1.365 do CCB à alienação fiduciária de bens imóveis. Trata-se, portanto, de uma antinomia aparente, o que permite integrar os dois dispositivos.

O CCB tem caráter geral em relação à Lei nº. 9.514/97. Restaria saber, então, se o artigo 1.365 do CCB derrogou[15] parte dos efeitos do § 5º do artigo

---

direito convencionado acessoriamente em determinados negócios de garantia, a favor do credor, o qual, verificado determinado facto jurídico (o incumprimento), poderia reclamar a propriedade de determinada coisa dada em garantia. Esta dicotomia explica-se pelo facto de a *lex commissoria* romana surgir inicialmente ligada a compra e venda." A. SABATER TOMÁS. *El pacto comissorio*, Revista de Derecho Judicial, ano II, nº.7, Juilo-septiembre, 1961, p. 87.

14 "Art. 1.428. É nula a cláusula que autoriza o credor pignoratício, anticrético ou hipotecário a ficar com o objeto da garantia, se a dívida não for paga no vencimento.
Parágrafo único. Após o vencimento, poderá o devedor dar a coisa em pagamento da dívida."

15 "Incompatibilidade poderá surgir no caso de disciplinar a lei nova, não toda, mas parte apenas da matéria, antes regulada por outra, apresentando o aspecto de uma contradição parcial. A lei nova, entre os seus dispositivos, contém um ou mais, estatuindo diferentemente daquilo que era objeto de lei anterior. As disposições não podem coexistir, porque se contradizem, e, então, a incompatibilidade nascida dos preceitos que disciplinam diferentemente um mesmo assunto, impõe a revogação da mais antigo. (...) se o legislador contrariou os ditames da anterior, e, em conseqüência, se a lei nova não pode coexistir com a velha, pois, na falta de uma incompatibilidade entre ambas, viverão lado a lado, cada uma regulando o que especialmente lhe pertence." PEREIRA, Caio Mário da Silva. *Instituições de Direito Civil*. v. I, Rio de Janeiro: Ed. Forense, 19. ed., 2000, p. 84.

27 da Lei nº. 9.514/97 ou se estamos diante de uma antinomia aparente que permite a compatibilização dos dispositivos. O sistema adotado no Brasil (Lei de Introdução ao Código Civil) é que a lei posterior somente derroga a lei especial anterior quando existir incompatibilidade.[16] Além disso, o § 2º do artigo 2º. da LICC estabelece que "a lei nova, que estabeleça disposições gerais a par das já existentes, não revoga, nem modifica a lei anterior". Como explica Caio Mário,[17] a regra geral será que não há incompatibilidade entre as normas e, se existir, a lei geral poderá revogar a lei especial, ou vice-versa, se existirem dispositivos incompatíveis entre elas. Segundo o autor, caberá ao interprete verificar se uma lei geral tem sentido de revogar ou derrogar a norma especial.

A proibição do pacto comissório na alienação fiduciária em garantia decorre da natureza da propriedade fiduciária, que é uma propriedade funcionalizada, somente existindo com o fim de garantir a dívida. Da natureza da propriedade fiduciária se extrai a afirmativa de que o credor só pode usar a propriedade fiduciária para ficar com o estritamente necessário para pagar-se, extinguindo a obrigação garantida.

Na hipótese de existirem licitantes, a diferença entre o valor do bem e o valor do crédito será devolvida ao devedor-fiduciante configurando-se o chamado pacto marciano. O que se propõe neste capítulo é a adoção, por meio do contrato, especialmente naqueles envolvendo consumidores de instrumento que sempre permita a adoção do pacto marciano, existindo ou não lance válido no segundo leilão, tendo em vista a proibição do pacto comissório decorrente do artigo 1.365 do CCB.

Inicialmente, deve-se fundamentar histórica e dogmaticamente a reprovação do pacto comissório e determinar o âmbito de relevância normativa da norma proibitiva do pacto no ordenamento jurídico brasileiro. Para tanto, deve-se interpretar as normas constantes do CCB e apreciar os problemas concretos que a proibição traz para a garantia estudada. Mediante uma compre-

---

16 ESPINOLA, Eduardo. *A lei de introdução ao Código Civil brasileiro*, v. 1, Ed. Renovar, 2. ed., 1995, p. 66-67.

17 "O que o legislador quis dizer (Lei de Introdução, art. 2º., §2º.) foi que a generalidade dos princípios numa lei desta natureza não cria incompatibilidade com a regra de caráter especial. A disposição especial irá disciplinar o caso especial, sem colidir com a normação genérica da lei geral, e, assim, em harmonia poderão simultaneamente vigorar. Ao intérprete cumpre verificar, entretanto, se uma nova lei geral tem o sentido de abolir disposições preexistentes."

ensão histórica e de Direito comparado, deve-se buscar as raízes da proibição com o intuito de melhor integrar a alienação fiduciária em garantia à proibição do pacto comissório.

No direito romano, a *lex commissoria* constituía-se no pacto pelo qual ocorria o abandono da coisa ou fazer sua a coisa (*committere*).[18] Assim, o pacto comissório consiste no ato pelo qual o credor faz sua a coisa do devedor, mediante contrato ou convenção, que extinga a propriedade do devedor caso ele não cumpra a obrigação debitória.

Nesse conceito, em relação à alienação fiduciária em garantia, a noção de pacto comissório a ser adotada é a de uma cláusula cujo conteúdo permita que potencialmente, mediante a implementação de uma condição suspensiva (incumprimento da condição resolutiva da propriedade fiduciária), o credor-fiduciário fique com o bem em seu patrimônio (faça seu o bem fiduciado). Trata-se, portanto, de pacto comissório acessório a um direito real de garantia que ocorre posteriormente à transmissão fiduciária, quando o devedor descumpre sua obrigação.

A alienação fiduciária em garantia em si não deve ser confundida com o pacto comissório autônomo,[19] a transferência da propriedade na alienação

---

18 V. LOJACONO, *Il patto comissorio nei contratti de garanzia*. Milano: Giuffrè, p. 2-3.

19 A doutrina europeia continental, diante da atipicidade da alienação fiduciária, é riquíssima na análise da questão da compatibilidade da alienação fiduciária em garantia com a proibição geral do pacto comissório que prevalece naqueles sistemas. Não obstante, não nos parece que a estrutura do acto de autonomia privada em que se traduz o negócio de garantia determine a sua validade; o problema passa antes pelo seu conteúdo e função econômica. Nesse sentido, J COSTA GOMES, *Assunção Fidejussória*, ob. cit. p. 94. A doutrina que entende vigorar em princípio geral de proibição do pacto comissório defende que não interessa a forma como a convenção comissória opera, mas sim o resultado pretendido, pelo que o pacto comissório estipulado em relação a uma coisa que não tenha sido objeto de prévia constituição de garantia seria também proibido – DE Nictolis, *Nuovo garanzie personali e reali*. Garantievertrag, fideiussione omnibus, lettere di paronage, sela-lease-back, Cedam, Padova, 1998, p. 467. Muitas das situações apelidadas de "pacto autónomo" correspondem a casos de alienação em garantia – assim, MAURO BUSSANI. *Il problema del patto commissorio*. Studio de diritto comparato. Torino: G. Giapichelli Editore, 2000, p. 210ss. Assim, existirá possibilidade de prescrever a proibição de pacto comissório a uma alienação, de uma coisa ou de um direito, suspensivamente condicionada ao incumprimento do mutuário-alienante, sem prestação prévia de garantia, desde que a problemática do caso concreto convoque o âmbito de relevância da norma proibitiva: tratar-se-á, pois, de um problema a resolver caso a caso, atendendo aos fundamentos que justificam a proibição do pacto comissório. Perfilhando uma noção ampla de pacto comissório e estendendo a norma proibitiva aos negócios em que se dá a transferência da propriedade com o fim de garantia" UGO CARNEVALLI, *Patto comissório,* cit., p. 501.

fiduciária é temporária (sujeita a condição resolutiva) e funcionalizada em garantia de uma dívida e ocorre no momento da constituição da garantia. No pacto comissório, a aquisição pelo credor é eventual e depende da verificação do incumprimento da obrigação do devedor. A questão do pacto comissório na alienação fiduciária toma relevância na hipótese de incumprimento da dívida garantida pela propriedade fiduciária, tendo em vista que tal fato consolida a propriedade plena em nome do credor-fiduciário.

Tradicionalmente no Direito brasileiro, como em todos os sistemas de origem romana, a proibição do pacto comissório esteve sempre associada às garantias reais. O legislador de 1916 e o de 2002 proibiam a prática, sancionando a cláusula que a viola-se com nulidade. O artigo 1.428 do CCB/2002 e o artigo 765 do CCB/1916 continham comandos análogos, proibindo a utilização do pacto nos contratos de garantia real. No Brasil, a maior parte da doutrina referente à alienação fiduciária de bens móveis defendia a sua incompatibilidade com a estrutura da propriedade resolúvel, para afastar sua aplicação. Não obstante o posicionamento doutrinário, o legislador de 2002 ampliou a proibição aos casos de alienação fiduciária em garantia, por meio do artigo 1.365 do CCB.

O referido artigo afirma que é nula a cláusula que autorize o proprietário fiduciário a ficar com a coisa. Uma questão a ser esclarecida é a determinação do sentido e extensão da expressão "ficar com a coisa", centro da proibição do pacto comissório. O sentido aqui, a nosso ver, não se refere à aquisição da propriedade plena com a consolidação da propriedade, mas a de um aproveitamento duradouro da coisa fiduciada *ad infinitum*. O dispositivo do artigo 1.365 do CCB seria incompatível, sim, com a estrutura da alienação fiduciária se não permitisse a consolidação da propriedade em nome do credor-fiduciário em caso de inadimplemento do devedor-fiduciante. A melhor interpretação do artigo refere-se à impossibilidade do credor fazer sua a coisa sem qualquer ônus e indefinidamente, após os leilões previstos no artigo 27 da Lei nº. 9.514/97, quando o devedor se torna inadimplente, já que a propriedade foi recebida funcionalizada (em garantia).

Em sentido inverso ao dos doutrinadores europeus que estendem a proibição ao pacto comissório *a priori* nas alienações em garantia, NICOLA CIPRIANI, *Patto commissorio e patto marciano. Proporzionalità e legittimità delle garanzie,* Ed. Scientifiche Italiane, 2000, p. 36, defende que o pacto comissório é uma cláusula acessória no negócio de garantia.

Além disso, o artigo 1.365 do CCB está inserido no capítulo referente à propriedade fiduciária. Deve-se buscar harmonizar o sentido da proibição de "ficar com a coisa" com o negócio fiduciário. A doutrina europeia continental[20] que atribui à alienação em garantia violação da proibição do pacto comissório é incompatível com a sistemática do Direito brasileiro, tendo em vista a tipicidade do instituto. O que se proíbe aqui é o pacto comissório acessório decorrente do incumprimento da obrigação garantida pela alienação fiduciária, enquanto forma de coibir o enriquecimento sem causa do credor, devendo ser esse o sentido dado ao artigo estudado.

Outro aspecto importante da redação do artigo 1.365 do CCB refere-se à nulidade da cláusula contratual específica que preveja o pacto comissório. A alienação fiduciária em garantia e toda a sua estrutura legal e a forma de execução específica dessa garantia não devem ser objeto da nulidade prevista na lei. Assim, o procedimento para caracterizar o incumprimento definitivo do devedor-fiduciante, a consolidação da propriedade e o procedimento dos leilões não apresentam qualquer incompatibilidade com o preceito legal que proíbe o pacto comissório nas alienações fiduciárias. Conclui-se, assim, que nenhum desses procedimentos previstos na lei pode ser tido como incompatíveis com a proibição ao pacto comissório, já que fazem parte da estrutura legal do instituto e da execução da garantia específica.

Entretanto, a posição doutrinária que interpreta os efeitos do § 5º. do artigo 27 da Lei nº. 9.514/97 (leilão em que há ausência de licitante que pague mais do que o valor da dívida nos leilões) é incompatível com o preceito do artigo 1.365 do CCB, pois atribui ao credor-fiduciário a possibilidade de ficar com a coisa dada em garantia. Novamente, não há na Lei nº. 9.514/97 qualquer comando específico quanto aos efeitos da ausência de licitantes nos dois leilões, a não ser a extinção da dívida e a exoneração do credor-fiduciante da obrigação de, "nos cinco dias que se seguirem à venda do imóvel no leilão, entregar ao devedor-fiduciário a importância que sobejar, considerando-se nela compreendido o valor da indenização de benfeitorias, depois de deduzidos os valores da dívida e das despesas e encargos." Daí concluir que o credor-fiduciário pode fazer sua a coisa dada em garantia, indefinidamente, é um salto lógico

---

20 CARNEVALI, Ugo. Patto comissorio. *Enciclopedia del Diritto, XXXII*. Giuffrè Editore, 1982, p. 501-502.

sem qualquer fundamento e confrontante com o artigo 1.365 do CCB, mesmo porque o credor não pode ficar com a coisa como forma de extinguir a dívida sob pena de configurar a proibição do pacto comissório.

De fato, como bem escreve Pestana de Vasconcelos,[21] a hipótese defendida por Chalhub[22] caracteriza-se como pacto comissório defeso em lei, já que, consolidando-se no patrimônio do credor "apenas no momento em que o devedor não cumpre, o resultado a que se chega é sempre idêntico: aquisição definitiva de um direito do devedor (com a extinção da dívida garantida) sem que este seja avaliado, ou quando a avaliação seja realizada só pelo credor (e não por um terceiro independente das partes como deverá em regra, suceder) e consequentemente, um potencial prejuízo do seu anterior titular." Assim, a posição de Pestana de Vasconcelos, com quem comungamos, é clara, consolidada a propriedade no credor, se ele puder ficar com a coisa indefinidamente, sem uma avaliação, haverá caracterização do pacto comissório, sofrendo potencialmente o devedor o dano que se pretende evitar com a proibição.

A harmonização da proibição do pacto comissório com o instituto da alienação fiduciária em garantia deve ocorrer na esfera do pacto marciano. Inexistindo licitante que pague a dívida, o credor-fiduciário não deverá pagar ao devedor-fiduciante o valor que sobejar (art. 27, § 5º., Lei nº. 9.514/97), já que não se apurou nenhuma quantia no leilão. Entretanto, indaga-se se nada deve ser restituído e se a ausência de restituição configura o enriquecimento sem causa, uma das causas da proibição do pacto comissório.

O esquema adotado pela lei com a imposição dos dois leilões e a obrigação do credor-fiduciário de devolver ao devedor-fiduciante eventual saldo do leilão, assenta-se em uma preocupação de equilíbrio e prevenção de abusos pelo credor. Entretanto, não inibe todos os abusos. Um ato comum e de fácil prática que a proibição do artigo 1.365 do CCB visa a evitar é a atitude de desídia do credor-fiduciário diante dos leilões extrajudiciais. O credor poderia efetivamente não trabalhar para que o leilão obtivesse sucesso, limitando a sua publicidade aos mínimos legais, não anunciando ou buscando efetivamente possíveis licitantes. Tal atitude poderia acarretar a ausência de

---

21 VASCONCELOS, Luís Miguel D. P. Pestana de. *A cessão de crédito em garantia e a insolvência*, cit. p. 630.

22 ob. cit, 4. ed., p. 264.

licitantes permitindo que o credor ficasse com o bem, se enriquecendo à custa do devedor.

A proibição do pacto comissório não está adstrita ao aspecto de prevenção de benefícios injustos ao credor. J. Costa Gomes adverte que a proibição tem um caráter complexo, não devendo o doutrinador restringir-se a esse único aspecto quando da análise do pacto comissório.[23] A completa compreensão dos fundamentos da proibição do pacto comissório é essencial para o adequado estudo da alienação fiduciária, especialmente em relação ao artigo 1.365 do CCB.

Diante da escassa doutrina brasileira sobre as questões da razão de ser do pacto comissório e sua integração com a alienação fiduciária em garantia anterior ao Código Civil de 2002,[24] devemos socorrer-nos ao Direito comparado, especialmente à doutrina italiana[25] e à portuguesa,[26] que têm analisado a questão com profundidade.

Para a doutrina portuguesa dominante, a razão da proibição do pacto comissório assenta-se na proibição da usura e como instrumento para proteger o devedor de eventuais extorsões pelo credor. Essa era a corrente tradicional, na justificativa da proibição, defendida por Vaz Serra, Pires de Lima e Antunes Varela.[27] Para esses autores, a proibição do pacto comissório protegia o devedor, mantendo uma proporcionalidade entre as prestações contratuais,[28] garantindo uma tutela econômica do devedor e impedindo que o credor fizesse seu um bem muito mais valioso que o seu débito.

---

23 GOMES, J. Costa. *Assunção Fidejussória*. p. 95.

24 Caio Mario, Chalhub, Orlando Gomes e Moreira Alves negavam a aplicação da proibição do pacto comissório à alienação fiduciária em garantia positivada no Brasil. Os argumentos estão transcritos nas notas 167 a 170. Entretanto, a modificação legislativa decorrente do artigo 1.365 do CCB/2002 não permite a mera negativa de aplicação da proibição como instrumento eficiente de integração da norma, devendo-se buscar na *ratio* da proibição do pacto comissório instrumentos para solução jurídica capaz de dar solução harmoniosa ao dispositivo legal.

25 COSTANZA, Meritevolezza. *Sull'alienazione in garanzia e il divieto del patto commissorio*, in Giust. civ., 1989, I, p. 1824

26 GOMES, Manuel Januário da Costa. *Assunção fidejussóra de dívida – sobre o sentido e o âmbito da vinculação como fiador.* Lisboa: Ed. Almedina, 2000, p. 92-97.

27 ANTUNES VALERA. *Obrigações*, II, p. 554-555, PIRES LIMA, *Código Civil Anotado*, I, p. 718, VAZ SERRA, Hipoteca, *BMJ* 62, p. 74 e Penhor, BMJ 58, p. 217 e seguintes.

28 CORDEIRO, António Menezes. *Tratado de Direito Civil*, tomo I, cit, p. 451.

Costa Gomes,[29] citando a posição defendida por Constanza,[30] esclarece que a razão da proibição é complexa, assentando-se principalmente nas seguintes razões: 1) proteger o devedor de possível extorsão do credor; 2) evitar o privilégio a alguns credores em detrimento do demais através de uma "falseada" nas "regras do jogo"; 3) afrontar a proibição de justiça privada; 4) evitar as práticas usurárias; 5) tutelar interesses socialmente relevantes.[31]

Além das cinco razões citadas pelo autor para proibição do pacto comissório, deve-se manter aquela posição tradicional pela qual a proibição tem por objetivo evitar eventuais abusos do credor contra o devedor. Assim, "o que a norma pretende evitar não é a aquisição pelo credor insatisfeito mas o "aproveitamento" da debilidade do devedor..."[32]

Para Pestana de Vasconcelos, a razão da proibição do pacto comissório é

> evitar o prejuízo que o devedor sofreria em resultando do desequilíbrio entre o valor da coisa dada em garantia e a obrigação se se permitisse ao credor ficar com o ela sem avaliação ou com avaliação realizada por ele próprio, no caso de incumprimento da obrigação garantida (e sua conseqüente extinção). [33]

Conforme bem ponderou o autor, o pacto comissório só é infringido quando o bem integra o patrimônio do credor sem qualquer avaliação, de forma que o resultado da apropriação do bem seja potencialmente danoso para o devedor já que o credor receberá um bem ou direito com valor superior ao da obrigação garantida.

Entre as *ratio* para proibição do pacto comissório, a que se amolda melhor à estrutura jurídica brasileira é aquela que vê na proibição uma tutela de interesses socialmente relevantes. Tendo em vista o princípio da função social da propriedade e do contrato e a tutela do consumidor, buscar os fundamentos dessa proibição na teoria da tutela de interesse socialmente relevante demons-

---

29 ob.cit., p. 93-94.

30 ob. cit., p. 1824.

31 O pacto comissório como instrumento de proibição de práticas usurárias decorre do fato de se considerar que seu resultado prático era uma excessiva onerosidade para o devedor e um incentivo à usura, decorrente da diferença entre o montante da dívida e o valor do bem.

32 COSTA GOMES, ob. cit., p. 96.

33 VASCONCELOS, Luís Miguel D. P. Pestana de, *A cessão de créditos em garantia e a insolvência*, Coimbra: Coimbra Editora, 2007, p. 628-629.

tra-se extremamente relevante no Direito brasileiro. Segundo Carnevali,[34] a proporcionalidade entre o débito e a satisfação do credor com o bem é de ordem pública, o credor não deverá receber, através da apropriação do bem, valor superior a seu crédito. Essa proporcionalidade é o centro do fundamento para a proibição do pacto comissório, segundo a teoria do interesse socialmente relevante.

Como conciliar as razões dessa proibição do pacto comissório, diante da figura positivada da alienação fiduciária em garantia no Direito brasileiro? Como visto, por força do artigo 1.365 do CCB, a proibição permanece quanto à forma de garantia estudada. Entretanto, a proibição do pacto comissório nas alienações fiduciárias vem associada à obrigação imposta em lei, seja no artigo 27 da Lei nº. 9.514/97 ou no artigo 1.364 do CCB,[35] de o credor-fiduciário vender a coisa e entregar eventual saldo ao devedor-fiduciante. O tratamento do CCB e o da Lei do Sistema Financeiro Imobiliário em relação à aferição de valor inferior ao valor da dívida na venda extrajudicial da coisa podem parecer distintos. A leitura do artigo 1.366 do CCB denota que a coisa deverá ser vendida por qualquer preço, mesmo que inferior ao valor da dívida, harmonizando o dispositivo com a proibição do pacto comissório.

No caso da alienação fiduciária de bens imóveis, o § 5º. do artigo 27 da Lei nº. 9.514/97 estabelece que "se, no segundo leilão, o maior lance oferecido não for igual ou superior ao valor referido no § 2º.",[36] considerar-se-á extinta a dívida e exonerado o credor da obrigação de que trata o § 4º.[37] A afirmação que, não havendo lance igual ao valor da dívida, poderá o credor ficar com o bem não encontra respaldo no dispositivo. Entretanto, o § 2º do artigo 27 afirma que "no segundo leilão, será aceito o maior lance oferecido, desde que igual ou

---

34 U. Carnevali, *Patto commissorio,* cit. p. 501.

35 "Art. 1.364. Vencida a dívida, e não paga, fica o credor obrigado a vender, judicial ou extrajudicialmente, a coisa a terceiros, a aplicar o preço no pagamento de seu crédito e das despesas de cobrança, e a entregar o saldo, se houver, ao devedor."

36 "§ 2º. No segundo leilão, será aceito o maior lance oferecido, desde que igual ou superior ao valor da dívida, das despesas, dos prêmios de seguro, dos encargos legais, inclusive tributos, e das contribuições condominiais."

37 "§ 4º. Nos cinco dias que se seguirem à venda do imóvel no leilão, o credor entregará ao devedor a importância que sobejar, considerando-se nela compreendido o valor da indenização de benfeitorias, depois de deduzidos os valores da dívida e das despesas e encargos de que tratam os §§ 2º e 3º, fato esse que importará em recíproca quitação, não se aplicando o disposto na parte final do art. 516 do Código Civil."

superior ao valor da dívida, das despesas, dos prêmios de seguro, dos encargos legais, inclusive tributos, e das contribuições condominiais" e mantém a questão, já que o credor-fiduciário poderá recusar lance inferior ao valor da dívida ficando com o bem. Recusado o lance inferior ao valor da dívida, no segundo leilão, poderá o credor ficar com a coisa, violando a proibição do artigo 1.365 do CCB? Se a resposta for afirmativa, como conciliar o fato com o *ratio* da proibição do pacto comissório para dar legitimidade ao ato do credor fazer sua a coisa dada em garantia?

Um dos primeiros aspectos decorre da compreensão das razões que resultam da estrutura do negócio jurídico (alienação fiduciária em garantia) criada pela Lei do Sistema Financeiro Imobiliário. O objetivo claro da lei era criar um mecanismo rápido de recuperação dos créditos e fomentar a circulação dos créditos imobiliários, introduzindo um procedimento pelo qual o próprio credor execute a garantia, extinguindo a obrigação. Esse mecanismo mais eficiente de recuperação dos créditos do credor, se comparado às formas tradicionais de execução de garantia real, não pode ser usado como instrumento para enriquecimento sem causa do credor. Assim, se o credor ficar com o imóvel alienado fiduciariamente que tenha valor efetivo de mercado superior ao valor da dívida garantida, estará se beneficiando à custa do devedor-fiduciante.[38]

Novamente, a solução para questão encontra socorro na doutrina europeia, na figura do pacto marciano.[39]. Segundo Costa Gomes o pacto marciano consiste na "convenção pela qual, em caso de incumprimento, a propriedade sobre a coisa dada em garantia se transfere para o credor, ficando este, porém, obrigado a restituir ao devedor a soma correspondente à diferença entre o valor do bem e o montante do débito".[40] Assim, o pacto marciano estabelece uma congruência entre o valor do bem e o montante do débito, afastando a

38 "Não se pretende que o credor – titular fiduciário do direito, note-se – possa simplesmente ficar com o crédito (ou créditos), que terá um valor económico superior ao da obrigação garantida, obtendo dessa forma um benefício à custa do fiduciante" VASCONCELOS, Luís Miguel D. P. Pestana de, ob. cit., p. 637.

39 "Potest ita fieri pignoris dation hypothecae, ut, si intra certum tempus non sit soluta pecúnia, iure emptoris possideat rem iusto pretio tunc aestimandum: hoc enim casu videtur quodammodo condicionalis esse venditio. ET ita divus Severus ES Antonimus rescripsserunt" (MARCIANO, Digesto, 20, 1, 16, 9).

40 ob. cit., p. 95.

vantagem injustificada do credor decorrente do pacto comissório proibido no artigo 1.365 do CCB.

A Lei do Sistema Financeiro Imobiliário, por meio dos leilões, procura estabelecer o valor do bem. Assim, alienado o bem em leilão, esse será o seu valor. A obrigação de restituir ao devedor-fiduciante eventual saldo apurado no leilão complementa a lógica do pacto marciano na espécie estudada. Entretanto, não existindo lance válido, seguindo-se a doutrina de Chalhub e Saad, estará configurado o pacto comissório, o que é proibido. O que se deve fazer para garantir a validade do instituto é integralizar o pacto marciano, também na hipótese em que o credor adjudica o bem pelo seu crédito, quando não há licitantes. Nessa linha, segue a conclusão de Costa Gomes:

> Assim, para que a venda em garantia seja válida, é mister que o devedor (e também o constituinte da garantia, se não houver consciência entre ambos) fique em condições de colocar ou dominar eventual diferença entre o valor do bem alienado e o *quantum* do débito.[41]

O ensinamento em muito socorre a questão da proibição do pacto comissório na alienação fiduciária em garantia brasileira. Em certo sentido, a determinação legal para que o credor-fiduciário venda a coisa após a consolidação da propriedade em dois leilões e por valor mínimo determinado ou determinável, assenta-se na natureza do pacto marciano, tendo em vista que eventual saldo devedor deve ser devolvido ao devedor-fiduciante. O valor de venda do bem no leilão, em tese, corresponderá ao valor do bem. Assim, se bem sucedidos os leilões, o valor apurado corresponde, em princípio, ao valor de mercado do bem e o ato de restituição do valor que sobejar ao devedor garantirá o equilíbrio contratual e a proteção do devedor.

Entretanto, a questão permanece quando não houver licitantes nos dois leilões promovidos ou o valor apurado for inferior ao mínimo legal (§ 2º., art. 27, Lei nº. 9.514/97). Nessa hipótese, se caracterizará o proibido pacto comissório? A resposta será positiva se não se determinar o valor do bem para efeitos de reequilíbrio do contrato pela adoção do pacto marciano.

A inexistência de licitante ou o oferecimento de lance inferior ao mínimo legal são regulados no Direito brasileiro para os casos de leilão judicial, em especial no Código de Processo Civil, quando regulamenta o procedimento de

---

41 ob. cit., p. 96.

leilão e adjudicação.[42] Para que o credor, na execução judicial, possa adjudicar (ficar com o bem), caso o crédito seja inferior ao valor do bem, deverá depositar a diferença que será vertida ao devedor. Trata-se aqui de um instrumento judicial com efeitos idênticos ao pacto marciano.

A dificuldade para conciliar a proibição do pacto comissório com a alienação fiduciária em garantia passa necessariamente pela adoção do pacto marciano. Entretanto, para adequada adoção do pacto marciano é necessário que o contrato inclua instrumentos eficientes para estabelecer no seu corpo o valor do bem dado em garantia. Inexiste no Brasil o *appraiser*, figura comum no Direito norte-americano. Trata-se de uma pessoa que avalia propriedades imobiliárias para fins judiciais ou extrajudiciais, normalmente investida de fé pública. O *appraiser* poderia, com fé pública, estabelecer o valor do bem para fins do contrato de forma rápida e segura. Avaliado o bem, as partes poderiam aplicar o pacto marciano, garantindo ao devedor-fiduciante a devolução do que sobejar a diferença entre o valor do bem avaliado e o valor da dívida.

Entretanto, por não existir o *appraiser*, as partes podem, em tese, nomear um terceiro de confiança mútua, com capacidade técnica comercial para avaliar imóveis, por meio de uma verdadeira cláusula arbitral e estabelecer o valor pelo qual o bem integrará o patrimônio do credor-fiduciário, no caso do fra-

---

42 " Art. 876. É lícito ao exequente, oferecendo preço não inferior ao da avaliação, requerer que lhe sejam adjudicados os bens penhorados.
§ 1º Requerida a adjudicação, o executado será intimado do pedido:
I - pelo Diário da Justiça, na pessoa de seu advogado constituído nos autos;
II - por carta com aviso de recebimento, quando representado pela Defensoria Pública ou quando não tiver procurador constituído nos autos;
III - por meio eletrônico, quando, sendo o caso do § 1o do art. 246, não tiver procurador constituído nos autos.
§ 2º Considera-se realizada a intimação quando o executado houver mudado de endereço sem prévia comunicação ao juízo, observado o disposto no art. 274, parágrafo único.
§ 3º Se o executado, citado por edital, não tiver procurador constituído nos autos, é dispensável a intimação prevista no § 1º.
§ 4º Se o valor do crédito for:
I - inferior ao dos bens, o requerente da adjudicação depositará de imediato a diferença, que ficará à disposição do executado;
II - superior ao dos bens, a execução prosseguirá pelo saldo remanescente.
§ 5º Idêntico direito pode ser exercido por aqueles indicados no art. 889, incisos II a VIII, pelos credores concorrentes que hajam penhorado o mesmo bem, pelo cônjuge, pelo companheiro, pelos descendentes ou pelos ascendentes do executado.
§ 6º Se houver mais de um pretendente, proceder-se-á a licitação entre eles, tendo preferência, em caso de igualdade de oferta, o cônjuge, o companheiro, o descendente ou o ascendente, nessa ordem."

casso dos dois leilões. A outra forma que as partes poderiam adotar é estabelecer que, não havendo licitantes que paguem o lance mínimo, o bem integrará o patrimônio do credor pelo valor estabelecido para o primeiro leilão ou percentual dele. Esse percentual não poderia permitir a incorporação ao patrimônio do credor do bem por preço vil, ou seja, deveria ser, no mínimo, 50% do valor para o primeiro leilão,[43] conforme orientação jurisprudencial que reconhece que a venda em leilão judicial por preço abaixo desse percentual é nula. Alternativamente, tendo em vista que a Lei 13.465/2017 estabeleceu novo mínimo legal para o primeiro leilão, ou seja, o valor da base de cálculo do ITBI, pode ser esse o valor pelo qual o bem integrará o patrimônio do devedor.A posição aqui defendida poderá parecer rígida em relação ao credor-fiduciário. Entretanto, diante das diversas vantagens que ele tem em relação aos demais credores e às outras formas de garantia real, além da efetiva possibilidade de abuso do credor quando da realização dos leilões, o instrumento aqui sugerido representa uma garantia mínima ao devedor, além de conciliar o instituto com o artigo 53 do CDC,[44] como se verá no próximo capítulo.

Assim, a título de sugestão, especialmente no caso da alienação fiduciária de bens imóveis, sugere-se a adoção de três formas de cláusula na linha do pacto marciano:

a) o fiduciante e fiduciário no contrato estabelecem uma cláusula arbitral pela qual, na hipótese de inexistência de lance válido nos leilões, irá arbitrar-se o valor pelo qual o imóvel integrará o patrimônio do credor-fiduciário;

---

43 O Código de Processo Civil permite ao credor, na execução judicial, dar lance no leilão público sem exibir o seu preço, utilizando-se de seu crédito, desde que o valor de arrematação não seja vil.
"Art. 891, § 1º. Se o exequente arrematar os bens e for o único credor, não estará obrigado a exibir o preço, mas, se o valor dos bens exceder ao seu crédito, depositará, dentro de 3 (três) dias, a diferença, sob pena de tornar-se sem efeito a arrematação, e, nesse caso, realizar-se-á novo leilão, à custa do exequente.
Art. 891. Não será aceito lance que ofereça preço vil.
Parágrafo único. Considera-se vil o preço inferior ao mínimo estipulado pelo juiz e constante do edital, e, não tendo sido fixado preço mínimo, considera-se vil o praço inferior a cinquanta por cento do valor da avaliação."

44 "Art. 53. Nos contratos de compra e venda de móveis ou imóveis mediante pagamento em prestações, bem como nas alienações fiduciárias em garantia, consideram-se nulas de pleno direito as cláusulas que estabeleçam a perda total das prestações pagas em benefício do credor que, em razão do inadimplemento, pleitear a resolução do contrato e a retomada do produto alienado."

b) o credor-fiduciário, caso não existam licitantes que deem lance mínimo nos leilões previstos no artigo 27 da Lei nº. 9.514/97, receberá o imóvel pelo preço fixado para o primeiro leilão ou percentual deste;

c) o credor-fiduciário, caso não existam lances válidos nos leilões, ficará com o bem pelo valor avaliado pela autoridade tributária para efeitos do recolhimento do ITBI quando requereu a consolidação da propriedade.

Nas três hipóteses, caso o valor do bem fiduciado a integrar o patrimônio do fiduciário seja maior que o valor da dívida, o credor-fiduciário deverá restituir ao devedor o que sobejar nos termos do § 4º. do art. 27 da Lei nº. 9.514/97. Como se passará a demonstrar no próximo capítulo, essa é a melhor solução para harmonizar a alienação fiduciária de bens imóveis com o estabelecido no artigo 53 do CDC.

12

A PROBLEMÁTICA DO DIREITO DO CONSUMIDOR. HARMONIZAÇÃO DO CÓDIGO DE DEFESA DO CONSUMIDOR COM O SISTEMA FINANCEIRO IMOBILIÁRIO. RISCO SISTÊMICO

O artigo 53 do Código de Defesa do Consumidor estabelece que é nula a cláusula contratual que permite ao credor ficar com o produto financiado sem devolver ao devedor parcialmente o valor pago. Esse dispositivo é aplicável nos casos de compra e venda a prestações e nas alienações fiduciárias, como expressamente dispõe.

A questão que aqui se coloca é como harmonizar o dispositivo com o sistema financeiro imobiliário. Além disso, é importante entender qual o efeito de sua aplicação e como se dará o acerto de contas entre o credor-fiduciário e o devedor-fiduciante, na hipótese de execução da garantia.

12.1 A DIFERENÇA ENTRE O REGIME DE EXTINÇÃO DA PROMESSA DE COMPRA E VENDA E A EXECUÇÃO DA GARANTIA FIDUCIÁRIA

A alienação fiduciária de bens imóveis é largamente utilizada no financiamento imobiliário para aquisição de imóveis para o consumo em geral. Foi esse o objetivo inicial da concepção do Sistema Financeiro Imobiliário (SFI): criar um mecanismo seguro que permitisse ao credor recuperar rapidamente seu crédito, em caso de inadimplemento do devedor que tomou o empréstimo para aquisição de um novo imóvel. Reduzindo o custo para execução da garantia e tornando-a mais ágil, o legislador pretendeu trazer uma gama maior de recursos para a construção civil e reduzir o *spread* bancário, mediante redução do risco do inadimplemento.

No presente capítulo, iremos estudar a alienação fiduciária nesse contexto. A situação hipotética aqui analisada é a de um consumidor que se dirige a uma construtora ou incorporadora e celebra uma promessa de compra e venda. Para cumprir a promessa de compra e venda, o consumidor contrata um financiamento com a própria construtora-incorporadora ou com agente financeiro do SFI. O financiador, então, adianta o capital necessário para a aquisição do imóvel, pagando à construtora-incorporadora, quitando na totalidade a promessa de compra e venda. Quitada a promessa, o construtor-incorporador celebra uma escritura de compra e venda com pacto adjeto de alienação fiduciária. Por esse contrato, a construtora-incorporadora transfere a propriedade plena do bem ao consumidor, dando plena e geral quitação pela compra e venda. Em seguida, no mesmo ato, em decorrência do pacto adjeto de alienação fiduciária, o consumidor aliena fiduciariamente o bem ao financiador, que poderá ser uma instituição financeira do SIF ou o próprio construtor-incorporador que financia a compra diretamente ao consumidor. Esse pacto adjeto de alienação fiduciária terá, necessariamente, vínculo de garantia com o financiamento ou mútuo celebrado para aquisição do imóvel como garantia acessória aquele contrato. Nessa concepção, a alienação fiduciária em garantia de bens imóveis destinou-se, na concepção da Lei nº. 9.514/97, principalmente, ao financiamento do consumo de bens imóveis.

Em decorrência dessa estrutura, comumente se confundem a alienação fiduciária em garantia com a promessa de compra e venda a prestações, já que essa modalidade contratual foi usualmente utilizada na venda de imóveis à prestação. Não são raros os acórdãos dos tribunais brasileiros[1] que julgam as

---

1 "1. PROMESSA DE COMPRA E VENDA DE IMÓVEL, COM ALIENAÇÃO FIDUCIÁRIA. 2. INADIMPLEMENTO CONTRATUAL DO AUTOR EVIDENCIADO. 3. RELAÇÃO DE CONSUMO, APLICÁVEL O ARTIGO 53 DO CÓDIGO DE DEFESA DO CONSUMIDOR, QUE IMPEDE O PERDIMENTO TOTAL DAS PARCELAS PAGAS, AUTORIZANDO-O PARCIALMENTE, A SER DECIDIDO CASUISTICAMENTE PELO PODER JUDICIÁRIO. 4. INOCORRÊNCIA DA ALEGADA PRESCRIÇÃO, E PROCEDÊNCIA PARCIAL DO PEDIDO VESTIBULAR. 5. RECURSO AUTORAL PROVIDO, IMPROVIDO O ADESIVO." (2008.001.33383 - APELAÇÃO - 1ª Ementa DES. MARIO DOS SANTOS PAULO - Julgamento: 21/10/2008 - QUARTA CAMARA CÍVEL, TJRJ).

"EMENTA: APELAÇÃO CÍVEL - CONTRATO DE COMPRA E VENDA DE BEM IMÓVEL - RESCISÃO - REGISTRO DA ALIENAÇÃO FIDUCIÁRIA NO CARTÓRIO DE IMÓVEIS - INOCORRÊNCIA - OBRIGAÇÃO FIRMADA AO COMPRADOR - INADIMPLEMENTO - REVISÃO CONTRATUAL - INTIMAÇÃO PARA PAGAMENTO DA DÍVIDA APÓS ADEQUAÇÃO DAS PARCELAS - INÉRCIA - DESCUMPRIMENTO -

questões envolvendo as alienações fiduciárias em garantia como se fossem promessas de compra e venda e aplicam de forma equivocada regime jurídico absolutamente inapropriado para solução dos diversos litígios.

A confusão se justifica somente pela inércia dos tribunais em se adaptarem às novas questões de direito e, por algum motivo, acabam decidindo como comumente decidiam em questões parecidas. Até o advento da Lei nº. 9.514/97 e as modificações feitas pela Lei nº. 10.931/2004, o financiamento para aquisição de bens imóveis era, quase sempre, feito na promessa de compra e venda. Na promessa de compra e venda, o promitente vendedor mantém o domínio do bem em seu patrimônio, transferindo para o adquirente o direito de aquisição e a posse do imóvel, mediante condição suspensiva até o pagamento integral

---

REINTEGRAÇÃO DE POSSE - ADMISSIBILIDADE - CONSEQUÊNCIA DA RESCISÃO. A teor do artigo 23 da Lei Federal n. 9.514, de 1997, a propriedade fiduciária é constituída "mediante registro, no competente Registro de Imóveis, do contrato que lhe serve de título". O registro do contrato de alienação fiduciária no Cartório de Títulos e Documentos revela condição para a transferência da propriedade. A parte lesada pelo inadimplemento pode pedir a resolução do contrato, cabendo, por conseguinte, indenização a título de fruição pelo período que o promitente comprador permaneceu no imóvel sem a contraprestação. A rescisão do contrato de promessa de compra e venda faz cessar a eficácia das obrigações e, como corolário, exige o retorno ao estado anterior, impondo-se a devolução do imóvel pelo comprador." (APELAÇÃO CÍVEL Nº 1.0702.01.027746-6/001 – Relator Des. Manoel dos Reis Morais, 10ª Câmara Cível, TJMG, Data da publicação 17/07/2015)
"CIVIL E PROCESSUAL CIVIL. CONTRATO DE COMPRA E VENDA DE IMÓVEL COM ALIENAÇÃO FIDUCIÁRIA. RESCISÃO. DEVOLUÇÃO DAS PARCELAS PAGAS. PEDIDO JURIDICAMENTE POSSÍVEL. AUSÊNCIA DE FUNDAMENTAÇÃO. PRELIMINARES REJEITADAS. RETENÇÃO DE 10% DO VALOR A SER DEVOLVIDO A TÍTULO DE PERDAS E DANOS. SUFICIÊNCIA. INDENIZAÇÃO PELO USO E FRUIÇÃO DEVIDA. ARRAS PRETENSÃO AFASTADA. RECURSO PARCIALMENTE PROVIDO. - A existência da garantia de alienação fiduciária em contrato de compra e venda não é capaz de afastar a aplicação das disposições do Código de Defesa do Consumidor, sendo plenamente possível ao pretenso comprador inadimplente pleitear a rescisão do pacto, com a restituição dos valores pagos por ele. - A fundamentação sucinta não pode ser considerada ausente, sobretudo se conseguiu externar os motivos que levaram o prolator à determinada decisão. - Como efeito inerente à rescisão do contrato advém a devolução das parcelas pagas pelo promissário comprador sob pena de enriquecimento ilícito do promitente vendedor. Nesse quadrante, manifestam-se os Tribunais pátrios, na fixação da cláusula penal no patamar de 10% (dez por cento) sobre o valor a ser restituído, considerando-o suficiente para o ressarcimento das perdas e danos advindos da rescisão do pactuado. - Adotando-se o posicionamento jurisprudencial atual, deve ser salvaguardado ao promitente vendedor o direito à indenização do que poderia auferir a título de locação, no período em que o imóvel esteve ocupado pelo promitente comprador. - Pleiteada a rescisão do contrato com base no inadimplemento, resta afastada a pretensão às arras penitenciais porque o inadimplente não se arrependeu. Esta sanção consiste na aplicação da cláusula penal.

do preço. Pago o valor da promessa, as partes celebravam a escritura definitiva de compra e venda, transferindo-se ao adquirente a titularidade do bem.

A confusão detectada em alguns julgados de tribunais nacionais pode ser atribuída ao grande número de ações envolvendo as promessas de compra e venda de imóveis a prestação, em que o adquirente que se tornava inadimplente pretendia a resolução da promessa com a restituição do preço pago com fundamento no artigo 53 do CDC. Assim, os tribunais, diante de uma questão de financiamento de imóvel, são levados a equívoco, aplicando a jurisprudência das questões decorrentes das promessas de compra e venda aos contratos de financiamento imobiliário garantidos por alienação fiduciária, simplesmente por se tratar de financiamento para aquisição de imóveis a prestação, esquecendo-se que a disciplina jurídica é completamente distinta.

Felizmente, e para segurança de todo o Sistema Financeiro Imobiliário, a maioria dos julgados[2] de diversos tribunais no país vem seguindo orienta-

---

2 "APELAÇÃO. COMPRA E VENDA DE BEM IMÓVEL COM PACTO DE ALIENAÇÃO FIDUCIÁRIA. Ação de rescisão contratual c.c. nulidade de cláusula e restituição de valores. Sentença de procedência parcial. Inconformismo das rés. IMPOSSIBILIDADE JURÍDICA DO PEDIDO. Ocorrência.
Relação jurídica entre as partes que é pautada pela Lei nº 9.514/97, desde a assinatura do contrato definitivo de compra e venda com pacto adjeto de alienação fiduciária, ficando esgotado o compromisso de compra e venda cuja rescisão ora se pretende, uma vez que passa a ser ato jurídico perfeito, não passível de análise judicial. Desfazimento do contrato entre as partes que deve obedecer o rito do art. 26 da referida Lei, com a consolidação da propriedade fiduciária no nome da credora, e posterior leilão extrajudicial. Precedentes do STJ e deste Tribunal. Sentença reformada para extinguir o feito sem julgamento do mérito, nos termos do art. 485, IV do CPC/2015. Sucumbência dos autores, que deverão arcar com as custas, despesas processuais e honorários advocatícios do representante da parte contrária, arbitrados em R$ 2.000,00. RECURSO PROVIDO".(TJSP, AP 4029238-91.2013.8.26.0114, Relator Des. Viviani Nicolau).
"COMPRA E VENDA. ESCRITURA DE COMPRA E VENDA COM PACTO ADJETO DE ALIENAÇÃO FIDUCIÁRIA. Ação principal. Pedido de devolução de 70% das parcelas pagas com base em previsões da antiga promessa de compra e venda. Relação entre as partes que passou a ser regulada pela escritura de compra e venda com pacto adjeto de alienação fiduciária. Inadimplemento que ensejou corretamente a execução extrajudicial nos termos da Lei nº 9.514/97. Incidência dos §§ 5º e 6º do art. 27 da Lei nº 9.514/97. Quitação da dívida outorgada pelo credor fiduciário. Devolução das parcelas pagas indevida.
Inaplicabilidade do disposto no art. 53 do CDC. Precedentes. Decisão reformada. Ação principal improcedente. Reconvenção. Pedido de pagamento de taxa de ocupação pelo devedor-fiduciário. Art. 37-A da Lei nº 9.514/97. 2º leilão realizado em março/2011. Inércia da credora-fiduciária até 2015, quando reconveio. Claro intuito retaliatório. Devedor que não ocupava o bem e chegou a ter que informar que as chaves estavam à disposição. Violação da boa-fé objetiva. Condenação indevida. Improcedência da reconvenção mantida. Recurso parcialmente provido." (TJSP, AP 1011434-34.2015.8.26.0554, Relator Des. Mary Grün).

ção diversa da anteriormente citada. A maioria dos julgados filiou-se à melhor doutrina, entendendo ser impossível a rescisão da compra e venda finda. Afinal, o contrato em vigor entre o credor-fiduciário e o devedor-fiduciante é o mútuo garantido por alienação fiduciária. A compra e venda foi concluída e extinta, com mútua e geral quitação entre comprador e vendedor. A transferência da propriedade do vendedor para o comprador é perfeita e foi levada ao registro, tornando-se o comprador futuro devedor-fiduciante proprietário da coisa e titular da propriedade até sua transferência ao credor-fiduciário. A eventual rescisão do contrato significaria a rescisão do contrato de mútuo e da garantia acessória (alienação-fiduciária) com o retorno do bem à propriedade do comprador (devedor-fiduciante). Em seguida, haveria a "rescisão" da propriedade plena do comprador.

Apesar da maioria dos tribunais e julgados ter se filiado à tese da impossibilidade jurídica do pedido, pois o contrato de compra e venda já está extinto pelo cumprimento definitivo, não há, até a data de conclusão desses estudos, posicionamento do STJ em decisão colegiada. Há um único acórdão do STJ sobre a matéria (REsp 997587/SC, DJe 2/2/2010, Terceira Turma), admitindo

---

"RECURSO APELAÇÃO COMPRA E VENDA DE BEM IMÓVEL GRAVADO COM ALIENAÇÃO FIDUCIÁRIA - AÇÃO DE RESCISÃO CONTRATUAL CUMULADA COM DEVOLUÇÃO DOS VALORES PAGOS - Conforme artigo 27, parágrafos 4º e 5º da Lei 9.514/97, incabível pedido de restituição dos valores pagos, pois tal procedimento só ocorre após a venda do bem, ocasião em que se aplica o preço no pagamento do crédito e das despesas, sendo devolvido apenas o saldo remanescente, se houver. Sentença Reformada. Recurso provido." (TJSP Ap 0105711-73.2009.8.26.0003 - São Paulo - 25ª CD.Priv. - Rel. Marcondes D'angelo - DJe 15.08.2014 - p. 2243)
APELAÇÃO CÍVEL - CONTRATO DE ALIENAÇÃO FIDUCIÁRIA DE BEM IMÓVEL - PROCEDIMENTO DE RESCISÃO PREVISTO NA LEI 9.514/97 - A Lei nº 9.514/97 prevê em seus arts. 26 e 27 o procedimento para resolução do contrato de compra e venda de imóvel mediante alienação fiduciária, descabendo ação de rescisão contratual de forma diversa da prevista legalmente. Recurso não provido. (TJMG - AC 1.0702.06.282762-2/001 - 10ª C.Cív. - Rel. Gutemberg da Mota e Silva - DJe 07.04.2010).
AÇÃO DE RESCISÃO CONTRATUAL C/C REINTEGRAÇÃO DE POSSE - CONTRATO DE PROMESSA DE COMPRA E VENDA - EXAURIMENTO - TRANSFERÊNCIA DA PROPRIEDADE DO IMÓVEL AO COMPRADOR - ALIENAÇÃO FIDUCIÁRIA EM GARANTIA - FALTA DE INTERESSE PROCESSUAL - LITIGÂNCIA DE MÁ-FÉ - I- Averbada no registro imobiliário a transferência do imóvel da autora para o réu, objeto de contrato de promessa de compra e venda, seguida por alienação fiduciária em garantia do bem à caixa econômica federal, essa passa a ser a legítima proprietária. II- Inadequada a ação ajuizada pela autora, que busca rescindir contrato já exaurido e reintegrar em sua posse bem que não lhe pertence, reconhece-se a sua falta de interesse processual. Processo extinto sem resolução do mérito. Art. 267, inc. VI, do cpc. III- A autora deve arcar com os ônus de sucumbência. Art. 20, § 4º, do cpc. IV- Apelação provida. (TJDFT - Proc. 20080110335890 - (464671) - Relª Desª Vera Andrighi - DJe 25.11.2010 - p. 301).

a rescisão e devolução dos valores pagos ao comprador em decorrência do não registro do contrato. Tal decisão também foi aplicada no julgamento do REsp 1.361.921, em decisão monocrática do Ministro Marco Aurélio Bellizze, em caso idêntico, no qual o contrato não teria sido registrado. Ou seja, nesses casos específicos, o contrato não havia transferido a propriedade do vendedor para o comprador, vale dizer, a compra e venda não estava extinta pelo cumprimento.

Infelizmente a matéria já foi levada ao conhecimento do STJ por diversas vezes, mas por existência de vícios formais ou falha na demonstração da admissibilidade dos restritos requisitos para admissibilidade de recurso especial naquele tribunal, não há, até o momento, manifestação definitiva e uniformizadora do tribunal superior. O Sistema Financeiro Imobiliário, assim, padece de insegurança jurídica na sua relação básica, que sustenta todo o sistema, qual seja a exigibilidade da garantia, até que o STJ se manifeste sobre o assunto, admitindo e julgando um dos diversos recursos sobre a matéria já interpostos naquele Tribunal.

A questão aqui é um pouco diversa daquela já enfrentada no STJ nos REsp. 1.456.180/DF e AgRg no REsp. 1.172.146/SP. Naqueles julgados, o STJ manifestou-se acerca da prevalência das regras do artigo 27 da lei 9.514/1997 sobre o artigo 53 do CDC para apuração dos haveres entre as partes, após a execução da garantia, com a resolução da alienação fiduciária em favor do credor-fiduciário e leilão do bem. Apesar de o STJ ter entendido que, na hipótese de resolução do contrato, há de se aplicar a regra do artigo 27 da lei especial (9.514/97), o Tribunal não se manifestou sobre a possibilidade do devedor-fiduciante pretender a rescisão do contrato de compra e venda já extinto pelo cumprimento, por mero arrependimento unilateral do devedor-fiduciante.

O risco é enorme. No caso de inadimplência do devedor-fiduciante, esse poderia evitar a execução da garantia fiduciária (art. 27 da lei 9.514/1997) pleiteando em juízo a rescisão da propriedade (pedido *data venia* impossível) e a restituição de todos os valores pagos, gerando um verdadeiro colapso no Sistema de Financiamento Imobiliário. Vale dizer, a tese minoritária dos tribunais, que torna o contrato de cumprimento voluntário para o comprador (devedor-fiduciante), se prevalecer, causará prejuízos incomensuráveis ao sistema e a todos os poupadores que adquiriram títulos lastreados na securitização dos contratos de alienação fiduciária.

A maioria dos julgados que admitiu a possibilidade de rescisão do contrato definitivo de compra e venda com pacto adjeto de alienação fiduciária por iniciativa unilateral do comprador (devedor-fiduciante), como faculta o CDC ao promitente comprador, aplicou o regime jurídico da rescisão da promessa de compra e venda (contrato bilateral) para solução do litígio (art. 417 e seguintes do C.C. ou art. 53 do CDC).

A alienação fiduciária em garantia é um contrato de garantia em que o proprietário do imóvel transfere ao credor a propriedade resolúvel do bem com finalidade de garantia.[3] O contrato de alienação fiduciária, assim, é acessório ao contrato de mútuo celebrado entre o consumidor-adquirente e o financiador que adiantou o capital para que ele comprasse o novo imóvel. A alienação fiduciária não se presta à garantia da obrigação assumida na promessa de compra e venda e sim à garantia do empréstimo ou financiamento (mútuo) dado para aquisição plena da propriedade. Em outras palavras, a promessa de compra e venda entre o comprador e o vendedor se extinguiu pelo cumprimento. Nasce, naquele momento, uma nova relação jurídica entre quem financia e o tomador do empréstimo (consumidor), garantida pela alienação fiduciária.

A alienação fiduciária e a promessa de compra e venda a prestações têm funções distintas. A alienação, como estudado ao longo desse trabalho, é um contrato celebrado com o objetivo de garantia real a um contrato de mútuo ou financiamento, sendo acessório a este. A promessa de compra e venda a prestações visa a estabelecer um vínculo entre promitente-vendedor e promitente-comprador para que, quando o preço for pago, as partes celebrem o contrato definitivo de compra e venda.

A função distinta dos contratos é determinante para estabelecer o regime legal aplicável no caso de incumprimento contratual. Assim, em caso do consumidor se tornar inadimplente no contrato de promessa de compra e venda, o regime aplicável será aquele atinente às promessas de compra e venda (con-

3 Ainda que o consumidor tenha adquirido o imóvel no mesmo ato em que celebrou o contrato de mútuo e a alienação fiduciária, o vendedor efetivamente transfere a propriedade do imóvel para o consumidor adquirente." (APELAÇÃO CÍVEL N° 1.0702.08.442430-9/001 - RELATOR: EXMO. SR. DES. SEBASTIÃO PEREIRA DE SOUZA, TJMG, Publicado em 24/9/2010).
Ainda, os seguintes acórdãos: TJGO AC 201392823650 - 4ª C.Cív. - Rel. Des. Kisleu Dias Maciel Filho - DJe 27.07.2015; TJMG - AC 1.0693.13.002528-3/001 - 14ª C.Cív. - Rel. Valdez Leite Machado - DJe 27.04.2016; TJSP - Ap 0104383-79.2007.8.26.0100 - São Paulo - 9ª CD.Priv. - Rel. Alexandre Lazzarini - DJe 31.03.2016.

tratos bilaterais) em que a solução jurídica se dá com a resolução.[4] No caso da alienação fiduciária, a inadimplência do consumidor irá refletir-se como incumprimento do contrato de mútuo (contrato unilateral) ou financiamento, sendo regido pelas normas atinentes àquele tipo de contrato. A alienação fiduciária, de outra sorte, não se resolve ou se extingue pelo inadimplemento do devedor (consumidor); o que se passa é a execução da garantia. Da mesma forma que um credor hipotecário, diante do inadimplemento do devedor, poderia executar a hipoteca, o credor-fiduciário executa a alienação fiduciária. A diferença das duas formas de execução da garantia (hipoteca e alienação fiduciária) é o regime jurídico seguido em cada caso e o procedimento previsto em lei. Em outras palavras, inadimplente o promitente-comprador, poderá o promitente-vendedor resolver o contrato; inadimplente o devedor-fiduciante, o credor-fiduciário executará a garantia fiduciária do mútuo ou empréstimo.

A execução da garantia fiduciária, em face do incumprimento da obrigação do contrato de mútuo ou financiamento, se dará conforme previsto nos artigos 26 e 27 da Lei nº. 9.514/97, devendo o credor-fiduciário, após a consolidação da propriedade, promover dois leilões para venda do bem, entregando ao devedor-fiduciante eventual sobra decorrente entre a diferença do valor apurado no leilão e o valor da dívida. Inexistindo lance mínimo nos leilões, o credor-fiduciário poderá fazer sua a coisa dada em garantia, restituindo ao devedor-fiduciante o saldo decorrente da diferença entre o valor do bem e o montante devido, aplicando-se o pacto marciano, como defendido no capítulo anterior.

Além dos fundamentos de Direito material, levando-se em conta os princípios contratuais (boa-fé, equilíbrio econômico e função social) para justificar a adoção do pacto marciano. [5] O direito adjetivo deve ser observado na

---

4 O efeito da resolução é o retorno das coisas ao estado anterior ao contrato. O promitente-comprador deverá devolver a posse do bem ao promitente-comprador, entregando a coisa, a princípio, sem qualquer ônus (dívidas decorrente de imposto e taxas condominiais), exatamente como recebeu. O promitente-vendedor deverá restituir o que recebeu, descontando apenas a eventual multa prevista no contrato, sendo esse o efeito natural da resolução.

5 Em relação ao princípio do equilíbrio econômico e sua aplicação no Direito brasileiro, ver NEGREIROS, Teresa. *Teoria do Contrato – novos paradigmas*, 2ª Ed., Renovar, São Paulo, 2006, p. 156-206. Define-se o princípio como "a vedação a que as prestações contratuais expressem um desequilíbrio real e injustificável entre as vantagens obtidas por um ou por outro dos contratantes, ou, em outras palavras, a vedação a que se desconsidera o sinalagma

solução de eventuais conflitos decorrentes da aplicação do artigo 27 da Lei nº. 9.514/97. Chama a atenção o artigo 876 do CPC, em que se determina que, na execução judicial, o credor poderá fazer sua a coisa penhorada mediante adjudicação. Entretanto, a lei processual permite que o credor faça sua a coisa penhorada, se seu crédito for superior ao valor do bem penhorado. Caso a dívida seja inferior, deverá o credor completar o valor que será vertido ao devedor, para poder adjudicar (ficar com a coisa). Tal comando não pode ser ignorado no caso das execuções extrajudiciais. Se o for, poderá o consumidor, mediante ação própria, requerer a avaliação judicial do bem fiduciado e pedir que lhe seja restituído eventual saldo, seja por força do pacto marciano ou por aplicação do artigo 53 do CDC e do artigo 876 do CPC.

De fato, a melhor solução para o credor-fiduciário e o devedor-fiduciante, enquanto inadimplente, é a venda em leilão público do bem por valor próximo ao valor de mercado, de forma que o credor-fiduciário receberá valor suficiente para quitar o mútuo e o devedor-fiduciante terá restituído total ou parcialmente o que pagou (art. 53 do CDC). Reside aí a perfeita harmonização entre o artigo 27 da Lei nº. 9.514/97 e o artigo 53 do CDC. A execução de boa-fé do contrato pelo credor-fiduciário se torna relevante e importante, especialmente, na realização dos leilões públicos. Para que efetivamente execute o contrato em observância ao princípio da boa-fé, o credor-fiduciário deverá promover o leilão, anunciando e divulgando o evento. Além dos editais obrigatórios, deverá encarregar corretores de imóveis de promover o evento e fazer tudo que estiver em seu alcance para que este seja bem sucedido.

Caso o credor-fiduciário não venha a agir com boa-fé na promoção do leilão, poderá o devedor-fiduciante voltar-se contra ele, pedindo indenização pelos prejuízos sofridos, especialmente se o bem for alienado por preço vil (abaixo de 50% do valor de mercado) ou não existirem lances acima dos limites mínimos previstos em lei. Caso o credor fique com o bem para depois aliená-lo com um grande lucro imobiliário, caracterizando-se o abuso que a proibição do pacto comissório visa coibir (art. 1.365 do CCB), o devedor-fi-

---

contratual em seu perfil funcional (...). Com efeito – como é notório – da justiça social, o contrato não deve servir de instrumento para que, sob a capa de um equilíbrio meramente formal, as prestações em favor de um contratante lhe acarretem um lucro exagerado em detrimento do outro contratante." "Tal como previsto no CDC, o princípio do equilíbrio econômico parece, prima facie, assumir uma conformação objetiva, considerando suficiente para configuração da lesão contratual o desequilíbrio objetivo."

duciante poderá requerer que lhe seja devolvida a diferença entre o valor de venda e o montante do débito. Tal verificação poderá ser feita, posteriormente, mediante consulta ao cartório de registro de imóveis, da venda do bem a terceiros feita pelo credor-fiduciário.[6]

Por fim, esse é o regime a ser seguido na hipótese de execução da garantia, quando o devedor-fiduciante se torna inadimplente. Assim, não há como aplicar, na hipótese de inadimplência do devedor-fiduciante, o mesmo regime da resolução que é estabelecido para as promessas de compra e venda. Dessa forma, não há de se falar na aplicação do artigo 53 do CDC nos mesmos moldes que se o aplica na resolução das promessas. Na hipótese da alienação fiduciária, o devedor-fiduciante não perderá tudo que pagou se o bem tiver valor superior ao valor da dívida, seja esse valor o apurado no leilão, ou a *posteriori* com a aplicação do pacto marciano.

Assim, como bem decidiu o STJ, a promessa de compra e venda e a alienação fiduciária têm regimes jurídicos distintos e solução diversa para o caso de incumprimento do devedor (consumidor). Seguem passagens do acórdão proferido no AgRg 932.750-SP e comentários:

> Em verdade, a situação fática dos autos discrepa daquela em que firmado o entendimento desta Corte Superior, conforme julgados colacionados; trata-se, *in casu*, de alienação fiduciária em garantia de bens imóveis e não de simples promessa de compra e venda.

O Tribunal estabeleceu, dessa forma, que a alienação fiduciária em garantia não deve ser confundida com simples promessa de compra e venda.

> Nada obstante a postura combativa, reconhece a autora a prevalência da norma especial posterior, sobre as regras da Lei Consumerista, quando incompatíveis entre si, resultando, pois, no afastamento dessas regras gerais e incidência da legislação de regência específica do negócio jurídico:
>
> Se os casos de incompatibilidade são poucos, há neles, porém, clara prevalência da lei especial nova pelos critérios da especialidade e cronologia. Somente o critério hierárquico pode "proteger" o texto "geral" anterior incompatível. Assim, o CDC, como lei geral de proteção dos consumidores, poderia ser afastado para a aplicação de uma lei nova especial para aquele

6 O Banco Central do Brasil proíbe as instituições financeiras de integrarem os bens dado em garantia ao seu ativo permanente. Assim, quando o credor-fiduciário for instituição financeira,, dever-se-á sempre vender o bem, mesmo que em data posterior aos leilões previstos no artigo 27 da Lei 9.514/97.

> contrato ou relação contratual, como se dá no caso da lei sobre seguro-saúde, se houver incompatibilidade de preceitos.
>
> O exame da incompatibilidade deve ser, portanto, o ponto central da análise. Sendo assim, quanto mais específica for a norma do CDC e mais específica for a norma "contrária" da lei nova, maior a probabilidade de incompatibilidade, e, então, é de ser afastada a aplicação do CDC para aplicar-se a lei nova (idem, páginas 632/633).

Nessa passagem, o Ministro relator cita posição de Claudia Lima Marques para estabelecer o critério de aplicação da norma (Lei nº. 9.5124/97) quanto à especialidade. O CDC é ao mesmo tempo especial e geral, já que tem normas de caráter geral e não regulamenta qualquer contrato em especificidade. Em relação às normas que regulamentam contratos específicos, essas são especiais, enquanto posteriores, em relação ao CDC, prevalecendo seus dispositivos quando em incompatibilidade com a Lei Consumerista. Tal posicionamento é criticado por aqueles que defendem a constitucionalização do Direito do consumidor no Brasil em decorrência da previsão de proteção ao consumidor como direito fundamental, no inciso XXXII do artigo 5º. da C.R.[7]

Como se pretende mostrar nesses dois últimos capítulos, não há propriamente uma incompatibilidade entre o artigo 53 do CDC e o disposto no artigo 27 da Lei nº. 90.514/97, especialmente se adotar-se o pacto marciano como regra para validade do contrato em decorrência da previsão do artigo 1.365 do CCB.

---

7 Posição essa absolutamente criticável do ponto de vista jurídico-econômico. Os defensores dessa posição deram status constitucional a uma norma ordinária, defendendo que as leis ordinárias posteriores ao CDC não revogariam seu dispositivo e jamais poderiam regular direito de forma menos benéfica para o consumidor que o CDC. Tal posicionamento cria rígidas limitações ao desenvolvimento de novos institutos jurídicos e novas formas contratuais no Brasil. *Data* venia, os que pensam assim deveriam invocar que o CDC fosse aprovado por emenda constitucional, porque, a prevalecer esse posicionamento, somente contratos criados por emenda constitucional poderiam dispor de forma diversa ou incompatível com o CDC. Entre os que defendem esse posicionamento cita-se NASCIMENTO, Tupinambá Miguel Castro do, CDC e o contrato de locação, Revista Jurídica, p. 83: "A questão constitucional permite outro enfoque. Enfatiza-se a afirmação de Vicente Ráo, já referida supra, de que as leis que complementam a Constituição, embora ordinárias, aderem a ela e nela se integram. Em outras palavras, a complementariedade, por trazer sua eficácia de norma constitucional e dar a esta a efetividade pretendida pela Constituição, passa a ter a mesma natureza jurídica que a norma constitucional tem. Materialmente, existem a norma constitucional e a lei que, a complementando, lhe dá eficácia. Substantivamente, a garantia constitucional é única. Preenchida pela complementação, é a norma constitucional que está em vigor".

Na passagem seguinte, o Ministro relator conclui:

> Considerando, assim, o conteúdo e a finalidade das normas em questão, cotejando-se as disposições do art. 27 da Lei nº. 9.514/97 com as do art. 53 do CDC, pode-se concluir pela inaplicabilidade deste último à alienação fiduciária de imóveis, porque o regime especial dessa garantia já contempla a tutela do devedor, e o faz de maneira específica, com rigorosa adequação à estrutura e função dessa garantia e do contrato de mútuo, pelo qual o devedor deve restituir integralmente a quantia tomada por empréstimo, enquanto o art. 53 do CDC apenas enuncia um princípio geral ao qual o art. 27 da Lei nº. 9.514/97 se adéqua perfeitamente.[8]

Observa-se, por conseguinte, que a solução da controvérsia, seja ela buscada no âmbito do conflito de normas, seja pela ótica da inexistência de conflitos entre os dispositivos normativos em questão, leva à prevalência da norma específica de regência da alienação fiduciária de bens imóveis. Conclui-se, por conseguinte, "pelo descabimento da pretensão de restituição das prestações adimplidas, por força dos § § 4º, 5º e 6º, do art. 27, da Lei nº. 9.514/97" (Agravo Regimental 932.750-SP).

O acórdão, assim, concluiu pela prevalência da norma da Lei nº. 9.514/97, afastando a aplicação do CDC, seja pela questão da especialidade da norma ou pelo fato de não verificar a efetiva incompatibilidade entre as normas. Em decorrência dos fatos narrados no acórdão, não é possível afirmar se o credor-fiduciário, no caso, teria ou não, com sucesso, alienado a coisa nos leilões previstos no artigo 27 da Lei nº. 9.514/97 e se houve qualquer pagamento ao devedor referente ao saldo. De qualquer forma, como passaremos a analisar, a compatibilidade entre o artigo 53 do CDC e o artigo 27 decorre da observância do pacto marciano.[9]

---

8 *Negócio Fiduciário*. 3. ed. Rio de Janeiro: Renovar, 2006, p. 335.

9 Zilda Tavares defende sem muito fundamentar, entretanto, a lógica do pacto marciano na hipótese da alienação fiduciária: "É evidente a desproporção, para não dizer injusta, respeitando os entendimentos contrários, mas, talvez, como solução, poderemos até permitir a consolidação da propriedade para o fiduciário, mas pelo valor fixado no contrato, se descontado o valor remanescente da dívida, devolvendo o que sobejar ao fiduciante. Assim, como na hipoteca o credor não pode receber mais do que seu crédito." TAVARES, Zilda in *Código de Defesa do Consumidor e a alienação fiduciária imobiliária*. São Paulo: Ed. Método, 2005, p. 140.

12.2 O ARTIGO 53 DO CÓDIGO DE DEFESA DO CONSUMIDOR, A NATUREZA DO SEU CONTEÚDO E A SUA INTERPRETAÇÃO

Para melhor compreensão e estudo do dispositivo nada mais apropriado que uma transcrição simples do seu conteúdo no próprio corpo do texto, senão vejamos:

> Nos contratos de compra e venda de móveis ou imóveis mediante pagamento em prestações, **bem como nas alienações fiduciárias em garantia**, consideram-se **nulas** de pleno direito as cláusulas que estabelecerem a **perda total** das prestações pagas em benefício do credor que, em razão do inadimplemento, pleitear a resolução do contrato e a **retomada do produto alienado.**

Salta aos olhos a similitude do dispositivo com a proibição do pacto comissório, como estabelecido no artigo 1.365 do CCB:

> Art. 1.364. Vencida a dívida, e não paga, fica o credor obrigado a vender, judicial ou extrajudicialmente, a coisa a terceiros, a aplicar o preço no pagamento de seu crédito e das despesas de cobrança, e a **entregar o saldo, se houver, ao devedor**.
>
> Art. 1.365. É nula a cláusula que autoriza o proprietário **fiduciário a ficar com a coisa** alienada em garantia, se a dívida não for paga no vencimento. **(sem grifos no original)**

No regime anterior ao Código Civil de 2002, a doutrina e a jurisprudência afirmavam que a proibição do pacto comissório não seria aplicável ao contrato de alienação fiduciária, como já exposto. Dentro desse conceito, não era raro que, nos contratos de alienação fiduciária de bens móveis, o credor, abusando de sua posição, fazia sua a coisa dada em garantia, enriquecendo-se à custa do devedor. O artigo 53 do CDC expressamente introduziu um dispositivo com uma finalidade muito próxima à proibição do pacto comissório para os contratos de alienação fiduciária celebrados pelo consumidor no regime legal anterior ao Código Civil Brasileiro de 2002.

O objetivo do artigo 53 do CDC, ao declarar a nulidade da chamada cláusula de decaimento, era evitar o enriquecimento ilícito do credor, que, caso contrário, se locupletaria em prejuízo do devedor (consumidor), visto que ocorreria a perda dos valores já pagos (STJ Ag 932.750–SP). Como anteriormente exposto, o precípuo objetivo da proibição do pacto comissório era evitar que o credor se locupletasse em prejuízo do devedor, ficando com o bem de valor superior ao valor do débito garantido.

A propósito do artigo 53 do CDC, são precisas as lições de Cláudia Lima Marques, Antônio Herman V. Benjamin e Bruno Miragem:

> A análise de abusividade de tal tipo de cláusula é feita tanto frente ao direito tradicional e suas noções de abuso de direito e enriquecimento ilícito, quanto frente ao direito atual, posterior à entrada em vigor do CDC, tendo em vista a natureza especial dos contratos perante os consumidores e a imposição de um novo paradigma de boa-fé objetiva, equidade contratual e proibição da vantagem excessiva nos contratos de consumo (art. 51, IV) e a expressa proibição de tal tipo de cláusula no art. 53 do CDC (in Comentários ao Código de Defesa do Consumidor. Arts. 1º a 74 – Aspectos)

São esses exatamente, como vimos, um dos muitos *ratio* para proibição do pacto comissório. De fato, o artigo 53 do CDC contém norma a ser aplicada quando o credor faz sua a coisa dada em garantia, como se retira da última parte do artigo (retomada do produto alienado).

Assim, tem-se que a aplicação do artigo 53 decorre da retomada do bem pelo credor, ou seja, configurado o pacto comissório, pela retomada do bem, fará jus o consumidor a reaver parte das parcelas pagas. No caso da alienação fiduciária em garantia, verifica-se a retomada do bem pelo credor-fiduciario somente quando, após os dois leilões previstos no artigo 27, não se encontrarem licitantes que paguem o preço mínimo. Bem sucedido o leilão, com a venda da coisa fiduciada, o credor-fiduciário não fez sua a coisa dada em garantia, não retornou o bem (produto alienado) ao credor para integrá-lo ao seu patrimônio e, assim, não se enriqueceu à custa do devedor (consumidor). Vendida a coisa no leilão, o credor-fiduciário somente se apropriou do produto na medida de seu prejuízo, ou seja, só recebeu seu crédito. Em outras palavras, o credor-fiduciário somente recuperou o valor mutuado. Se obteve algum lucro da operação, foram somente os encargos recebidos durante o período em que o devedor-fiduciante estava adimplente e pagava os juros e encargos da dívida.

Na hipótese de não se encontrarem licitantes nos dois leilões do artigo 27, os §§ 5º. e 4º. do mesmo artigo da Lei nº. 9.514/97 estabelecem que fica extinta a dívida e o credor é dispensado de pagar ao devedor o saldo do leilão, que foi igual a zero. Segundo alguns autores já citados, esses dispositivos permitiriam que, nessa hipótese, o credor ficasse com a coisa em seu patrimônio indefinidamente. A tese aqui defendida é que, não havendo licitantes e ficando o credor-fiduciário com o bem, configurar-se-ia o pacto comissório proibido no artigo 1.365 do CC e se aplicaria, por conseguinte, o artigo 53 do CDC, na lógica do pacto marciano, para evitar o enriquecimento sem causa do credor--fiduciário à custa do devedor-fiduciante.

Resta analisar, no contexto do artigo 53 do CDC, a força da expressão "*perda total das prestações pagas*". A melhor interpretação do artigo é que a nulidade da cláusula de *perda total* assenta-se somente na hipótese de o contrato prever a perda total, admitindo-se a perda parcial. Assim, o contrato de consumo em que ocorra a perda parcial das prestações pagas será considerado válido à luz do artigo 53 do CDC. Qual a medida dessa parcialidade? A solução dificilmente é doutrinária, devendo ser analisada no caso concreto. Entretanto, a interpretação do artigo 27 da Lei nº. 9.514/97 estabelece a forma pela qual se dá a restituição do devedor-fiduciante: pelo eventual saldo apurado nos leilões. Assim, existindo arrematação em lance válido nos leilões promovidos pelo credor-fiduciário, o valor que sobejar, qualquer que seja ele, restituído ao devedor, sempre atenderá ao preceito do artigo 53 do CDC.

O valor apurado no leilão presume-se correspondente ao valor de mercado do bem. Assim, após o credor-fiduciário abater a dívida, o saldo corresponde, efetivamente, ao valor a ser restituído ao devedor e essa restituição poderá ser parcial, integral ou até lucrativa para o devedor-fiduciário, a depender do valor apurado no leilão e da dívida. De qualquer forma, não se pode impor ao credor-fiduciário que devolva ao devedor-fiduciante valor maior que o saldo, senão, na contramão dos fatos, será o devedor-fiduciante a enriquecer-se à custa do credor-fiduciário.[10]

Entretanto, fica ressalvado ao devedor-fiduciante a possibilidade de promover ação de reparação de danos contra o credor-fiduciário na hipótese de venda do imóvel por lance válido em segundo leilão (§ 2º. do artigo 27 da Lei nº. 9.514/97) se o preço puder ser considerado vil, especialmente se provar que o credor-fiduciário agiu com desídia e sem observar o princípio da boa-fé objetiva ao promover o leilão. Nesse sentido, faz bem o credor-fiduciário que

10 "Ora, a eventual possibilidade de o mutuário inadimplente obter a devolução das prestações que tiver pago, antes de completada a reposição do valor do mútuo, implicaria exonerá-lo (o mutuário inadimplente) do cumprimento da regra do art. 586, exoneração essa que não só o colocaria em vantagem em relação ao devedor adimplente, como, também, em relação ao devedor hipotecário, em face do tratamento que é dado a este pelo Código de Processo Civil." CHALHUB, ob. cit., 4. ed., p. 311.

coloca em seus contratos cláusula que estabeleça que, em segundo leilão, o preço mínimo corresponderá a pelo menos 50% do valor do bem estabelecido para o primeiro leilão, se o valor da dívida for inferior a esse percentual.

Mas haverá situações em que o preço obtido no segundo leilão não poderá ser considerado vil e não haverá saldo a ser devolvido ao devedor-fiduciante: se no segundo leilão o preço mínimo pago (valor das despesas e da dívida) for superior a 50% do valor de mercado do bem. Nessa hipótese, haverá como harmonizar os procedimentos do artigo 27 da Lei nº. 9.514/97 com o artigo 53 do CDC?

A resposta é positiva. Como visto, a aplicação do artigo 53 do CDC depende da configuração do pacto comissório, ou seja, na retomada da coisa alienada fiduciariamente pelo credor. Havendo o leilão positivo, o credor não fica com a coisa, não se configurando a hipótese de aplicação do artigo 53 do CDC, pois não haverá possibilidade de enriquecimento sem causa do credor.

Além do fundamento relativo à ausência de retomada efetiva do bem, quando ocorre o leilão, argumenta-se: na estrutura do financiamento imobiliário para aquisição de novos bens pelo consumidor, garantido por alienação fiduciária em garantia, o construtor-incorporador teve seu patrimônio diminuído com a saída do bem imóvel e reposto com o pagamento recebido do financiador. O financiador, por sua vez, teve seu patrimônio diminuído com o pagamento do construtor-incorporador e reposto em parte com os pagamentos feitos pelo devedor-fiduciante, enquanto adimplente, e a outra parte com o produto do leilão. Ninguém se locupletou à custa do devedor (consumidor). Por outro lado, o devedor-fiduciante, que potencialmente pode ser o único a ter seu patrimônio diminuído, foi aquele que deu causa à execução da garantia, em decorrência do seu incumprimento contratual, alinhando-se ao princípio da culpa contratual. Nessa ordem de ideias, a determinação para o financiador devolver ao consumidor parte do que pagou causaria um desequilíbrio contratual e econômico não admissível em Direito, já que seria o consumidor a enriquecer-se à custa do financiador.[11]

---

11 O financiamento imobiliário permite ao consumidor ter a posse do bem e usufruir dos seus frutos durante todo o período em que ficou adimplente (inciso V do artigo 24 da Lei nº. 9.514/07). Afirmar que o consumidor que usufruiu o bem por anos teve perda total do que pagou por não ter restituição monetária é uma afirmativa falsa, pois a fruição tem um valor econômico apreciável.

Além disso, é a lógica da execução da garantia. Mesmo na hipótese de uma execução judicial, admite-se que o bem penhorado seja levado à praça e arrematado por qualquer valor que não possa ser considerado vil. Fazendo-se um paralelo com a execução hipotecária, vendido o bem em hasta pública por valor suficiente somente para pagar o credor, o devedor não receberá qualquer saldo, nessa hipótese. Como têm decidido os tribunais, não há possibilidade de aplicação do artigo 53 do CDC nas execuções de garantias reais.[12] Pelo visto, a razão de ser do artigo 53 do CDC é, como na proibição do pacto comissório,[13]

---

12 "AÇÃO DE COBRANÇA - CONTRATO DE COMPRA E VENDA COM GARANTIA HIPOTECÁRIA - INADIMPLEMENTO - RESCISÃO DO CONTRATO - RESTITUIÇÃO DOS VALORES PAGOS - INADMISSIBILIDADE - INAPLICABILIDADE DO ART. 53 DO CDC - SENTENÇA MANTIDA. Extinto o contrato de compra e venda com pacto adjeto de hipoteca em razão do inadimplemento do devedor e adjudicado o imóvel à instituição financeira em regular processo de execução, é inviável a restituição dos valores pagos por não se tratar de simples retomada do bem pelo credor, mas sim de satisfação do débito mediante a excussão da garantia hipotecária." (TJMG, 2.0000.00.481049-3/000).
"Embargos do Devedor. Execução Hipotecária. Rescisão do Contrato de Compra e venda que não comporta discussão nesta sede. Exegese do caput do artigo 745 do Estatuto Processual. Embargante que não comprovou nenhuma das hipóteses previstas no inciso IV do artigo 51 da Lei Consumerista a justificar a resolução pretendida e a devolução das parcelas pagas. Mera alegação de precária situação financeira que não dá azo à pretensão exordial. Contrato em lide que é válido e eficaz, prevendo juros e o mais conexo com taxas pré-fixadas. Embargante que sem qualquer respaldo legal, pretende se valer do Código do Consumidor para se eximir de sua inadimplência confessada. R. Sentença de improcedência do pedido nos Embargos que se mantém. Negado Provimento." (TJRJ, 2006.001.32477 – APELACÃO).
REVISÃO DO CONTRATO. No caso posto em exame, não trata de contrato de compra e venda de imóvel mediante pagamento em prestações, no qual incide as regras do artigo 53 Código de Defesa do Consumidor. A hipótese, cuida de imóvel adquirido mediante as regras do Sistema Financeiro da Habitação, assumindo dívida, em função do mútuo, garantia hipotecária tomada perante a empresa autora. Configurado o inadimplemento, vez que o apelante adimpliu, tão somente, seis parcelas do total de 120, foi proposta execução extrajudicial do contrato de empréstimo celebrado, forte no que dispõe o Decreto-Lei nº 70/66. Observo que o apelante perdeu o imóvel em razão da garantia hipotecária vinculada ao contrato de empréstimo, portanto, trata-se de contrato completamente distinto da resolução de contrato de compra e venda por inadimplemento, quando, então, impõe-se a devolução das parcelas pagas pelo adquirente, abatidos encargos contratuais, como decorrência do retorno das partes ao status quo ante, evitando-se, assim, o enriquecimento sem causa do vendedor. Ora, sendo o valor obtido pela arrematação correspondente ao montante do saldo devedor do financiamento concedido ao apelante resta afastada, outrossim, alegação de locupletamento ilícito por parte da recorrida, fl. 172. PRELIMINARES REJEITADAS E APELO DESPROVIDO."
(Apelação Cível Nº 70017079070, Vigésima Câmara Cível, Tribunal de Justiça do RS, Relator: Glênio José Wasserstein Hekman, Julgado em 06/12/2006).

13 O *ratio* do pacto comissório e suas diversas facetas foram discutidas no capítulo anterior, a afirmativa aqui refere-se somente a um de seus diversos aspectos.

evitar o locupletamento do credor à custa do devedor. Na hipótese da execução judicial ou extrajudicial em que se apura somente o suficiente para pagar a dívida, não há esse enriquecimento sem causa, não se devendo aplicar as sanções do art. 53 do CDC.

12.3 A ADOÇÃO DO PACTO MARCIANO COMO INSTRUMENTO DE EFETIVIDADE DA APLICAÇÃO DO CÓDIGO DE DEFESA DO CONSUMIDOR

Estabelecido que o pacto marciano é o instrumento pelo qual, na execução das garantias reais, se obtém um adequado equilíbrio econômico nos contratos, passa-se ao estudo de sua efetivação e aplicação em consonância com o artigo 53 do CDC.

Quando não se encontra licitantes que paguem o preço mínimo nos dois leilões previstos no artigo 27 da Lei do SFI e o credor-fiduciário fica com o bem dado em garantia (retomada do produto alienado), aplicando-se o artigo 53 do CDC ou o artigo 1.365 do CCB (proibição do pacto comissório), qual seria o valor a ser restituído ao devedor-fiduciante (consumidor) para se evitar a *perda total das prestações pagas*?

No regime da resolução das promessas de compra e venda, o STJ fixou um parâmetro que os tribunais têm seguido. O promitente-vendedor deverá restituir o valor pago pelo promitente-comprador inadimplente, retendo 25% a título de indenização pelos prejuízos causados, pelas despesas e pela depreciação do bem. [14] Seria esse acerto de contas compatível com a execução extrajudicial das alienações fiduciárias? A resposta deve ser negativa, seja pelos fundamentos já apresentados, seja pela questionável aplicabilidade do artigo 53 do CDC, ao caso das alienações fiduciárias em garantia. A teoria aqui defendida é que o acerto de contas se dará pela aplicação do pacto marciano e não pela mesma sistemática aplicável à resolução das promessas de compra e venda com pagamento a prazo.

---

14 No EREsp nº. 59.870/SP foi definido como razoável, para o ressarcimento às despesas administrativas, propaganda, corretagem, depreciação imobiliária (de imóvel novo para usado), desgaste pelo uso, impostos, etc., recolocação no mercado, etc., alusivas à unidade residencial em comento, um percentual de retenção, em favor da vendedora, da ordem de 25% das parcelas pagas pelo comprador.

Como visto, os dois contratos têm sistemáticas completamente diferentes e estruturas contratuais distintas. O regime da resolução da promessa é incompatível com a extinção do mútuo e a execução de sua garantia. O que se passa com a execução da garantia fiduciária é uma efetiva execução de uma garantia contratual e não a resolução de um contrato, devendo ser esse o regime aplicável ao eventual acerto de contas entre as partes.

Assim, superado os dois leilões sem licitantes, o credor-fiduciário fará sua a coisa dada em garantia, extinguindo-se o débito. O texto do § 5º. do artigo 27 da Lei nº. 9.514/97 estabelece uma espécie de adjudicação do bem pelo credor pelo valor do crédito. [15] Entretanto, como demonstrado, se o bem tiver valor efetivamente maior do que o valor da dívida garantida, o credor-fiduciário fará sua a coisa dada em garantia com um efetivo ganho patrimonial sobre o patrimônio do devedor-fiduciante. Seja pelo princípio do equilíbrio contratual, da proibição do pacto comissório ou da redação do artigo 53 do CDC, não se pode admitir tal enriquecimento do credor-fiduciário à custa do devedor.

A forma como se busca repor o equilíbrio econômico do contrato deverá ser pela avaliação do bem retomado pelo credor e posterior devolução para o devedor da diferença entre o valor do bem e o valor da dívida. Caso o contrato não contenha qualquer instrumento para efetiva valoração do bem dado em garantia ou não estabeleça o preço pelo qual o credor-fiduciário pode ficar com o bem, no caso de fracasso dos leilões, poderá o devedor-fiduciário mover ação cabível contra o credor-fiduciário para que o juiz determine a devolução ao devedor-fiduciante de eventual diferença entre o valor do bem e o valor da dívida. O juiz, pela aplicação do artigo 1.365 do CCB e do artigo 53; artigo 6º, V;[16] artigo 39, V;[17] artigo 51, IV[18] e artigo 4º, I[19] do CDC, poderá modificar as

---

15 "5º. Se, no segundo leilão, o maior lance oferecido não for igual ou superior ao valor referido no § 2º, considerar-se-á extinta a dívida e exonerado o credor da obrigação de que trata o § 4º."

16 "Art. 6º São direitos básicos do consumidor:
V - a modificação das cláusulas contratuais que estabeleçam prestações desproporcionais ou sua revisão em razão de fatos supervenientes que as tornem excessivamente onerosas;"

17 "Art. 39. É vedado ao fornecedor de produtos ou serviços, dentre outras práticas abusivas:
V - exigir do consumidor vantagem manifestamente excessiva;"

18 "Art. 51. São nulas de pleno direito, entre outras, as cláusulas contratuais relativas ao fornecimento de produtos e serviços que:
V - estabeleçam obrigações consideradas iníquas, abusivas, que coloquem o consumidor em desvantagem exagerada, ou sejam incompatíveis com a boa-fé ou a eqüidade;"

19 "Art. 4. A Política Nacional das Relações de Consumo tem por objetivo o atendimento das necessidades dos consumidores, o respeito à sua dignidade, saúde e segurança, a

cláusulas[20] contratuais que permitam o enriquecimento sem causa do credor, tendo em vista que a permissão de fazer sua a coisa dada em garantia, mesmo que tenha valor superior ao valor da dívida, quando não há licitantes. Essas cláusulas estabelecerem prestações desproporcionais, tendo em vista a vantagem manifestamente excessiva em que fica o credor e coloca o consumidor em desvantagem exagerada, especialmente pela sua situação hipossuficiente.[21]

Assim, fará jus o devedor-fiduciante (consumidor) a receber, como restituição do valor das prestações pagas (art. 53 do CDC), mesmo que parcialmente, a diferença entre o valor do bem e o montante da dívida. Caso o valor do bem seja inferior ao valor da dívida nada receberá, pois é da natureza da execução das garantias que o credor possa exercê-la somente até o limite do seu crédito, sendo essa a lógica inegável da propriedade fiduciária enquanto temporária e funcionalizada como garantia. Em outras palavras, justo será o credor receber, com a execução, somente o seu crédito, nada mais, nada menos.

A determinação do valor de mercado da coisa será possível, mesmo a *posteriori*, especialmente quando o credor for instituições financeiras já que, por força dos regulamentos do Banco Central do Brasil (BCB),[22] não poderão integrar aquele bem ao patrimônio. O BCB obriga as instituições a vender os bens, mesmo depois dos leilões impostos pelo artigo 27 da Lei nº. 9.514/97. Assim, vendido o bem, terá a instituição financeira elemento para determinar o valor de

---

proteção de seus interesses econômicos, a melhoria da sua qualidade de vida, bem como a transparência e harmonia das relações de consumo, atendidos os seguintes princípios: I- reconhecimento da vulnerabilidade do consumidor no mercado de consumo;"

20 "(...) o CDC veio permitir a declaração da invalidade de cláusula que coloque o contratante em desvantagem exagerada, ou que exija vantagem manifestamente excessiva (arts. 39, V, e 51, IV), o que significa atribuir à lesão um conceito eminentemente objetivo, que se satisfaz com a quebra da equivalência do contrato em razão de prestações exageradamente desiguais, independente das condições pessoais das patês e das circunstâncias do negócio." Rui Rosado de Aguiar Jr., *Projeto de Código Civil: As obrigações e os Contratos, in* Revista de Direito Renovar, nº 14, Rio de Janeiro, set-dez., 1999, p. 26 (20-32).

21 Referindo-se ao CDC, Teresa Negreiros afirma: "Ali, com efeito, outorga-se ao consumidor o direito 'básico' de modificar as 'cláusulas contratuais que estabeleçam prestações desproporcionais' (art. 6º, V); considera-se prática abusiva exigir do consumidor 'vantagem manifestamente excessiva' (art. 39, V); e, ainda, declara-se 'nula de pleno direito' a cláusula contratual que estabeleça 'obrigações iníquas, abusivas, que coloquem o consumidor em desvantagem exagerada' (art. 51, IV). Tudo com o fundamento em uma vulnerabilidade que é pressuposta e considerada ínsita à situação do consumidor enquanto tal, estipulada no mencionado art. 4º, I, do CDC." ob. cit, p. 197.

22 Resolução 1980 BCB.

mercado do bem, sendo esse o valor pelo qual a pretensão do consumidor deve assentar-se. A simples busca no cartório de registro de imóveis da futura venda feita pelo credor-fiduciário poderá determinar o valor de mercado do bem e permitir a aferição do montante que eventualmente o consumidor poderá receber, sempre que o *quantum* recebido for superior à dívida e somente nessa hipótese.

12.4 DEMAIS FUNDAMENTOS PARA AFASTAR A APLICAÇÃO DO ARTIGO 53 DO CDC. O REGIME ESPECIAL DE EXECUÇÃO DAS ALIENAÇÕES FIDUCIÁRIAS. ESPECIALIDADE DA NORMA. MANUTENÇÃO DO PACTO MARCIANO EM DECORRÊNCIA DOS PRINCÍPIOS GERAIS DO CDC

A doutrina, de certa forma corretamente, afasta a aplicação do artigo 53 do CDC nos contratos de alienação fiduciária de bens imóveis, face às normas de aplicação da lei no tempo e em decorrência da especialidade da Lei nº. 9.514/97 em relação ao CDC. Indaga-se, entretanto, se os princípios gerais do CDC, se aplicáveis à relação, permitiriam chegar à mesma conclusão em relação à proibição do pacto comissório e à adoção do pacto marciano, como instrumento de correção do eventual desequilíbrio contratual.

Como visto, o contrato de alienação fiduciária em garantia está expressamente referido no artigo 53 do CDC. Em decorrência dessa referência, a análise completa da aplicação do dispositivo ao contrato tipificado na Lei nº. 9.514/97 se torna essencial para o estudo da matéria.

A primeira questão a ser analisada refere-se aos critérios de aplicação da lei no tempo. O CDC tem caráter duplo especial e geral. Por opção legislativa, o CDC não regulamentou os contratos de consumo de forma específica, mas criou uma série de princípios pelos quais os contratos de consumo deveriam ser interpretados (boa-fé objetiva e equilíbrio econômico). Desse ponto de vista, o CDC terá caráter de norma geral em relação às leis especiais anteriores e posteriores ao código. Em relação ao Código Civil, por sua vez, o CDC será especial, pois somente regulamenta as normas gerais aplicáveis às relações envolvendo consumidores e fornecedores.[23]

---

23 "(...) o CDC representa uma codificação subjetivamente específica, uma codificação parcial, uma codificação funcional e aberta. Impondo ela novos parâmetros de boa-fé e harmonia

Dada essa estrutura do CDC, como norma geral em relação às leis especiais,[24] pode-se afirmar que a lei do Sistema Financeiro Imobiliário será uma norma especial em relação ao código. Nesse campo de ideias, havendo conflito (antinomia) entre o CDC e a Lei nº. 9.514/97, prevalece esta como especial em relação ao CDC. A Lei nº. 9.514/97, naquilo que for específica em relação ao CDC no tipo contratual disciplinado, deverá prevalecer. Assim, o artigo 53 do CDC, que não estabelece uma norma de caráter geral, mas uma norma especial ao contrato de alienação fiduciária, se em antinomia real em relação ao procedimento do artigo 27 da Lei nº. 9.514/97, deverá ser tido como derrogado pela norma especial posterior.[25]

Em relação ao caráter geral do CDC, entretanto, seus princípios (equilíbrio econômico, equidade e boa-fé objetiva), não poderão deixar de ser observados pelo aplicador do Direito nas questões envolvendo a lei especial posterior. Lima Marques assim defende que a lei especial nova regula a relação especial no que positiva e o CDC continua a regular a relação naquilo que é genérica e em todos os pontos que a lei especial for omissa.[26] Nesse sentido, o CDC deve servir como lei geral principiológica a guiar a interpretação da Lei nº. 9.514/97 na defesa dos interesses do consumidor.

O segundo aspecto é a verificação da existência ou não de antinomia entre o artigo 27 da Lei nº. 9.514/97 e o artigo 53 do CDC. Em relação ao artigo 53 do CDC, que tem claro objetivo de coibir o enriquecimento sem causa do

---

nas relações pode efetivamente repercutir através de suas cláusulas gerais e princípios, em todo o sistema do direito brasileiro, assim como, segundo o seu art. 7º deixa-se permear por qualquer outra lei protetiva do consumidor. Assim conclui o do Min. Ruy Rosado de Aguiar: 'O CODECON traça regras que presidem a situação específica de consumo e, além disso, define princípios gerais orientadores do Direito das Obrigações. Na teoria dos sistemas, é um caso estranho a lei do microssistema enunciar os princípios gerais para o sistema, mas é isso o que aconteceu no caso, por razões várias, mas principalmente porque a nova lei incorporou ao ordenamento civil legislado normas que expressamente o desenvolvimento do mundo dos negócios e o estado atual da ciência, introduzindo na relação obrigacional a ideia da justiça contratual, da equivalência das prestações e da boa-fé." MARQUES, Cláudia Lima, ob. cit, 4. ed., p. 509.

24 Referindo-se ao CDC: "(...) esta lei de 1990, visualizada como lei 'geral' de tutela dos consumidores em todos os contratos e relação de consumo." ob. cit., p. 546.

25 CHALHUB, ob. cit., 4. ed., p. 301.

26 MARQUES, Cláudia Lima, ob. cit., p. 547.

credor, sua natureza assenta-se no mesmo princípio do artigo 413 do CCB,[27] ou seja, estabelece limites à cláusula penal aplicável no caso de resolução do contrato por mora ou incumprimento. Nesse sentido, o comando do CDC, como norma imperativa, reduzirá a cláusula penal de forma que na resolução do contrato o adquirente (devedor) não perca a totalidade do que pagou. A natureza da disposição não guarda relação com a execução da garantia prevista no artigo 27 da Lei nº. 9.514/97. Esse dispositivo da lei do SFI tem por objetivo o cumprimento da obrigação assumida pelo consumidor no contrato de mútuo (restituir a totalidade do valor mutuado – art. 586 do CCB). Nessa linha, o artigo 53 do CDC, como instrumento de redução da cláusula penal, não poderá ser aplicado ao caso até o cumprimento integral da obrigação assumida no contrato de mútuo. O artigo não tem força liberatória da obrigação, já que não se refere a um princípio de equilíbrio econômico do contrato, que é regulado por outro dispositivo do CDC.

Seguindo-se as duas linhas acima defendidas, pode-se chegar à conclusão que o artigo 53 do CDC não seria aplicável ao contrato de alienação fiduciária em garantia regulada pela Lei nº. 9.514/97, seja pelo fundamento da aplicação da norma no tempo, seja pela impossibilidade de aplicação da norma ao contrato de mútuo garantido pela alienação fiduciária até o recebimento do valor mutuado. Para Chalhub, não há antinomia entre o artigo 27 do CDC e o artigo 53 do CDC porque a lei especial coíbe, em todo o curso da formação e execução do contrato, o abuso do credor por estabelecer norma imperativa que determine a venda da coisa em leilão público e a restituição do excesso apurado no leilão ao devedor.[28] *Data* venia, o autor restou omisso em relação à questão da ausência de licitante nos leilões, hipótese em que nada haverá a restituir ao devedor-fiduciante. É nesse ponto que se assenta a questão, pois, mesmo que se afaste o artigo 53 do CDC pelo critério temporal e de especificidade da norma, seguindo-se a teoria de Chalhub, potencialmente poderia ocorrer o enriquecimento sem causa do credor-fiduciário. Isso autorizaria a

27 "Art. 413. A penalidade deve ser reduzida eqüitativamente pelo juiz se a obrigação principal tiver sido cumprida em parte, ou se o montante da penalidade for manifestamente excessivo, tendo-se em vista a natureza e a finalidade do negócio."

28 CHALHUB, ob. cit., p. 307.

aplicação dos artigos 6º, V;[29] 39, V;[30] 51, IV[31] e 4º, I[32] do CDC, como normas gerais de proteção do consumidor e de princípios de defesa do consumidor, em conjunto com o artigo 1.365 do CCB, que proíbe o pacto comissório nas alienações fiduciárias.

As normas acima citadas, de caráter geral, visam garantir o equilíbrio econômico dos contratos. O que a aplicação do § 5º. do art. 27 da Lei nº. 9.514/97 autorizaria, segundo interpretação doutrinária, é a adjudicação do bem pelo credor, por qualquer que seja seu crédito e o valor do bem. Prevalecendo o entendimento dos autores aqui criticados, estaríamos diante de uma positivação da abusividade (pacto comissório). Como é essa encarada em decorrência do CDC?

Segundo nossa interpretação, a permissão para o credor ficar com o bem, não havendo licitantes no leilão, pelo valor da dívida, mesmo que haja uma imensa desproporcionalidade entre o valor do bem e o saldo do crédito mutuado, como quer Chalhub,[33] estabelece uma prestação desproporcional entre a obrigação do devedor-fiduciante e o credor-fiduciário, o que é vedado pelo artigo 6º., V, do CDC. Tratando-se de um princípio geral de defesa do consumidor, este poderia socorrer-se do referido artigo para pedir a aplicação do pacto marciano, de forma a garantir-se o efetivo equilíbrio econômico do contrato.

Além disso, considera-se prática abusiva exigir do consumidor "vantagem manifestamente excessiva" (art. 39, V do CDC). É essa vantagem manifestamente excessiva que a proibição do pacto comissório visa a coibir. Aplicando-

---

29 "Art. 6º São direitos básicos do consumidor:
V - a modificação das cláusulas contratuais que estabeleçam prestações desproporcionais ou sua revisão em razão de fatos supervenientes que as tornem excessivamente onerosas;"

30 "Art. 39. É vedado ao fornecedor de produtos ou serviços, dentre outras práticas abusivas:
V - exigir do consumidor vantagem manifestamente excessiva;"

31 "Art. 51. São nulas de pleno direito, entre outras, as cláusulas contratuais relativas ao fornecimento de produtos e serviços que:
V - estabeleçam obrigações consideradas iníquas, abusivas, que coloquem o consumidor em desvantagem exagerada, ou sejam incompatíveis com a boa-fé ou a eqüidade;"

32 "Art. 4. A Política Nacional das Relações de Consumo tem por objetivo o atendimento das necessidades dos consumidores, o respeito à sua dignidade, saúde e segurança, a proteção de seus interesses econômicos, a melhoria da sua qualidade de vida, bem como a transparência e harmonia das relações de consumo, atendidos os seguintes princípios:
I- reconhecimento da vulnerabilidade do consumidor no mercado de consumo;"

33 ob. cit., 4. ed, p. 308-313.

-se a doutrina aqui criticada e autorizada a apropriação *ad infinitum* do bem pelo credor, poderá ocorrer que o credor-fiduciário receba vantagem claramente excessiva. Por exemplo, se por alguma razão não aparecerem licitantes aos leilões e o credor-fiduciário integrar ao patrimônio bem de valor superior ao da dívida. Nessa hipótese, o patrimônio do credor será aumentado em detrimento do patrimônio do devedor, o que fere o princípio do equilíbrio econômico defendido pelo CDC. A integração da norma geral do CDC prevista no artigo 39, V, ao contrato de alienação fiduciária permite afirmar que a solução de permitir ao credor ficar com o bem, mesmo quando haja visível desproporção entre o valor da coisa e o da dívida, representa uma vantagem excessiva, inadmissível no campo do Direito do consumidor.

Além disso, o CDC nos seus princípios gerais, estabelece que se deve declarar "nula de pleno direito" a cláusula contratual que estabeleça "obrigações iníquas, abusivas, que coloquem o consumidor em desvantagem exagerada" (art. 51, IV, do CDC). *Data venia*, entregar, em pagamento, um bem de valor superior ao valor da dívida, quando não há licitantes, como querem os doutrinadores criticados, estabelece obrigações iníquas e coloca o consumidor em desvantagem exagerada, podendo o juiz declarar nula essa cláusula contratual, determinando o efetivo acerto de contas mediante a adoção do pacto marciano.

Assim, os princípios gerais do CDC analisados acima permitem afirmar que a permissão do pacto comissório, como querem Chalhub e Saad, cria distorções potenciais no equilíbrio econômico do contrato. Como se mostrou nos últimos capítulos, a solução para harmonizar a Lei nº. 9.514/97 com o CDC e o CCB passa pela adoção do pacto marciano. Dessa forma. o credor-fiduciário somente poderá ficar com o bem na medida em que restituir ao devedor-fiduciante eventual diferença entre o valor do bem e o crédito. O valor do bem será o apurado no leilão, se existirem licitantes que derem lance válido, ou determinável a *posteriori*, mediante a aplicação de cláusula contratual específica.

Qual a diferença entre a aplicação do pacto marciano nos contratos envolvendo consumidores e aqueles em que não há relação de consumo? No capítulo anterior defendeu-se a adoção do pacto marciano em todos os contratos de alienação fiduciária, mesmo naqueles que não tinham relação de consumo, fundamentando a conclusão na proibição do artigo 1.365 do CCB e no *ratio* da proibição do pacto comissório.

A diferença assenta-se, a nosso ver, na forma de controle judicial. Não havendo estipulação do pacto marciano no contrato, para hipótese de inexistência de lances válidos no leilão, o devedor-fiduciante poderá requerer em juízo indenização pela eventual diferença, desde que prove que o credor-fiduciante agiu de má-fé na realização dos leilões, não tendo promovido suficientemente o leilão como mandaria uma execução de boa-fé do contrato. Ou, ainda, prove que o credor-fiduciante ficou com a coisa por preço vil: se o crédito do credor-fiduciário for superior a 50% do valor do imóvel, tem-se como válida a retomada do bem por força do parágrafo único do artigo 891 do CPC. Ressalte-se que, por esse dispositivo, mesmo na execução judicial, é dado ao credor ficar com o bem sem apresentar preço, se o seu crédito for suficiente para dar lance em leilão que não possa ser considerado vil.

De outra sorte, nas relações de consumo, tendo em vista o princípio do equilíbrio econômico dos contratos e a vedação expressa às vantagens manifestamente excessivas, defende-se, aqui, caso não haja previsão expressa no contrato de instrumento que garanta a aplicação do pacto marciano, que o consumidor, sentindo-se lesado, poderá ir a juízo pedir a avaliação do bem e requerer que o credor-fiduciário lhe devolva eventual diferença entre o preço da avaliação judicial e o valor do crédito apurado nos termos do § 2º do artigo 27 da Lei nº. 9.514/97. Tudo isso com o fundamento em uma vulnerabilidade que é pressuposta e considerada intrínseca à situação do consumidor enquanto tal, conforme estabelecido no art. 4º, I, do CDC.

13

CONTRATO DE FINANCIAMENTO IMOBILIÁRIO GARANTIAS PROCESSUAIS – A PROTEÇÃO DO SISTEMA E OS POUPADORES (POUPANÇA POPULAR)

Como visto, o sistema financeiro imobiliário completa um verdadeiro círculo do capital. O construtor incorporador dirige-se a uma instituição financeira para obter recursos para o empreendimento, executa o empreendimento e vende as unidades aos adquirentes. Para quitar o financiamento, cede para as instituições financeiras ou companhias securitizadoras os créditos decorrentes dos financiamentos imobiliários. Por sua vez, as companhias securitizadora, ou as instituições financeiras, lançam títulos no mercado, lastreados nos créditos imobiliários, captando novos recursos dos poupadores (poupança popular) para recapitalizarem-se e, em seguida, financiarem novos empreendimentos.

Na estrutura do SFI, percebe-se que o incumprimento ou a mora dos diversos devedores dos financiamentos imobiliários, em última instância, irão gerar prejuízos não às construtoras-incorporadoras ou às instituições financeiras, mas à poupança popular, que é remunerada pelos títulos emitidos lastreados pelos créditos imobiliários em geral.

Assim, o juiz, diante de uma questão que envolva o financiamento imobiliário, deve ter consciência de que qualquer modificação no equilíbrio econômico dos contratos que possa, em princípio, beneficiar um único devedor (adquirente da casa própria) poderá, potencialmente, representar a perda para milhares de outros poupadores, que têm nos títulos emitidos no SFI a sua principal forma de poupança. Por exemplo, caso o Judiciário entenda que a cobrança de juros capitalizados autorizada na Lei nº. 9.514/97 seja abusiva, com qualquer construção baseada no CDC, estará, na verdade, reduzindo os ganhos da poupança popular, pois o crédito imobiliário modificado pelo judiciário afetará toda a cadeia de crédito.

Para evitar ações procrastinatórias de devedores de crédito imobiliário que pudessem gerar prejuízo a toda a cadeia do SFI, especialmente à poupança popular, a Lei nº. 10.931/2004 criou uma série de regras de ordem processual para as ações em que os devedores de créditos imobiliários tenham interesse em discutir cláusulas contratuais.

Por exemplo, se o devedor-fiduciante pretender discutir em juízo a legalidade de determinadas cláusulas do contrato de mútuo garantido por alienação fiduciária e pedir que o juízo conceda medida cautelar ou tutela antecipada para impedir que o credor-fiduciário proceda à execução da garantia (consolidação da propriedade), o artigo 46 da Lei nº. 10.931/2004 estabelece certas condições que, ocorrendo, determinam que o juiz casse a liminar, de medida cautelar ou de antecipação dos efeitos da tutela, que tenha interferido na eficácia de cláusulas do contrato de crédito imobiliário correspondente ou suspendido encargos dele decorrentes. São condições para determinar a cassação da liminar: o não pagamento tempestivo, pelo devedor, dos tributos e das taxas condominiais incidentes sobre o imóvel objeto do crédito imobiliário respectivo, bem como das parcelas mensais incontroversas de encargos estabelecidos no respectivo contrato e de quaisquer outros encargos que a lei imponha ao devedor-fiduciante, ocupante de imóvel.

Também, caso o devedor de financiamento imobiliário queira discutir as cláusulas financeiras do contrato, o artigo 50 da Lei nº. 10.931/2004 estabeleceu como condição da ação que o devedor (autor) discrimine na petição inicial, dentre as obrigações contratuais, aquelas que pretende controverter, quantificando o valor incontroverso, sob pena de inépcia. O referido artigo estabeleceu, ainda, que o valor incontroverso deverá continuar a ser pago no tempo e modo contratados. Ou seja, o valor reconhecido como o devido pelo autor (devedor) da ação não deverá ser depositado em juízo, mas sim pago ao titular do crédito imobiliário. O que deve ser depositado em juízo são os valores controvertidos, cuja exigibilidade poderá ser suspensa mediante depósito do montante correspondente, no tempo e modo contratados, na conta do juízo (§ 2º., art. 50, Lei nº. 10.931/2004). Somente se o juiz conceder tutela antecipada fundamentada, ficaria o autor (devedor) dispensado de depositar os valores controvertidos.

O objetivo da lei é garantir que, no final da demanda, o autor (devedor), caso perca a ação, não tenha de pagar de uma única vez todo o valor controvertido. E, ao mesmo tempo, garantir que, se a ação for julgada procedente, o seu crédito já estará assegurado. O pagamento direto ao réu (credor) do valor incontroverso representa uma disposição legislativa que objetiva minimizar os prejuízos que a ação possa gerar ao credor e a todo o SFI.

Esses dispositivos distinguem a ação de consignação em pagamento e a ação ordinária de declaração de nulidade das cláusulas contratuais de financiamento imobiliário das demais ações em que os créditos não tenham origem em financiamento imobiliário, na medida em que impõem ao devedor, para discutir o termo dos contratos, que pague o valor incontroverso e deposite o valor controvertido, como requisito da ação. Tal exigência decorre da necessidade de proteção do sistema financeiro imobiliário, já que o incumprimento dos devedores dos créditos imobiliários acaba por colocar em risco toda a cadeia, o que poderia gerar uma crise nas mesmas proporções da crise do *subprime* americano de 2007 e 2008, que gerou a maior recessão econômica desde 1929.

Outro ponto importante na proteção da poupança popular refere-se à limitação do tempo adequado para o devedor-fiduciante opor-se aos atos executivos. Como visto, após notificação pelo cartório de registro de imóveis, o oficial deve aguardar 45 dias e averbar a consolidação da propriedade (art. 26, §1º c/c art. 26-A, §1º da Lei 9.514/1997). Neste período o devedor tem meios judiciais para opor-se aos atos executivos, inclusive pedindo tutela de urgência para impedir a consolidação da propriedade, sempre observando o disposto nos artigos 49 e 50 da Lei 10.931/2004.

Entretanto, após consumada a consolidação da propriedade, é possível afirmar que ocorre a decadência do direito do devedor-fiduciante de se opor aos atos executivos. Isso não quer dizer que ele não poderá discutir judicialmente eventual cobrança indevida. Mas, realizada a consolidação da propriedade, a questão se resolverá em perdas e danos (parágrafo único do artigo 30 da Lei 9.514/1997) e não com a interrupção dos atos executivos.

A decadência do direito à oposição aos atos executivos também decorre do disposto nos artigos 26-A, §2º, e 27, §2-B, da Lei 9.514/1997. Se o direito do devedor-fiduciante de purgar a mora exaure-se com a consolidação da propriedade, não faz sentido qualquer tutela de urgência para suspender os leilões ou a imissão na posse em favor do credor, caso o devedor venha a juízo discutir cláusulas contratuais do mútuo. Na hipótese de procedência da ação do devedor, reconhecendo que devia menos que o credor cobrou, já não poderá purgar a mora e a solução será eventual indenização por perdas e danos.

Assim, a lei busca dar celeridade aos atos executivos, garantindo que, uma vez consolidada a propriedade em nome do credor, esse poderá realizar os leilões e imitir-se na posse do bem, sem que o devedor tenha direito de se opor aos autos executivos.

Se o devedor, mediante ação, puder suspender a exigibilidade dos créditos imobiliários e a execução eficiente dos créditos, especialmente da alienação fiduciária em garantia (base do Sistema Financeiro Imobiliário), haverá um efetivo risco para o sistema, que poderá gerar um prejuízo para a sociedade brasileira, pois afugentará os capitais necessários a sanar o déficit habitacional brasileiro.

14

CESSÃO FIDUCIÁRIA EM GARANTIA E A CESSÃO DOS RECEBÍVEIS IMOBILIÁRIOS, OS TÍTULOS REPRESENTATIVOS E NEGOCIÁVEIS, SECURITIZAÇÃO, OS BANCOS HIPOTECÁRIOS, OS AGENTES FINANCEIROS IMOBILIÁRIOS E A CAPTAÇÃO DE RECURSOS

Estudada a principal garantia em que se assenta o Sistema Financeiro Imobiliário (SFI), passamos ao estudo de seus derivados. De fato, a alienação fiduciária em garantia está inserida em um sistema como principal meio de garantia das obrigações financeiras assumidas para o financiamento imobiliário. Entretanto, o sistema foi concebido de forma que novos recursos fossem alocados para financiar a aquisição de bens imóveis. Não basta, para viabilizar o financiamento imobiliário, que se crie um instrumento pelo qual o adquirente possa garantir o financiador com efetiva redução de riscos, possibilitando um procedimento rápido e eficiente para execução da garantia. Há necessidade que o crédito circule. Somente a circulação do crédito permite aos empresários da área a captação de recursos para investimento em novos projetos.

14.1 A CESSÃO FIDUCIÁRIA

A cessão fiduciária de recebíveis (créditos) em garantia de financiamentos bancários é o principal instrumento introduzido pela Lei nº. 9.514/97 e pelas modificações à Lei nº. 4.728/65, feitas pela Lei nº. 10.931/2004, para fomento do sistema.[1] Por esse instrumento, os credores de recebíveis imobiliários

1 "Art. 66-B. O contrato de alienação fiduciária celebrado no âmbito do mercado financeiro e de capitais, bem como em garantia de créditos fiscais e previdenciários, deverá conter, além dos requisitos definidos na Lei no 10.406, de 10 de janeiro de 2002 – Código Civil, a taxa de juros, a cláusula penal, o índice de atualização monetária, se houver, e as demais comissões e encargos.

ou não imobiliários poderão obter financiamento em instituições financeiras, dando em garantia a titularidade fiduciária dos créditos que tenham a receber de seus devedores.

Como se passará a estudar, as vantagens das garantias da cessão fiduciária em garantia de créditos deverão substituir o tradicional penhor financeiro como instrumento de garantia das relações creditícias bancárias garantidas por créditos do devedor.

14.2 ESTRUTURA DO NEGÓCIO

Uma empresa que tenha diversos créditos, pulverizados ou não, poderá ter necessidade de capital, não podendo aguardar o pagamento das dívidas pelos seus devedores. Diante dessa situação, se dirige a uma instituição financeira e obtém um financiamento, dando em garantia os seus recebíveis futuros. Tradicionalmente, essa garantia se dava com o penhor financeiro que o Código Civil Brasileiro (CCB) denomina penhor de direitos e títulos de crédito. A Lei nº. 4.728/65, com as modificações feitas pela Lei nº. 10.931/2004, veio a permitir que essa mesma operação de financiamento seja garantida por cessão fiduciária em garantia de direitos creditórios (recebíveis).

A principal diferença entre a cessão fiduciária em garantia e o penhor financeiro decorre do título pelo qual o credor receberá os créditos, caução ou propriedade fiduciária. No penhor, a titularidade dos créditos permanece com o devedor, sendo transferida somente a posse dos títulos representativos do crédito ao credor (art. 1.452 do CCB). A lei dá ao credor pignoratício um mandado para praticar os atos necessários à conservação e defesa do direito empenhado, podendo inclusive cobrar os créditos decorrentes dos títulos empenhados (art. 1.455 do CCB). Para execução do direito de cobrar diretamente dos devedores dos títulos e direitos empenhados, o credor poderá notificá-los

---

§ 3º. É admitida a alienação fiduciária de coisa fungível e a cessão fiduciária de direitos sobre coisas móveis, bem como de títulos de crédito, hipóteses em que, salvo disposição em contrário, a posse direta e indireta do bem objeto da propriedade fiduciária ou do título representativo do direito ou do crédito é atribuída ao credor, que, em caso de inadimplemento ou mora da obrigação garantida, poderá vender a terceiros o bem objeto da propriedade fiduciária independente de leilão, hasta pública ou qualquer outra medida judicial ou extrajudicial, devendo aplicar o preço da venda no pagamento do seu crédito e das despesas decorrentes da realização da garantia, entregando ao devedor o saldo, se houver, acompanhado do demonstrativo da operação realizada."

para que paguem diretamente a ele (art. 1.459). Por força do parágrafo único do artigo 1.455 do CCB, o credor deve manter uma conta em que deposita os valores recebidos das cobranças dos títulos. Somente se o devedor não pagar a dívida, é dado ao credor reter os valores apurados em pagamento da dívida, restituindo ao devedor o que sobejar. Paga a dívida pelo devedor, no penhor de direitos e títulos de crédito, o credor deverá restituir os títulos e direitos ao devedor ou o produto destes. No penhor, poderá o credor vender a coisa para se pagar, mediante autorização expressa no contrato ou mediante procuração recebida do devedor (art. 1.433 do CCB), caso o devedor não pague a dívida no vencimento.

A estrutura da cessão fiduciária em garantia de créditos é bem diferente. Inicialmente, há a transferência da titularidade dos títulos do devedor para o credor, o que retira aqueles créditos do patrimônio do devedor, protegendo o credor-cessionário-fiduciário de eventual insolvência do devedor-cedente-fiduciante. Por outro lado, na mesma teoria dos demais negócios de garantia fiduciária do Direito brasileiro, o credor-cessionário-fiduciário fica investido da titularidade fiduciária sobre esses créditos, com os mesmos princípios da propriedade fiduciária aplicada aos bens móveis e imóveis, no sentido de ser temporária, enquanto resolúvel, e funcionalizada, ou seja, se presta a garantia.[2]

Do artigo 19 da Lei nº. 9.514/97, em conjunto com o § 3º. do artigo 66-B da Lei nº. 4.728/65, extrai-se, também, que, de forma diferente do penhor financeiro, o credor-cessionário-fiduciário apropria-se imediatamente dos valores recebidos da execução dos créditos cedidos, não precisando aguardar o incumprimento do contrato de financiamento com o devedor-cedente-fiduciante para ficar com o produto (§ único do artigo 1.455). De fato, no financiamento garantido por cessão fiduciária de direitos creditórios (recebíveis) cria-se uma conta corrente, em que são debitados os encargos da dívida e despesas que o credor-cessionário-fiduciário tenha para executar as dívidas. Credita-se para o devedor-cedente-fiduciante os pagamentos recebidos, sendo o saldo dessa conta sempre o valor devido.

O credor-cessionário-fiduciário é titular dos créditos cedidos fiduciariamente, podendo cobrar as dívidas, executar as garantias acessórias aos títulos

---

2 "Art. 18. O contrato de cessão fiduciária em garantia opera a transferência ao credor da titularidade dos créditos cedidos, até a liquidação da dívida garantida" – Lei 9.514/97.

cedidos fiduciariamente, até o limite do seu crédito (acrescida dos eventuais encargos). Se a dívida for paga integralmente com o produto dos créditos cedidos, ficará extinta a propriedade fiduciária dos direitos creditórios, devendo o credor-cessionário-fiduciário restituir ao devedor-cedente-fiduciante o eventual saldo da conta ou os créditos ainda não recebidos (acompanhados de seus títulos). Na hipótese de o devedor-cedente-fiduciante pagar a dívida, opera-se a condição resolutiva da titularidade fiduciária dos créditos, devendo o credor-cessionário-fiduciário restituir os créditos objeto da garantia e eventual saldo.

Dada a fungibilidade dos créditos, a restituição deve ser feita não pelos mesmos créditos que recebeu, mas por créditos da mesma natureza. Ou seja, se foram cedidos fiduciariamente créditos com garantia real como alienação fiduciária em garantia, os créditos a serem restituídos deverão guardar a mesma característica. Tal fato decorre da interpretação do § 3º do artigo 66-B da Lei nº. 4.728/65 que reconhece a fungibilidade dos créditos cedidos fiduciariamente. Nos termos do artigo 85 do CCB, a restituição deve ocorrer em créditos que tenham a mesma espécie, qualidade e quantidade. Em relação à espécie, deve-se entender que os créditos deverão ter a mesma origem, ou seja, se foram cedidos fiduciariamente créditos decorrentes de operações no mercado de capitais, a restituição deverá ser em títulos do mercado de capitais. Quanto à espécie, também, deve-se verificar se os créditos cedidos tinham garantia real; por exemplo, por alienação fiduciária em garantia de imóveis, deverão os créditos restituídos terem a mesma espécie de garantia. Quanto à qualidade dos créditos a serem restituídos, essa é determinada pela capacidade do devedor do crédito cedido. Não poderá o credor-cessionário-fiduciário restituir crédito de devedor insolvente e impontual em substituição ao original que era solvente e cumpridor das suas obrigações. No caso de títulos do mercado de capitais, o credor-cessionário-fiduciário deverá restituir créditos do mesmo emitente, de preferência, com as mesmas condições de remuneração dos títulos que originalmente foram cedidos: por exemplo, se recebeu ações de uma empresa em garantia, deverá restituir ações daquela mesma empresa. Em relação à quantidade a ser restituída, a lei determina a restituição do saldo, ou seja, do que sobrou. Assim, a restituição não será na mesma quantidade, pois parte foi consumida[3] para pagar a dívida (§ 1º. do artigo 19 da Lei nº. 9.514/97). A

3 "Art. 86. São consumíveis os bens móveis cujo uso importa destruição imediata da própria

quantidade aqui deve ser, então, aquela que corresponda ao saldo a ser restituído, pois, é dado ao credor apropriar-se dos frutos dos créditos cedidos para pagar-se, abatendo-se o saldo devedor.

14.3 FORMAÇÃO DO CONTRATO

A cessão fiduciária em garantia poderá ser celebrada por instrumento público ou particular. Nos termos da lei, diferentemente do que ocorre nas demais transmissões fiduciárias em garantia brasileiras, a posse dos títulos alienados fiduciariamente é atribuída ao credor[4]. Assim, é necessária a efetiva entrega dos títulos representativos dos créditos.

No caso da cessão fiduciária em garantia de recebíveis imobiliários garantidos por alienação fiduciária em garantia de bens imóveis, a transmissão da posse se dá com a averbação da cessão fiduciária no cartório de registro de imóveis ou pela cessão do título representativo Cédula de Crédito Imobiliário (CCI).[5]

A cessão fiduciária de direitos creditórios em geral deverá ser objeto de registro no cartório de títulos e documentos do domicílio do devedor para ser oponível a terceiros (§ 1º. do art. 1361 do CCB[6]). No caso do Sistema Financeiro Imobiliário, a cessão fiduciária de recebíveis é largamente utilizada pelas incorporadoras e instituições financeiras. As incorporadoras cedem os créditos decorrentes dos diversos financiamentos garantidos pelas alienações fiduciárias de bens imóveis às instituições financeiras, como garantia do financiamento recebido para execução do projeto. Na hipótese da cessão fiduciária de direitos creditórios garantidos por alienação fiduciária de bens imóveis, a Lei nº. 9.514/97 autoriza o registro das cessões no cartório de registro de imóveis para torná-la oponível a terceiros.[7] O registro é imprescindível, também, para

---

substância, sendo também considerados tais **os destinados à alienação**" (CCB).

4 "a posse direta e indireta do bem objeto da propriedade fiduciária ou do título representativo do direito ou do crédito é atribuída ao credor" (§3º do art. 66-B da Lei nº. 4.728/65).

5 Ver capítulo 14.7.

6 "Art. 1.361. § Constitui-se a propriedade fiduciária com o registro do contrato, celebrado por instrumento público ou particular, que lhe serve de título, no Registro de Títulos e Documentos do domicílio do devedor...".

7 "Art. 17. As operações de financiamento imobiliário em geral poderão ser garantidas por:

que o credor-cessionário-fiduciário possa exercer todos os direitos inerentes ao credor-fiduciário da alienação fiduciária em garantia do imóvel, inclusive o de requerer a consolidação da propriedade e promover o leilão extrajudicial. Também, somente se a cessão estiver registrada, a carta de quitação dada pelo credor-cessionário-fiduciário permitirá ao devedor-fiduciante da alienação fiduciária do bem imóvel averbar o cancelamento da alienação e recuperar a propriedade da coisa.

14.4 OBJETO E SUJEITOS – CAPACIDADE E LEGITIMIDADE

A capacidade para celebrar o contrato de alienação fiduciária reporta-se à regra geral de direito, não exigindo qualquer reflexão mais aprofundada. Basta que as partes tenham capacidade de contratar e adquirir dívida.

Quanto à legitimidade, o cedente-devedor-fiduciante deverá ser titular do direito objeto da garantia, só podendo contratar sobre os créditos que tenha titularidade. Para cessão fiduciária em garantia de direitos creditórios em geral previstos no artigo 66-B da Lei nº. 4.728/65, os direitos creditórios deverão ter sido constituídos no âmbito do mercado financeiro e de capitais, já que a lei que cria essa modalidade de garantia refere-se à atividade dos mercados de capitais. Assim, só poderão celebrar contrato de cessão fiduciária em garantia como cedente e cessionário, os titulares de créditos decorrentes do mercado de capitais e do mercado financeiro. Entretanto, a restrição não deve ser compreendida como relativa à legitimidade para contratar, mas sim uma restrição quanto à origem do crédito objeto do contrato. É que a lei permite ao credor-fiduciário vender a coisa dada em garantia fiduciária quando o devedor não pagar a dívida independente de leilão. Somente os títulos decorrentes de operações mobiliárias têm valor de mercado estabelecido de forma a permitir a efetiva aplicação do § 3º do art. 66-B da Lei nº. 4.728/65. Assim, não estamos

---

I - hipoteca;

II - cessão fiduciária de direitos creditórios decorrentes de contratos de alienação de imóveis;

III - caução de direitos creditórios ou aquisitivos decorrentes de contratos de venda ou promessa de venda de imóveis;

IV - alienação fiduciária de coisa imóvel.

§ 1º. As garantias a que se referem os incisos II, III e IV deste artigo constituem direito real sobre os respectivos objetos."

diante de uma questão de legitimidade, mas sim de restrição quanto aos créditos que podem ser objeto de cessão fiduciária em garantia.

Entretanto, a Lei nº. 9.514/97 estabelece que, excepcionalmente, todos os créditos oriundos de financiamento imobiliário podem ser objeto de cessão fiduciária em garantia (art. 17, II). Assim, quando o crédito objeto da cessão fiduciária em garantia for constituído por crédito decorrente de financiamento imobiliário, terá como legitimidade para figurar como emitente qualquer pessoa natural ou coletiva titular desses créditos.

Quanto à legitimidade para figurar como cessionário-fiduciário-credor ou cedente-fiduciante-devedor, não há qualquer restrição expressa na lei. O terceiro que não seja parte no contrato de financiamento ou mútuo também tem legitimidade para figurar como cedente-fiduciante-garante.[8] Moreira Alves defende que, não havendo restrições legislativas quanto à utilização da alienação fiduciária, qualquer pessoa com capacidade pode figurar como fiduciante e fiduciário, não sendo a atividade restrita às instituições integrantes do sistema financeiro.[9]

Além de inexistir a restrição legislativa, a Lei nº. 10.931/2004, que modificou a redação da Lei nº. 4.728/65 em relação à alienação fiduciária em garantia e à cessão fiduciária em garantia, remete expressamente ao Código Civil quanto aos requisitos no negócio da alienação fiduciária em garantia.[10] O Código Civil, no artigo 1.361 e seguintes, autoriza a celebração do negócio fiduciário em garantia de forma generalizada, como garantia de quaisquer negócios jurídicos e não apenas como garantia dos financiamentos concedidos pelas entidades financeiras. Em decorrência da aplicação generalizada que o Código Civil estabelece para os negócios de garantia fiduciária, deve-se interpretar que a cessão fiduciária em garantia poderá ser celebrada por qualquer pessoa na-

8 "Art. 51. Sem prejuízo das disposições do Código Civil, as obrigações em geral também poderão ser garantidas, inclusive por terceiros, por cessão fiduciária de direitos creditórios decorrentes de contratos de alienação de imóveis, por caução de direitos creditórios ou aquisitivos decorrentes de contratos de venda ou promessa de venda de imóveis e por alienação fiduciária de coisa imóvel." (Lei nº. 10.931/2004)

9 ALVES, José Carlos Moreira, *Alienação...*, ob. cit., p. 198.

10 "Art. 66-B. O contrato de alienação fiduciária celebrado no âmbito do mercado financeiro e de capitais, bem como em garantia de créditos fiscais e previdenciários, deverá conter, além dos requisitos definidos na Lei nº. 10.406, de 10 de janeiro de 2002 – Código Civil, a taxa de juros, a cláusula penal, o índice de atualização monetária, se houver, e as demais comissões e encargos."

tural ou coletiva com capacidade para alienar e adquirir, desde que os créditos objeto das garantias tenham como origem o mercado de capitais (§ 3º do art. 66-B da Lei nº. 4.728) ou créditos decorrentes de negócios imobiliários (art. 17 da Lei nº. 9.514/97).

14.5 A INSOLVÊNCIA DO CEDENTE E CESSIONÁRIO

A cessão fiduciária em garantia transfere ao credor a titularidade fiduciária da coisa dada em garantia. Como já estudado, a consequência natural da propriedade fiduciária no Direito brasileiro é constituir um patrimônio afetado ou em separado (ver capítulo sobre patrimônio de afetação). Os direitos creditórios recebidos, por meio da cessão fiduciária, constituirão um patrimônio em separado (patrimônio de afetação) em relação ao patrimônio geral do credor-cessionário-fiduciário, o que protege o devedor-cedente-fiduciante de eventual falência ou pedido de recuperação judicial do credor (art. 119 da Lei nº. 11.001/2005).[11] Assim, falindo o credor-cessionário-fiduciário, o administrador da massa não poderá arrecadar os créditos cedidos fiduciariamente para a massa, mas deverá cumprir o contrato, executando as garantias e recebendo o valor mutuado. Uma vez quitada a dívida, seja pela compensação dos recebíveis (*payment netting*)[12] ou pelo pagamento por parte do devedor-cessionário-fiduciário, o fiduciário falido deverá restituir os créditos e seus

11 "Art. 119. Nas relações contratuais a seguir mencionadas prevalecerão as seguintes regras: IX – os patrimônios de afetação, constituídos para cumprimento de destinação específica, obedecerão ao disposto na legislação respectiva, permanecendo seus bens, direitos e obrigações separados dos do falido até o advento do respectivo termo ou até o cumprimento de sua finalidade, ocasião em que o administrador judicial arrecadará o saldo a favor da massa falida ou inscreverá na classe própria o crédito que contra ela remanescer."

12 "Recorrendo o garantido à compensação, estamos próximos do *payment netting*, embora aqui se exija a declaração por parte do garantido. Não há qualquer pagamento por parte do devedor/garante/fiduciante à outra parte, mas simplesmente esta última (o credor/garantido/fiduciário), na data do vencimento da obrigação, opera a compensação. E restitui o excedente..." VASCONCELOS, L. Miguel Pestana de, *Os contratos de garantia financeira. O debelar do Direito Europeu das garantias.* In Estudos em Honra do Professor Doutor José de Oliveira Ascensão, v. II, Almedina, 2008, p. 1.298. O sistema brasileiro é um pouco diferente, já que a compensação faz parte da transferência da titularidade fiduciária, passando o credor-cessionário-fiduciário a receber diretamente os valores consignados nos créditos fiduciados, de forma que se paga com o produto deste. O que é uma decorrência natural da titularidade que tem sobre os créditos cedidos de forma temporária até o pagamento da dívida (arts. 18 e 19 da Lei nº. 9.514/97).

títulos ao fiduciante, já que ocorreu a condição resolutiva da titularidade que o fiduciário-falido tinha sobre aqueles créditos.

Para efeitos da afetação ou separação do patrimônio, o credor-cessionário-fiduciário deverá manter contabilidade apartada para os créditos e débitos referentes a essa operação financeira, creditando a favor do devedor-cedente-fiduciante o que receber pagando-se, durante a existência da dívida garantida (art. 19, inciso IV, § 1º., da Lei nº. 9.514/97).[13]

Estudada a insolvência do fiduciário que está com os títulos na qualidade de titular fiduciário e possuidor, passa-se a questão da hipótese de insolvência do devedor-cedente-fiduciante.

A titularidade fiduciária é instituída pelo registro do contrato de cessão fiduciária no cartório de títulos e documentos (hipótese em que o crédito cedido não tenha garantia real) na forma do § 1º do artigo 1.361 do CCB. A titularidade será instituída pela averbação no cartório de registro de imóveis da cessão fiduciária (quando o crédito cedido tem garantia real), nos termos dos artigos 17, 18 e 28 da Lei nº. 9.514/97. O registro ou a averbação, assim, transfere a titularidade dos créditos do devedor para o credor. Como resultado dessa transferência, os créditos não integram mais o patrimônio do devedor-cedente-fiduciante. Tal fato constitui importante garantia para o credor-cessionário-fiduciário, pois os créditos cedidos fiduciariamente não podem mais ser arrecadados pelos demais credores do devedor.

Para garantir a efetiva proteção do credor-cessionário-fiduciário, tendo em vista a fungibilidade da coisa dada em fidúcia nesse tipo de negócio jurídico, a lei atribuiu ao credor a posse dos títulos representativos do crédito (art. 66-B, § 3º, da Lei nº. 4.728/65). Para efetivação do dispositivo, o artigo 20 da Lei nº. 9.514/97 dispõe que, "na hipótese de falência do devedor cedente e se não tiver havido a tradição dos títulos representativos dos créditos cedidos fiduciariamente, ficará assegurada ao cessionário fiduciário a restituição na forma da legislação pertinente." A lei de falência, pela restituição, garante ao credor

---

13 "IV - receber diretamente dos devedores os créditos cedidos fiduciariamente.
§ 1º. As importâncias recebidas na forma do inciso IV deste artigo, depois de deduzidas as despesas de cobrança e de administração, serão creditadas ao devedor cedente, na operação objeto da cessão fiduciária, até final liquidação da dívida e encargos, responsabilizando-se o credor fiduciário perante o cedente, como depositário, pelo que receber além do que este lhe devia."

meios para recuperar os títulos representativos da dívida que estavam com o devedor-cedente-fiduciante.

Além das proteções acima, a Lei de Recuperação das Empresas prevê no § 3º do artigo 49 que, no caso da recuperação judicial das empresas, o crédito do credor-cessionário-fiduciário não se submete ao regime da recuperação judicial "e prevalecerão os direitos de propriedade sobre a coisa e as condições contratuais."

A proteção do credor-cessionário-fiduciário decorre, assim, de três instrumentos: da separação do patrimônio pela cessão fiduciária dos créditos do patrimônio geral do devedor, da possibilidade de restituir-se dos títulos representativos do crédito, além da exclusão dos efeitos da falência e da recuperação judicial sobre os seus créditos.

Assim, ocorrendo a falência ou recuperação judicial, o credor-cessionário-fiduciário poderá continuar a exercer a compensação com o produto dos créditos cedidos até o seu efetivo pagamento (se antes do vencimento da dívida) na forma do artigo 18 da Lei nº. 9.514/97[14] ou vender os créditos para pagar-se, caso na data do vencimento a massa falida ou a empresa em recuperação judicial não possam honrar seu compromisso na forma prevista no final do § 3º do artigo 66-B da Lei nº. 4.728/65.

14.6 INCUMPRIMENTO DO FINANCIAMENTO GARANTIDO – A EXECUÇÃO DA GARANTIA

Vencida a dívida e não paga, quando os valores recebidos na execução dos direitos creditórios cedidos fiduciariamente não foram suficientes, poderá o credor-cessionário-fiduciário vender os créditos

> a terceiros independente de leilão, hasta pública ou qualquer outra medida judicial ou extrajudicial, devendo aplicar o preço da venda no pagamento do seu crédito e das despesas decorrentes da realização da garantia, entregando ao devedor o saldo, se houver, acompanhado do demonstrativo da operação realizada (Art. 66-B, § 3º. da Lei 4728/65).

---

14 "Art. 18. O contrato de cessão fiduciária em garantia opera a transferência ao credor da titularidade dos créditos cedidos, até a liquidação da dívida garantida, e conterá, além de outros elementos, os seguintes:
§ 1º. As importâncias recebidas na forma do inciso IV deste artigo, depois de deduzidas as despesas de cobrança e de administração, serão creditadas ao devedor cedente, na operação objeto da cessão fiduciária, até final liquidação da dívida e encargos, responsabilizando-se o credor fiduciário perante o cedente, como depositário, pelo que receber além do que este lhe devia."

A lei impõe, pela venda, o reequilíbrio econômico do contrato (pacto marciano). A avaliação dos valores mobiliários não apresenta muita dificuldade, já que tem cotação em mercado, podendo o devedor-cedente-fiduciante verificar a regularidade da venda. Feita a venda, o credor poderá pagar-se, restituindo ao devedor eventual saldo. Caso o valor da venda não seja suficiente para quitar o saldo da dívida, o credor poderá cobrar o saldo do devedor-cedente-fiduciante (1.366 do CCB e § 2º do art. 19 da Lei nº. 9.514/97).

A questão se coloca em relação à avaliação dos créditos decorrentes de financiamento imobiliário. O mercado secundário previsto na lei para os créditos decorrentes de financiamento imobiliário cria a possibilidade de esses títulos terem cotação de mercado, permitindo ao credor-fiduciário ter real noção do valor pelo qual irá vender os créditos para pagar-se. De qualquer forma, não sendo paga a dívida e sendo insuficiente o valor obtido pela venda dos créditos, ficará o devedor obrigado a quitar o saldo da dívida (§ 2º, art. 19 da Lei nº. 9.514/97).

14.7 CÉDULA DE CRÉDITO IMOBILIÁRIO

A concepção da Lei nº. 9.514/97 para formação de um mercado secundário para os créditos decorrentes do financiamento imobiliário pecava por ausência de um instrumento que acelerasse a circulação dos recebíveis imobiliários. A necessidade de registro no cartório de registro de imóveis de todas as cessões de crédito, fiduciárias ou não, para constituição do cessionário na titularidade do crédito, dava garantia aos contratantes, mas representava um empecilho ao desenvolvimento do mercado por não respeitar o princípio da velocidade e simplicidade das operações financeiras.

A Lei nº. 10.931/2004 instituiu a Cédula de Crédito Imobiliário (CCI), nos seus artigos 18 a 25, com o objetivo de criar um título representativo do crédito imobiliário, inclusive aquele garantido por alienação fiduciária em garantia, que permitisse a rápida circulação dos créditos e a formação de um mercado secundário forte e capaz de permitir a precificação dos recebíveis imobiliários na mesma linha dos créditos decorrentes do mercado de capitais. Na forma estabelecida na lei, a CCI é emitida pelo credor do crédito imobiliário, podendo representar total ou parcialmente o crédito atrelado ao título.[15] No caso da CCI representar uma fração do crédito imobiliário, a lei exige que, se o emitente for lançar mais de uma CCI referente ao mesmo crédito, a soma dos valores das CCIs não pode exceder o valor do crédito representado. Também é possível que o credor emita essas CCIs parciais de forma simultânea ou não, desde que sejam emitidas antes do vencimento do crédito vinculadas ao seu lançamento.

A lei expressamente autoriza que as CCIs poderão ser emitidas de forma escritural ou cartular. Quando cartulares, serão representadas por um meio físico contendo a denominação "Cédula de Crédito Imobiliário"; o nome, a qualificação e o endereço do credor e do devedor; a identificação do imóvel objeto do crédito imobiliário, com a indicação da respectiva matrícula no registro de imóveis competente e do registro da constituição da garantia; a modalidade da garantia, o número e a série da cédula; o valor do crédito que representa e a condição de integral ou fracionária. Nessa última hipótese, deverão conter também a indicação da fração que representam, o prazo, a data de vencimento, o valor da prestação total, nela incluídas as parcelas de amortização e juros, as taxas, seguros e demais encargos contratuais de res-

---

15 "Art. 18. É instituída a Cédula de Crédito Imobiliário - CCI para representar créditos imobiliários.
§ 1º. A CCI será emitida pelo credor do crédito imobiliário e poderá ser integral, quando representar a totalidade do crédito, ou fracionária, quando representar parte dele, não podendo a soma das CCI fracionárias emitidas em relação a cada crédito exceder o valor total do crédito que elas representam.
§ 2º. As CCI fracionárias poderão ser emitidas simultaneamente ou não, a qualquer momento antes do vencimento do crédito que elas representam.
§ 3º. A CCI poderá ser emitida com ou sem garantia, real ou fidejussória, sob a forma escritural ou cartular.
§ 4º. A emissão da CCI sob a forma escritural far-se-á mediante escritura pública ou instrumento particular, devendo esse instrumento permanecer custodiado em instituição financeira e registrado em sistemas de registro e liquidação financeira de títulos privados autorizados pelo Banco Central do Brasil.
§ 5º. Sendo o crédito imobiliário garantido por direito real, a emissão da CCI será averbada no Registro de Imóveis da situação do imóvel, na respectiva matrícula, devendo dela constar, exclusivamente, o número, a série e a instituição custodiante.
§ 6º. A averbação da emissão da CCI e o registro da garantia do crédito respectivo, quando solicitados simultaneamente, serão considerados como ato único para efeito de cobrança de emolumentos.
§ 7º. A constrição judicial que recaia sobre crédito representado por CCI será efetuada nos registros da instituição custodiante ou mediante apreensão da respectiva cártula.
§ 8º. O credor da CCI deverá ser imediatamente intimado de constrição judicial que recaia sobre a garantia real do crédito imobiliário representado por aquele título.
§ 9º. No caso de CCI emitida sob a forma escritural, caberá à instituição custodiante identificar o credor, para o fim da intimação prevista no § 8º."

ponsabilidade do devedor, a forma de reajuste e o valor das multas previstas contratualmente. Deverão trazer ainda a indicação do local de pagamento, o local e a data da emissão a assinatura do credor, a autenticação pelo oficial do registro de imóveis competente, no caso de contar com garantia real e cláusula à ordem, se endossável.

No Brasil, foi instituída, na década de 1980, a Central de Custódia e Liquidação Financeira de Títulos Privados (CCLFTP). Esse sistema centralizado de custódia é operado com autorização do Banco Central do Brasil. Quando a CCI for emitida de forma escritural, deverá ser registrada junto a um agente custodiante, constando de sua emissão, além dos requisitos da CCI cartular, o nome, a qualificação e o endereço da instituição custodiante, ficando dispensada a assinatura do credor (art. 19 da Lei nº. 10.931/2004).

A CCI representará o crédito imobiliário de forma que, no caso da emissão de uma CCI lastreada a um crédito imobiliário garantido por alienação fiduciária de bem imóvel, o credor-fiduciário será o emitente da CCI e será qualificado como credor. O devedor-fiduciante será qualificado como devedor do referido instrumento (título). O credor-fiduciário poderá, quando emitir a CCI, declarar se garante ou não o título mediante garantia fidejussória ou real, de forma que, se o devedor-fiduciante não pagar a dívida representada na CCI, o credor-fiduciário responderá ou não pelo crédito representado por ela. O artigo 19 da Lei nº. 10.931/2004 impõe a inclusão de uma série de informações referentes ao crédito gerador da CCI, em seu corpo. A identificação do imóvel e do tipo de garantia permite ao adquirente da CCI apreciar melhor o risco e avaliar o título. Além da identificação da garantia do crédito imobiliário, a lei determina que a CCI inclua as informações referentes ao pagamento do crédito imobiliário, já que o titular da CCI receberá, em princípio, conforme o devedor-fiduciante se obrigou junto ao credor-fiduciário. De fato, a CCI é um título facilitador da circulação do crédito imobiliário, não tendo vencimento próprio, mas sim atrelado ao vencimento das obrigações assumidas pelo devedor do financiamento imobiliário. Essa característica da CCI decorre da posição que o emitente (credor) assume no título; não é ele o devedor, quando muito responderá pela dívida na qualidade de garante.

A Lei nº. 10.931/2004 estabelece ainda que a CCI é título executivo extrajudicial, "exigível pelo valor de acordo com as cláusulas e condições pactuadas no contrato que lhe deu origem". Figurará como exequente o titular da CCI e como executado o devedor do crédito imobiliário. O titular poderá exigir o pagamento na forma do contrato que lastreou o lançamento da CCI. No caso de a dívida que lastreou a emissão da CCI ter garantia real que comporte execução especial, como na alienação fiduciária em garantia, o titular poderá promover a consolidação da propriedade e o leilão, conforme previsto no artigo 20 da Lei nº. 9.514/97. Essa afirmativa decorre, ainda, do § 1º. do artigo 22 da Lei nº. 10.931/2004, que estabelece que a "cessão do crédito representado por CCI implica automática transmissão das respectivas garantias ao cessionário, sub-rogando-o em todos os direitos representados pela cédula, ficando o cessionário, no caso de contrato de alienação fiduciária, investido na propriedade fiduciária" do imóvel que garante a dívida.

A cessão dos direitos representados pela CCI se dará, quando escritural, "por meio de sistemas de registro e de liquidação financeira de títulos privados autorizados pelo Banco Central do Brasil" (art. 22 da Lei nº. 10.931/2004). Assim, o titular da CCI, caso queira ceder o crédito, deve fazê-lo mediante ato junto ao agente custodiante. De forma estranha e incompatível com o sistema de registros públicos brasileiros, a Lei nº. 10.931/2004 permitiu a cessão de crédito garantido por direito real, quando a CCI tiver forma escritural, sem a averbação no registro de imóveis, aplicando-se ao caso o regime geral de cessão do CCB (art. 286 e seguintes). O princípio do sistema de registro brasileiro é tal que será titular do direito real quem constar na matrícula como titular. Sem a averbação das cessões, dispensadas pelo § 2º. do art. 22 da Lei nº. 10.931/2004, o cessionário não será titular do direito real que garante a dívida, por exemplo, a propriedade fiduciária. O termo de quitação emitido pelo credor-cessionário da CCI não deverá ser aceito no cartório de registro de imóveis para cancelamento de hipoteca ou registro de alienação fiduciária, tendo em vista a violação do princípio registral da continuidade do registro. Também, sem a averbação da cessão não poderá o titular da CCI (cessionário ou seus sucessores) executar a hipoteca ou pedir a consolidação da propriedade, em caso de incumprimento das obrigações do devedor, já que não será, para efeitos do registro, titular daquele direito real. O artigo 24 da Lei nº. 10.931/2004 não dá socorro à questão, afirmando apenas que o resgate da dívida representada pela CCI prova-se com a declaração de quitação, emitida pelo credor ou, na falta desta, por outros meios admitidos em Direito.

A incongruência do sistema de cessão da CCI sem averbação da transferência do direito real no cartório de registro de imóveis se demonstra com um exemplo simples. Suponhamos que A aliena fiduciariamente a B a propriedade de um bem imóvel em garantia. B, então, emite uma CCI em que constem os termos da dívida, figurando A como devedor da CCI e B como credor. A CCI será registrada junto à matrícula constando seu número de série e a identificação do agente custodiante, já que, no exemplo, será escritural. B, então, cede a CCI para C, que a cede a D, que a cede a E, até chegar à cessão de M para N. A, notificado de todas as cessões, sempre pagou regularmente ao titular do crédito representado pela CCI, até a quitação do financiamento imobiliário. N, então, emite um termo de quitação, que A leva a registro no cartório de registro de imóveis. Entretanto, na sistemática da lei, que dispensa as averbações das cessões, constará como titular da propriedade fiduciária B. Como A e o oficial do cartório de registro de imóveis devem proceder para averbar a extinção da propriedade fiduciária e a restituição da propriedade ao devedor-fiduciante (A), já que quem deu quitação não era o titular no cartório de registro de imóveis do direito real a ser extinto pela quitação?

José de Mello Junqueira defende que o registro das cessões, no caso das alienações fiduciárias em garantia, é indispensável para efetivação da cessão.[16] Para ele, sem averbação não haverá a cessão. *Data venia*, não se pode ir contra a clara autorização legal que permite e dá validade à cessão da CCI sem averbação no registro do imóvel das cessões havidas. A solução do problema levantado no parágrafo anterior, a nosso ver, passa pela emissão da entidade custodiante de um espelho (relatório) das cessões da CCI permitindo ao cartório de registro de imóveis verificar a titularidade de quem deu a quitação ao devedor-fiduciante. Nessa hipótese, em uma única averbação, o oficial do cartório deverá relatar a linha de cessões e, em seguida, cancelar o ônus real existente. Essa solução estaria mais em consonância com o previsto no artigo 22 da Lei nº. 10.931/2004, já que haverá o registro da cessão no sistema de registro e de liquidação financeira de títulos privados.

A mesma solução poderá ser aplicada quando o titular da CCI escritural cedida tenha de executar a garantia. Deverá comprovar a sua qualidade de titular da propriedade fiduciária ou credor hipotecário, por declaração emiti-

16 JUNQUEIRA, José de Mello. In Boletim do Irib 246, de novembro de 1997.

da pela entidade custodiante, retirada do sistema de registro e de liquidação financeira de títulos privados, para poder executar a garantia respectiva. No caso da alienação fiduciária em garantia de bens imóveis, o cartório de registro de imóveis deverá em primeiro lugar averbar a cadeia de cessões, para então proceder à execução na forma prevista na Lei nº. 9.514/97.

14.8 LETRA DE CRÉDITO IMOBILIÁRIO

A Letra de Crédito Imobiliário (LCI) somente pode ser emitida por bancos comerciais, os bancos múltiplos com carteira de crédito imobiliário, a Caixa Econômica Federal, as sociedades de crédito imobiliário, as associações de poupança e empréstimo, as companhias hipotecárias e demais espécies de instituições que, para as operações a que se refere este artigo, venham a ser expressamente autorizadas pelo Banco Central do Brasil. Essas instituições financeiras poderão emitir, independentemente de tradição efetiva, LCI caucionada por créditos imobiliários garantidos por hipoteca ou por alienação fiduciária de coisa imóvel, conferindo, aos seus tomadores, direito de crédito pelo valor nominal, juros e, se for o caso, atualização monetária nelas estipulados (art. 12, Lei nº. 10.931/2004).

Os bancos que financiarem a aquisição de imóveis aos consumidores em geral, garantindo-se por hipoteca ou alienação fiduciária, podem emitir esse título garantido por caução pelos diversos créditos imobiliários em sua carteira. O objetivo da LCI é propiciar às instituições financeiras integrantes do SFI instrumento de captação de recursos e o oferecimento de um novo produto financeiro aos seus clientes, garantidos pelos créditos imobiliários em geral. A LCI será emitida sob a forma nominativa, podendo ser transferível mediante endosso em preto e conterá o nome da instituição emitente e as assinaturas de seus representantes; o número de ordem; o local e a data de emissão; a denominação "Letra de Crédito Imobiliário"; o valor nominal e a data de vencimento; a forma, a periodicidade e o local de pagamento do principal, dos juros e, se for o caso, da atualização monetária; os juros, fixos ou flutuantes, que poderão ser renegociáveis, a critério das partes; a identificação dos créditos caucionados e seu valor, o nome do titular e cláusula à ordem, se endossável. A critério do credor, poderá ser dispensada a emissão de certificado, devendo a LCI sob a forma escritural ser registrada em sistemas de registro e liquidação financeira de títulos privados autorizados pelo Banco Central do Brasil.

A LCI difere-se da CCI por não ser um título representativo do crédito imobiliário, não se prestando a negociação deste. Os créditos imobiliários são apenas uma garantia às LCI; o efetivo devedor será a instituição financeira que os emitir. A LCI poderá contar com garantia fidejussória adicional de instituição financeira diferente da emissora. A LCI poderá ser garantida por um ou mais créditos imobiliários, mas a soma do principal das LCI emitidas não poderá exceder o valor total dos créditos imobiliários em poder da instituição emitente (art. 15, Lei nº. 10.931/2004). O fundamento desse dispositivo é dar aos investidores a certeza que há suficiente lastro na LCI emitida. De forma diversa, os títulos poderiam perder suas garantias reais, tornando-se um investimento muito mais arriscado do que o investidor pretendia fazer. Daí decorre também a impossibilidade de estabelecer, na LCI, vencimento posterior ao vencimento de quaisquer dos créditos que lhe garantam (§ 1º., art. 15).

14.9 CÉDULA DE RECEBÍVEIS IMOBILIÁRIOS – SECURITIZAÇÃO

O Certificado de Recebíveis Imobiliários (CRI) é título de crédito nominativo, de livre negociação, lastreado em créditos imobiliários e constitui promessa de pagamento em dinheiro de emissão exclusiva das companhias securitizadoras (art. 6º., Lei nº. 9.514/97). Para a compreensão do título em questão, é necessário estabelecer, primeiro, o que é securitização e qual o papel das companhias securitizadoras.

A securitização é definida na própria lei, sendo um instrumento pelo qual se emite um título ou vários títulos, por meio de um termo de securitização, em que se vinculam os vários créditos imobiliários àqueles títulos. Consiste, como explicam John Downes e Jordan Elliot Goodman, em um processo de redução dos riscos pela aglutinação de vários créditos em um único conjunto e em seguida a emissão de valores mobiliários (títulos) lastreados ao conjunto de créditos.[17] A lógica do processo decorre da pulverização do risco. O ina-

17 "*Securitization – process of distributing risk by aggregating debt instruments in a pool, them inssuring new securities backed by the pool*" DOWNES, John and GOODMAN, Jordan Elliot, *Dictionary of finance and investment terms,* Barron's Educatinal Series inc. "Securitization is a structured finance process that involves pooling and repackaging of cash-flow-producing financial assets into securities, which are then sold to investors. The term "securitization" is derived from the fact that the form of financial instruments used to obtain funds from

dimplemento de um único devedor poderá ser devastador para o titular de um crédito que só tem um devedor. Quando o titular (investidor) compra um título esperando ter uma remuneração decorrente de vários pagamentos a serem feitos por vários devedores de obrigações individualizáveis, mas reunidas para garantir o investidor, o seu risco irá reduzir substancialmente se apenas um devedor ficar inadimplente.

Os títulos são emitidos por companhias securitizadoras. Essas empresas, no mesmo modelo norte-americano,[18] são especializadas em comprar créditos imobiliários, emitindo títulos correspondentes a esses créditos para serem negociados no mercado financeiro e de valores mobiliários, permitindo a recapitalização dos financiadores imobiliários para que possam fazer novos financiamentos.

---

the investors are securities. As a portfolio risk backed by amortizing cash flows - and unlike general corporate debt - the credit quality of securitized debt is non-stationary due to changes in volatility that are time- and structure-dependent. If the transaction is properly structured and the pool performs as expected, the credit risk of all tranches of structured debt improves; if improperly structured, the affected tranches will experience dramatic credit deterioration and loss.[1] All assets can be securitized so long as they are associated with cash flow. Hence, the securities which are the outcome of securitization processes are termed asset-backed securities (ABS). From this perspective, securitization could also be defined as a financial process leading to an issue of an ABS." http://en.wikipedia.org/wiki/Securitization

18 Estamos diante de um modelo muito próximo e inspirado nas companhias securitizadoras americanas (Freddie Mac e Fannie Mae) que entrou em colapso nos anos de 2008 e 2009, face ao excessivo número de créditos hipotecários de baixa qualidade (*subprime*). A discrição da atuação das empresas é idêntica ao modelo concebido no Brasil. No Brasil, a principal empresa a atuar no mercado é a Brazilian Mortgages. O modelo americano é concebido da seguinte forma: "A Federal Home Loan Mortgage Corporation (FHLMC) (NYSE: FRE), conhecida como Freddie Mac, é uma empresa garantida pelo governo dos Estados Unidos (government sponsored enterprise - GSE), autorizada a fornecer empréstimos e garantias. Foi criada em 1970 para expandir o mercado secundário de hipotecas no país. Seu apelido Freddie Mac é uma criação fonética, feita a partir da sigla da empresa. Freddie Mac compra hipotecas no mercado de créditos hipotecários de primeira-mão [1], as quais reúne e revende a investidores no mercado mundial." http://pt.wikipedia.org/wiki/Freddie_Mac em 10 de maio de 2009. "A Federal National Mortgage Association (FNMA) (NYSE: FNM), conhecida como Fannie Mae, era uma empresa de capital aberto, garantida pelo governo dos Estados Unidos (government sponsored enterprise ou GSE), autorizada a conceder e garantir empréstimos. O apelido "Fannie Mae" é uma criação fonética, a partir da sigla da empresa, que permite identificá-la mais facilmente.

Fannie Mae era líder do mercado secundário de hipotecas do país, o qual se destina a dar liquidez aos geradores de hipotecas, de modo que as empresas de poupança, empréstimo e hipotecas, bem como os bancos comerciais e agentes financeiros públicos do setor habitacional possam financiar os adquirentes da casa própria." http://pt.wikipedia.org/wiki/Fannie_Mae em 10 de maio de 2009.

Os investidores, nos títulos em questão, adquirem esse investimento de longo prazo, sendo remunerados na forma prevista nos diversos créditos imobiliários que lastrearam seu lançamento. Por lei, os investidores são denominados subscritores. Os subscritores são os poupadores, em geral, que aplicam seus recursos em longo prazo, esperando, como retorno do investimento, que os devedores dos créditos imobiliários paguem suas dívidas, o que representará a remuneração dessa poupança popular.

No termo de securitização lançado pela companhia securitizadora, serão identificados o devedor e o valor nominal de cada crédito que lastreie a emissão, com a individuação do imóvel a que esteja vinculado e a indicação do cartório de registro de imóveis em que esteja registrado e a respectiva matrícula. Constarão também a indicação do ato pelo qual o crédito foi cedido, inclusive cessão por CCI, a identificação dos títulos emitidos e a constituição de outras garantias de resgate dos títulos da série emitida, se for o caso.

Assim, decorre que o termo de securitização é um instrumento pelo qual a empresa securitizadora reúne uma série de créditos imobiliários em um fundo de investimento e emite uma série de títulos remunerados pelo fluxo de caixa propiciado pelos ativos desse fundo. Os valores recebidos decorrentes dos créditos que compõem esse fundo representam a remuneração dos títulos e os créditos imobiliários serão, por sua vez, a garantia dos títulos emitidos. Para efetivação dessa lógica, os artigos 9º a 16 da Lei nº. 9.514/97 criaram uma série de regras para constituição do regime fiduciário sobre os créditos e a separação patrimonial, pela afetação.

A companhia securitizadora, mediante declaração no termo de securitização, poderá instituir regime fiduciário sobre os créditos imobiliários que constituem e lastreiam determinado fundo para emissão dos CRIs. Por esse regime fiduciário (fidúcia *cum amico*) é nomeado um agente fiduciário que deve ser instituição financeira autorizada pelo Banco Central, ficando os adquirentes dos títulos como beneficiários. Em decorrência da criação desse regime fiduciário, a lei prevê que os ativos que compõem o termo de securitização constituirão um patrimônio separado (afetado) em relação ao patrimônio geral da companhia securitizadora (inciso II, art. 10, Lei 95.14/97).[19]

19 "Art. 10. O regime fiduciário será instituído mediante declaração unilateral da companhia securitizadora no contexto do Termo de Securitização de Créditos, que, além de conter os elementos de que trata o art. 8º, submeter-se-á às seguintes condições:

Com isso, os investidores terão a segurança do patrimônio do fundo constituído por um termo de securitização, que garante que o ativo do fundo não poderá ser usado pela companhia securitizadora ou seus credores para pagar outras dívidas da emitente dos CRIs (art. 11, incisos I a VI, Lei nº. 9.514/97).[20] No termo de securitização, a companhia poderá dar garantia fidejussória ao patrimônio separado ou não, de forma a completar os recursos necessários à remuneração dos titulares dos CRIs. A complementação poderá ser feita por novo termo de securitização, em que se agregue àquele patrimônio um número maior de créditos, ou pela cobrança direta dos titulares dos CRIs contra a securitizadora.

Para possibilitar a separação do patrimônio, tendo em vista a fungibilidade dos direitos que compõe o patrimônio em separado, a lei determinou que

---

I - a constituição do regime fiduciário sobre os créditos que lastreiem a emissão;
II - a constituição de patrimônio separado, integrado pela totalidade dos créditos submetidos ao regime fiduciário que lastreiem a emissão;
III - a afetação dos créditos como lastro da emissão da respectiva série de títulos;
IV - a nomeação do agente fiduciário, com a definição de seus deveres, responsabilidades e remuneração, bem como as hipóteses, condições e forma de sua destituição ou substituição e as demais condições de sua atuação;
V - a forma de liquidação do patrimônio separado.
Parágrafo único. O Termo de Securitização de Créditos, em que seja instituído o regime fiduciário, será averbado nos Registros de Imóveis em que estejam matriculados os respectivos imóveis.

20 Art. 11. Os créditos objeto do regime fiduciário:
I - constituem patrimônio separado, que não se confunde com o da companhia securitizadora;
II - manter-se-ão apartados do patrimônio da companhia securitizadora até que se complete o resgate de todos os títulos da série a que estejam afetados;
III - destinam-se exclusivamente à liquidação dos títulos a que estiverem afetados, bem como ao pagamento dos respectivos custos de administração e de obrigações fiscais;
IV - estão isentos de qualquer ação ou execução pelos credores da companhia securitizadora;
V - não são passíveis de constituição de garantias ou de excussão por quaisquer dos credores da companhia securitizadora, por mais privilegiados que sejam;
VI - só responderão pelas obrigações inerentes aos títulos a ele afetados.
§ 1º. No Termo de Securitização de Créditos, poderá ser conferido aos beneficiários e demais credores do patrimônio separado, se este se tornar insuficiente, o direito de haverem seus créditos contra o patrimônio da companhia securitizadora.
§ 2º. Uma vez assegurado o direito de que trata o parágrafo anterior, a companhia securitizadora, sempre que se verificar insuficiência do patrimônio separado, promoverá a respectiva recomposição, mediante aditivo ao Termo de Securitização de Créditos, nele incluindo outros créditos imobiliários, com observância dos requisitos previstos nesta seção.
§ 3º. A realização dos direitos dos beneficiários limitar-se-á aos créditos imobiliários integrantes do patrimônio separado, salvo se tiverem sido constituídas garantias adicionais por terceiros."

a companhia secutizadora, caso institua o regime fiduciário, deverá manter contabilidade individualizada para cada patrimônio.

Por fim, a lei regula a atividade do agente fiduciário, estabelecendo suas obrigações de fiscalização e gestão dos interesses dos beneficiários, atribuindo-lhe legitimidade e responsabilidade para garantir a execução destes, inclusive no caso de quebra da companhia securitizadora (ver arts. 13 a 16 da Lei nº. 9.514/97).

15
CONCLUSÃO

Por todo o estudado e arguido durante o presente trabalho pode se chegar às seguintes conclusões:

A fidúcia é uma convenção bilateral pela qual o fiduciário recebe do fiduciante a propriedade de um ou mais bens e direitos individualizados ou individualizáveis, assumindo a obrigação de lhes dar um destino específico. Esses bens e direitos constituirão um patrimônio em separado do patrimônio pessoal do fiduciário, obrigando-se o fiduciário a exercer a propriedade dentro dos limites e para obtenção dos objetivos estabelecidos no pacto fiduciário, em benefício do fiduciante ou de quem ele indicar (beneficiário).

Os bens dados em fidúcia são afetados, ou seja, a propriedade do fiduciante sobre os bens que constituem o *trust* é afetada pelo objeto das obrigações assumidas. A propriedade fiduciária e a constituição do patrimônio afetado pela fidúcia permitiram a adoção no nosso sistema de um direito real limitado ao fiduciário e deram ao fiduciante a mesma segurança jurídica existente no *trust* quanto ao direito real sobre os bens objetos da fidúcia

Pela adoção da teoria unitária dos contratos fiduciários tem-se que o negócio fiduciário será um único contrato misto duplo ou geminado, já que o fiduciante está obrigado a cumprir obrigação típica da compra e venda e o fiduciário deverá cumprir obrigações de outro tipo.

O negócio fiduciário atípico somente poderá ser considerado ilícito no mérito, ou seja, se seu conteúdo representar fraude à lei por violação a dispositivos de ordem pública e a proibições, como as previstas no artigo 53 do Código de Defesa do Consumidor e nos artigos 1.365 ou 1.428 do Código Civil Brasileiro (CCB).

A tipificação não descaracteriza o negócio como fiduciário. Nos negócios típicos permanece a incongruência ou não homogeneidade entre o escopo objetivado pelas partes e o meio jurídico empregado para alcançá-lo. Mesmo nos negócios tipificados há a transferência da propriedade, ainda que resolúvel, para uma finalidade distinta da compra e venda, tendo como finalidade efetiva a garantia ou a administração de patrimônio.

A positivação não desconfigura o instituto a ponto de não poder ser classificado como negócio fiduciário. Seja na estrutura ou na confiança no instituto jurídico, a fidúcia legal ou típica permanece como espécie de negócio fiduciário.

O fideicomisso latino-americano constitui um grande avanço no Direito codificado em relação à adaptação do *trust* aos sistemas de origem jurídica romana. Em decorrência da forma com que se cria e regulamenta a propriedade fiduciária e o patrimônio de afetação, segregando o patrimônio do fiduciário dos bens dados em fidúcia, a lei adapta com sucesso o *trust*, permitindo a existência de mecanismos pelos quais as partes possam criar uma gama infinita de negócios, mantendo-se a segurança do fiduciante quanto a eventuais abusos do fiduciário.

É admissível a separação do patrimônio, em razão da fidúcia, mesmo para os que condicionam a separação a uma dívida vinculada àquele patrimônio. No negócio fiduciário, o conjunto de bens e direitos transferidos para o fiduciário responde pela dívida que este tem para com o beneficiário ou fiduciante. Seja na fidúcia para administração ou para garantia de crédito, o fiduciário deve restituir os bens ao fiduciário ou beneficiário, quando cumprida a condição estabelecida no contrato. Esse dever é uma obrigação, satisfazendo-se assim aqueles que defendem a possibilidade de separação patrimonial somente em função de uma obrigação (dívida).

A adoção do patrimônio de afetação nos sistemas que não admitem a dicotomia do direito de propriedade como a propriedade formal e a propriedade útil é imprescindível para a adequada proteção dos direitos dos fiduciantes e beneficiários. Sem a separação, não se pode atribuir nenhum direito aos beneficiários e fiduciantes que não seja no campo dos direitos pessoais, ou seja, não reais.

Os bens alienados fiduciariamente em garantia, os direitos cedidos fiduciariamente para cobrança ou garantia e os bens dados em fideicomisso, qualquer que seja seu fim, constituem, por força de lei, um patrimônio afetado em separado do patrimônio geral do fiduciário, já que este terá esse patrimônio somente com o fim de execução da fidúcia e respondendo pelo crédito do beneficiário ou fiduciante.

Em relação à alienação fiduciária em garantia foi possível concluir:

O fiduciário ou o fiduciante poderá se tornar proprietário pleno da coisa, dependendo da execução ou inexecução do contrato principal. Caso o fiduciante-devedor fique inadimplente, o fiduciário-proprietário poderá consolidar a propriedade em seu nome, passando a ser proprietário pleno do bem, devendo e podendo aliená-lo. Por outro lado, quitado o mútuo, resolve-se a propriedade do fiduciário-credor em favor do fiduciante-devedor. Conceitua-se, assim, a propriedade fiduciária como o domínio limitado e resolúvel, recebido pelo fiduciário, do fiduciante, para execução de um fim específico.

A alienação fiduciária em garantia tipificada é espécie de negócio fiduciário por permanecer na alienação fiduciária a obrigação do fiduciário agir com lealdade, devendo devolver a propriedade, quando do advento da condição resolutiva. Em segundo plano, a transmissão da propriedade permanece, configurando-se o exagero do meio sobre o fim almejado, além de persistir a confiança, mesmo que de uma forma mais restrita do que seria demandada de uma fidúcia atípica. O fiduciante confia plenamente no instituto jurídico celebrado e na execução do contrato como fidelidade pelo fiduciante.

A transferência da propriedade ocorre, em especial, na alienação fiduciária de bens imóveis, em que há efetivo registro da transmissão da propriedade fiduciária ao credor junto à matrícula do imóvel, que pode até mesmo transmitir sua posição jurídica em relação ao bem.

O contrato de alienação em garantia não pode ser confundido com a propriedade fiduciária, visto que este é puramente obrigacional com efeitos reais e aquela a garantia real em si.

Em termos de legitimidade, não há restrições à pessoa que possa ser fiduciante-devedor, podendo ser qualquer pessoa jurídica ou física, com capacidade de alienar e dispor dos bens e de contrair obrigações. A legitimidade para figurar como fiduciário-credor dependerá da natureza dos bens alienados. Quando o bem for móvel, só terão legitimidade para figurar como fiduciário-credor as instituições financeiras e as demais sociedades autorizadas na Lei nº. 4.728/65 e no Decreto-Lei nº. 911/97. Nas operações de alienação fiduciária em garantia de bens imóveis, poderá figurar como fiduciário-credor qualquer pessoa física ou jurídica, não prevalecendo a mesma restrição que existe na alienação fiduciária de bens móveis.

O proprietário original da coisa (vendedor) adquirida com o financiamento garantido por alienação fiduciária não é parte do contrato de alienação fiduciária. A relação existe somente entre a alienação fiduciária em garantia e o financiamento, sendo essa garantia acessória ao contrato de mútuo e a ele ligado.

Podem ser objeto de alienação fiduciária de bens imóveis, além do direito de propriedade pleno, todos os direitos reais enumerados no artigo 22 da Lei nº. 9.514/97.

A propriedade fiduciária é criada pela celebração de um negócio fiduciário que contém as condições resolutivas da propriedade transferida que não integra o patrimônio geral do fiduciário. Observe-se que a natureza jurídica não é pura e simplesmente de uma propriedade resolúvel, mas de uma propriedade resolúvel funcionalizada, pois existe com o objetivo de garantir. A extensão dos direitos dominiais do fiduciário é limitada por essa função.

A alienação fiduciária em garantia é contrato autônomo em relação à compra e venda, tem por finalidade garantir o pagamento do mútuo pactuado (muitas vezes, no próprio instrumento de alienação fiduciária). O valor do financiamento, normalmente, é direcionado à aquisição do bem, que mais tarde será transferido ao fiduciário em garantia do empréstimo concedido.

Na alienação fiduciária em garantia se pactua a alienação do bem em garantia de um mútuo, não se podendo aplicar as normas pertinentes a compra e venda em prestações ou compra e venda com reserva de domínio, nem mesmo de forma subsidiária. A alienação fiduciária em garantia é um negócio jurídico em que se contrata a transferência da propriedade ao credor. Denota-se que é um contrato com efeitos reais por meio do qual as partes pactuam a transferência da propriedade em caráter resolúvel ao credor, daí se afirmar que a alienação fiduciária em garantia é em um contrato obrigacional com efeitos reais.

Por força do artigo 125 do Código Civil Brasileiro, verificada a impossibilidade de ocorrência da condição suspensiva, o negócio jurídico original irá vigorar desde a data da conclusão do negócio, ou seja, diante da impossibilidade de ocorrência da condição resolutiva da propriedade do fiduciário, a transferência da propriedade passa a ser plena.

Mesmo quando o vendedor e credor-fiduciário forem a mesma pessoa, do ponto de vista jurídico não se confundem quanto aos seus direitos e obrigações no contrato de alienação fiduciária em garantia. Significa dizer que o vendedor poderá figurar no contrato de alienação fiduciária em garantia porque é credor do mútuo e não por ser vendedor do bem financiado.

Todos os contratos coligados com as operações de financiamento imobiliário poderão ser celebrados por instrumento particular, mesmo aqueles que visem à constituição, transferência, modificação ou renúncia de direitos reais sobre imóveis.

Quanto às cláusulas financeiras da alienação fiduciária, essas devem observar a reposição integral do valor emprestado e respectivo reajuste, a remuneração do capital emprestado às taxas convencionadas no contrato, permitida a capitalização de juros e a utilização das mesmas condições que as entidades autorizadas a operar no Sistema Financeiro Imobiliário possam praticar. Impedir a capitalização dos juros das alienações fiduciária, em última instância, é gerar prejuízos à poupança popular, que é remunerada pelos títulos vinculados às alienações fiduciárias.

Os particulares, mesmo não integrantes do SFI, podem pactuar nas mesmas condições permitidas para aquelas entidades (§ 2º. do art. 5º. da Lei nº. 9.514/97). Significa dizer que o credor-fiduciário e o devedor-fiduciante podem estipular as taxas de juros iguais as que seriam cobradas se o credor-fiduciário fosse instituição financeira.

Quando o devedor-fiduciante não cumpre as obrigaçoes assumidas no mútuo, a lei prevê sua notificação. O objetivo é caracterizar que o fiduciante-devedor não irá cumprir o contrato e que, portanto, a condição resolutiva da propriedade do credor-fiduciário não ocorrerá. É a impossibilidade de realização da condição resolutiva da propriedade do fiduciário que dá legitimidade ao fiduciante para tornar-se proprietário pleno da coisa.

Caracterizada a mora pelo não pagamento no prazo da dívida, o credor-fiduciário poderá solicitar ao oficial do registro de imóveis que notifique o devedor-fiduciante para que pague a dívida vencida e não paga, no prazo de 15 dias (§ 1º., art. 26). Vencido o prazo, o incumprimento deixa de ser simples mora sujeita aos efeitos do artigo 395 do CCB e passa a ser definitivo.

A natureza de *obligatio propter rem* das obrigações acessórias do fiduciante-devedor, autorizam concluir que, por força do § 1º. do artigo 26 da

Lei nº. 9.514/97, caso o devedor não pague as obrigações acessórias, poderá o credor-fiduciante notificá-lo para pagá-las no prazo de 15 dias, sob pena de consolidação da propriedade. Se isso não fosse possível, o devedor-fiduciante poderia deixar acumular um passivo de valor expressivo sobre a coisa que tornasse inútil a garantia dada pela propriedade fiduciária. Consolidada a propriedade em decorrência da impossibilidade de cumprir a condição resolutiva da propriedade do fiduciário, a lei lhe impõe a venda da coisa. Trata-se de uma obrigação legal ainda decorrente da funcionalidade da propriedade do fiduciário. A propriedade da coisa só está em seu patrimônio com o objetivo de garantir a dívida.

No momento do leilão, tendo em vista a impossibilidade de ocorrer a condição resolutiva da propriedade do fiduciante, a propriedade plena já se encontra com o credor, não tendo qualquer efeito a purga da mora nesse momento. O fiduciário assina o termo de arrematação como proprietário da coisa alienada, na qualidade de vendedor, e o licitante assina o termo como comprador da propriedade plena da coisa. A exigência da assinatura do leiloeiro oficial e das cinco testemunhas refere-se somente à forma do título aquisitivo.

O ideal é que o valor do primeiro leilão expresse quantitativo mais próximo ao valor de mercado possível. Valor muito superior ao valor de mercado representa prejuízo potencial ao fiduciante, pois dificultará a venda do imóvel em primeiro leilão, momento mais vantajoso para ter o imóvel vendido, já que potencializa as chances de receber o que sobejar a dívida. Se o valor for muito baixo, o fiduciante poderá perder o direito à restituição de eventual sobra (diferença entre o valor arrecadado no leilão e o valor da dívida) ou ter esse valor reduzido.

No segundo leilão, não havendo licitante que ofereça valor mínimo exigido em lei, o bem integrará o patrimônio do credor de forma definitiva, mesmo porque a lei não prevê a exigência de infinito número de leilões até que o credor consiga vender o bem para satisfazer seu crédito. Inexistindo lance mínimo no segundo leilão, o credor pode ficar com o bem sem a exigência de tentar aliená-lo no futuro.

A previsão legislativa de extinção da dívida quando não há licitantes e o credor fica com o bem é um convite ao inadimplemento, toda vez que o valor do bem, por alguma razão ou conjuntura econômica, ficar inferior ao valor da dívida. Se o comerciante que aliena fiduciariamente um bem em garantia de uma dívida, passado algum tempo, não tiver mais interesse no bem alienado fiduciariamente, dependendo da relação dívida-bem, pode optar simplesmente por não pagar o empréstimo para quitar o saldo remanescente.

O procedimento de execução extrajudicial previsto na Lei nº. 9.514/97 é constitucional. Os fatores que permitem essa afirmativa derivam da natureza da garantia real em bem próprio (propriedade fiduciária) e a sua natureza de propriedade resolúvel. O objetivo de uma eventual intervenção judicial seria declarar que a condição resolutiva da propriedade teria ocorrido e, portanto, o credor-fiduciário poderá se tornar proprietário pleno da coisa. Para verificação de tal fato, não há necessidade de intervenção judicial, basta que se verifique o incumprimento definitivo da obrigação nas condições do contrato e da lei.

O ato do oficial de registro que certifica a não ocorrência da condição resolutiva não expropria o devedor-fiduciante da propriedade do bem, mas simplesmente reconhece que a condição resolutiva da propriedade fiduciária não irá se operar.

Nega-se, nos tribunais que defendem a inconstitucionalidade da consolidação sem pronunciamento jurisdicional prévio, qualquer distinção entre a configuração do direito real decorrente da propriedade fiduciária e as demais formas de direito real de garantia que se assentam em bens que não são de propriedade do próprio credor.

O procedimento de consolidação da propriedade em nome do credor-fiduciário, pelo procedimento extrajudicial examinado, respeita de forma plena o princípio do devido processo legal e do contraditório, mesmo que esse se instale por iniciativa do devedor e *a posteriori*, não se podendo falar em qualquer violação ao direito de propriedade.

A diferenciação entre o pacto comissório e o pacto marciano é peça central para adequar o contrato a seu fim social e garantir o devido equilíbrio contratual e proteger o devedor-fiduciante, evitando o potencial enriquecimento sem causa do credor-fiduciário.

A nosso ver, não há efetiva incompatibilidade entre a proibição geral à adoção do pacto comissório e a Lei nº. 9.514/97, especialmente se as partes mitigarem, por meio do pacto marciano, os efeitos negativos que a proibição visa a coibir, concluindo-se, assim, a aplicação do artigo 1.365 do CCB à alienação fiduciária de bens imóveis. Trata-se, portanto, de uma antinomia aparente, o que permite integrar os dois dispositivos.

A melhor interpretação da proibição do pacto comissório refere-se à impossibilidade do credor fazer sua a coisa sem qualquer ônus e indefinidamente, após os leilões previstos no artigo 27 da Lei nº. 9.514/97, quando o devedor se torna inadimplente, já que a propriedade foi recebida funcionalizada (em garantia). Consolidada a propriedade no credor, se ele puder ficar com a coisa indefinidamente, sem uma avaliação, haverá caracterização do pacto comissório, sofrendo potencialmente o devedor o dano que se pretende evitar com a proibição.

O valor de venda do bem no leilão, em tese, corresponderá ao valor do bem. Desse modo, se bem sucedidos os leilões, o valor apurado corresponde, em princípio, ao valor de mercado do bem e o ato de restituição do valor que sobejar ao devedor garantirá o equilíbrio contratual e a proteção do devedor.

Para adequada adoção do pacto marciano é necessário que o contrato inclua instrumentos eficientes para estabelecer no seu corpo o valor do bem dado em garantia.

O regime aplicável à resolução da promessa de compra e venda é incompatível com a execução da garantia fiduciária, devendo o acerto de contas entre as partes se passar no campo do pacto marciano e não no regime da resolução das promessas de compra e venda.

Nos contratos de financiamento imobiliário garantidos por alienação fiduciária em garantia, quando celebrados em uma relação de consumo, inexistindo lance mínimo nos leilões, o credor-fiduciário poderá fazer sua a coisa dada em garantia. Entretanto, deverá restituir ao devedor-fiduciante (consumidor) o saldo decorrente entre a diferença do valor do bem e o montante devido, aplicando-se o pacto marciano.

Não há de se falar na aplicação do artigo 53 do Código de Defesa do Consumidor nos mesmos moldes que se o aplica na resolução das promessas. Na hipótese da alienação fiduciária, o devedor-fiduciário só não perderá tudo que pagou se o bem tiver valor superior ao valor da dívida, seja esse valor o apurado no leilão, ou *a posteriori* com a aplicação do pacto marciano.

Bem sucedido o leilão, com a venda da coisa fiduciada, o credor-fiduciário não fez sua a coisa dada em garantia, não retornou o bem (produto alienado) ao credor para integrá-lo ao seu patrimônio, assim, não se enriqueceu à custa do devedor (consumidor). Vendida a coisa no leilão, o credor-fiduciário somente se apropriou do produto na medida de seu prejuízo, ou seja, só recebeu seu crédito.

Não havendo licitantes e ficando o credor-fiduciário com o bem, configurar-se-ia o pacto comissório proibido no artigo 1.365 do Código Civil e se aplicaria, por conseguinte, o artigo 53 do CDC, na lógica do pacto marciano, para evitar o enriquecimento sem causa do credor-fiduciário à custa do devedor-fiduciante. A determinação para o financiador devolver ao consumidor parte do que pagou acima do valor do bem causaria um desequilíbrio contratual e econômico não admissível em Direito, já que seria o consumidor a enriquecer-se à custa do financiador.

Os princípios gerais do CDC analisados permitem afirmar que a permissão do pacto comissório cria distorções potenciais no equilíbrio econômico do contrato. A solução para harmonizar a Lei nº. 9.514/97 com o CDC e o CCB passa pela adoção do pacto marciano, de forma que o credor-fiduciário somente poderá ficar com o bem na medida em que restituir ao devedor-fiduciante eventual diferença entre o valor do bem e o crédito. O valor do bem será o apurado no leilão, se existirem licitantes que derem lance válido, ou determinável *a posteriori*, mediante a aplicação de cláusula contratual específica.

Em relação ao Sistema Financeiro Imobiliário, foi possível concluir que:

Na estrutura do SFI, percebe-se que o incumprimento ou a mora dos diversos devedores dos financiamentos imobiliários, em última instância, irão gerar prejuízos não às construtoras-incorporadoras ou às instituições financeiras, mas à poupança popular, que é remunerada pelos títulos emitidos lastreados pelos créditos imobiliários em geral.

Em decorrência da aplicação generalizada que o Código Civil estabelece para os negócios de garantia fiduciária, deve-se interpretar que a cessão fiduciária em garantia poderá ser celebrada por qualquer pessoa natural ou coletiva com capacidade para alienar e adquirir, desde que os créditos objeto das garantias tenham como origem o mercado de capitais (§ 3º do art. 66-B da Lei nº. 4.728) ou créditos decorrentes de negócios imobiliários (art. 17 da Lei nº. 9.514/97).

A proteção do credor-cessionário-fiduciário na falência do devedor decorre de três instrumentos: da separação do patrimônio pela cessão fiduciária dos créditos do patrimônio geral do devedor, da possibilidade de restituir-se dos títulos representativos do crédito, além da exclusão dos efeitos da falência e da recuperação judicial sobre os seus créditos.

Das diversas conclusões a que se chegou durante o desenvolvimento desse trabalho, destaca-se, como divergente da doutrina citada durante a dissertação, a questão da proibição do pacto comissório, nos contratos de alienação fiduciária. Em decorrência da modificação legislativa introduzida pelo Código Civil de 2002, que expressamente proíbe o pacto comissório nos contratos de alienação fiduciária, procurou-se desenvolver neste trabalho uma posição para adequar a proibição ao instituto por meio da adoção do pacto marciano.

Por todo o demonstrado, conclui-se que somente na hipótese de não existirem lances válidos nos leilões extrajudiciais estará configurado o pacto comissório. Para evitar a ocorrência das razões que levaram o legislador a proibir a cláusula, a melhor solução é estabelecer que o credor-fiduciário deverá devolver ao devedor-fiduciante a diferença entre o valor do bem, conforme estabelecido em contrato, e a dívida, caso o bem tenha valor superior ao crédito em aberto.

Em relação à harmonização do Código de Defesa do Consumidor e o instituto da alienação fiduciária, o presente trabalho sugere uma nova solução no acerto de contas entre o devedor e o credor. As duas teorias vigentes no Brasil eram pela devolução parcial (75%) do valor pago pelo devedor ou pela ausência total de devolução das parcelas pagas por não existir essa solução na lei do SFI, o que resultaria na inaplicabilidade do artigo 53 do Código de Defesa do Consumidor às alienações fiduciárias em garantia de bens imóveis. Tendo em vista as normas gerais do CDC que garantem o equilíbrio econômico dos contratos de consumo e vedam a vantagem exagerada do fornecedor sobre o consumidor, este trabalho sugere que a solução passe pela adoção das condições do pacto marciano. O referido pacto estaria configurado sempre que se obtiver sucesso nos leilões extrajudiciais, o que garante a devolução parcial dos valores pagos ao devedor ou não havendo licitantes, pela devolução ao consumidor da diferença entre o valor do bem e a dívida.

De forma prática, adotando-se essa nova postura para o acerto de contas entre as partes da alienação fiduciária em garantia, no caso da execução da garantia, sugere-se a inclusão de cláusulas nos contratos de alienação fiduciária em garantia de imóveis do valor pelo qual o bem integrará o patrimônio do credor-fiduciário, caso não existam licitantes nos leilões extrajudiciais. Essa solução permite uma melhor harmonização e integração entre os dispositivos de lei vigente no Brasil (Código de Defesa do Consumidor, Código Civil de

2002 e Lei nº. 9.514/97), evitando-se o enriquecimento sem causa do credor-fiduciário à custa do devedor-fiduciante. Essa solução também evita o enriquecimento do devedor-fiduciante à custa do credor-fiduciário, que ocorria na adoção pelos tribunais do regime resolutivo das promessas de compra e venda à alienação fiduciária, em que se condenava o credor-fiduciário a devolver 75% (setenta e cinco por cento) do valor pago pelo devedor-fiduciante.

16
REFERÊNCIAS

ALVES, José Carlos Moreira. *Direito romano*. 5. ed. vol. 3. Rio de Janeiro: Forense, 1995.

ALVES, José Carlos Moreira. *Alienação fiduciária em garantia*. 2. ed. Rio de Janeiro: Forense, 1979.

ALVIM, José Manoel Arruda. Parecer solicitado pela ABECIP, Artigos de publicação da biblioteca da PUC-SP, disponível para consulta, sem publicação.

ANDRADE, Manuel A. Domingues de. *Teoria geral da relação jurídica*. vol. II. Coimbra: Almedina, 2003.

ASSIS, Araken, *Manual do processo de execução*. 5. ed. São Paulo: RT, 1998.

BARROS, Francisco Carlos de Rocha. *Comentários à Lei do Inquilinato*. São Paulo: Saraiva, 1995.

BISOGNI, Lígia Cristina de Arão. Da alienação fiduciária em garantia. *Revista de Direito Civil, Imobiliário, Agrário e Empresarial*. São Paulo, v. 12, n. 46 out./dez. 1988.

BUSSANI, Mauro. *Il problema del patto commissorio*. Studio de diritto comparato. Torino: G. Giapichelli Editore, 2000.

BUZAID, Alfredo. *Alienação fiduciária em garantia*. 5 v. São Paulo: Saraiva, 1993.

CAMARGO, Cândido. Da alienação fiduciária em garantia e fundos contábeis de natureza financeira à Lei de Mercado de Capitais. *Arquivos do Ministério da Justiça*, n. 103

CAMPOS, Francisco. *Direito civil.* Rio de Janeiro: Ed. Freitas Bastos, 1956.

CANDIAN, Albina. *Le garanzie mobiliari: modelli e problemi nella prospettiva europea*, Milão: A. Giuffrè, 2001.

CARNEVALI, Ugo. *Patto commissorio.* Enciclopedia del Diritto, XXXII, Giuffrè Editore, 1982.

SANTOS, J. M. Carvalho. *Comentários ao Código Civil, art. 102.* v. 2, p. 385, 2. ed., Ed. Freitas Bastos, 1962.

CHALHUB, Melhim Namen. *Negócio fiduciário.* Rio de Janeiro: Ed. Renovar, 1998.

CORDEIRO, António Menezes de. *Manual de Direito Bancário.* 3. ed. Lisboa: Almedina, 2006.

CAMPOS, Diogo Leite de; TOMÊ, Maria João Romão Carreiro Vaz. *A propriedade fiduciária (trust)*: estudo para sua consagração no Direito português. Coimbra: Almedina, 1999.

CAMPOS, Diogo Leite de. Alienação em garantia. In: *Estudos em homenagem ao Banco de Portugal, 105º Aniversário (1846-1996).* Lisboa: Banco de Portugal, 1998.

CIPRIANI, Nicola. *Patto commissorio e patto marciano. Proporzionalità e legittimità delle garanzie.* Ed. Scientifiche Italiane, 2000.

LA CHINA, Sergio. *L'esecuzione forzata e le disposizioni generali del Codice di Procedure Civile.* Milão, 1970.

CORDEIRO, Catarina Pires. *A alienação em garantia no Direito civil português.* FDUL, teses 4692, Lisboa, 2006.

CORDEIRO, António Menezes. *Da boa fé* no *Direito civil.* v. II. Lisboa: Almedina, 1984.

CORDEIRO, António Menezes. *Tratado de Direito Civil.* 2. ed. t. I., Ed. Almedina, 2009.

COSTA, Mário Júlio de Almeida. *Alienação fiduciária em garantia e aquisição de casa própria (notas de Direito comparado),* RT 512/16.

COSTANZA, Meritevolezza. *Sull'alienazione in garanzia e il divieto del patto commissorio,* in Giust. civ., 1989.

CRUZ, Sebastião Costa. *Direito romano.* Coimbra: Almedina, 1969.

CUNHA, Paulo A. V. *Do património: estudo de Direito privado.* Lisboa: Minerva, 1934.

DE Nictolis, Rosanna. *Nuovo garanzie personali e reali Garantievertrag, fideiussione omnibus, lettere di patronage, sale-lease-back.* Padova: Cedam, 1998.

DINIZ, Souza. *Código Civil Alemão (BGB) Traduzido.* Rio de Janeiro: Record, 1960.

DOWNES, John; GOODMAN, Jordan Elliot. *Dictionary of finance and investment terms.* London: Barron's Educational Series, 2006.

ESPINOLA, Eduardo. *A lei de introdução ao Código Civil brasileiro.* 2. ed. v. 1 e 3. Rio de Janeiro: Ed. Renovar, 1995.

FABRÍCIO, Adroaldo Furtado. *Alienação fiduciária de coisa fungível: um grande equívoco.* RT, 617/19, março de 1987.

FERREIRA FILHO, Manoel Caetano. Nulidade da alienação fiduciária quando o empréstimo não se destina à aquisição do bem dado em garantia. *Revista da Fac. Direito de Curitiba*, ano 25, p. 119-124, 1989.

FERRER CORREIA, A. A autonomia patrimonial como pressuposto da personalidade. *Revista de Legislação e Jurisprudência*, v. 115.

FERRARA, Luigi. *Della simulazione dei negozi giuridici.* 3. ed., Milano: Società Editrice Libraria, 1909.

FORSTER, Nestor José. *Alienação fiduciária em garantia.* 2. ed., São Paulo: Ed. Sulina, 1976.

FUMES, Saturnino Jorge. *Fideicomisso.* Buenos Aires: Depalma, 1996.

GALGANO, Francesco. *Diritto privato.* 3. ed. Padova: Cedam, 1985.

GIACOBBE, Emanuela. *Patto commissorio alienazioni in garanzia, vendita con patto di riscatto e frode alla legge: variazioni sul tema.* in Giust. civ. 1 (1997)

GOMES, Luiz Roldão de Freitas, As garantias da obrigação no aspecto substantivo e processual no Direito Brasileiro (um estudo de Direito Luso-Brasileiro). *Revista Arquivos do Tribunal de Alçada, TARJ*, v. 21.

GOMES, Manuel Januário da Costa. *Assunção fidejussória de dívida: sobre o sentido e o âmbito da vinculação como fiador.* Lisboa: Almedina, 2000.

GOMES, Orlando. *Alienação Fiduciária em Garantia.* São Paulo: Ed. RT, 1959.

GONÇALVES, Aderbal da Cunha. *Da propriedade resolúvel.* São Paulo: Ed. RT, 1979.

HANBURY, Harold Greville; MAUDSLEY, Ronald Harling. *Modern equity*. 12. ed. London: Stevens, 1985.

HART, Walter G. What is a trust? *The Law Quarterly Review*, v. 15, n. 59, July 1899.

INZITARI, Bruno. *Profili del diritto dell'obbligazioni*. Milão: Cedam, 2000.

JACOMINO, Sérgio. Penhora – alienação fiduciária de coisa imóvel. Algumas considerações sobre o registro. *Boletim Eletrônico IRIB*, n. 2.245. Disponível em: <http://www.irib.org.br/biblio/boletimel2233.asp>. Acesso em: 9 maio 2009.

JUNQUEIRA, José de Mello. In Boletim do Irib 246, de novembro de 1997.

LEPAULLE, Pierre. La naturaleza del trust. *Revista General de Derecho y Jurisprudencia*, México, 1932.

LIMA, Frederico Henrique Viegas de. *Da alienação fiduci*ária em garantia de coisa imóvel, 2. ed. Curitiba, 2005.

LIMA, Fernando Andrade Pires de *Lições de direito civil: direitos reais*. Coimbra: Atlântida, 1933.

LIMA, Otto de Souza. *Negócio fiduciário*. São Paulo: Ed. RT, 1959.

LEITÃO, Luís Manuel Teles de Menezes. *Garantias das obrigações*. Coimbra: Ed. Almedina, 2006.

LLAMBÍAS, Jorge J. *Tratado de Derecho Civil, Parte geral*. 9. ed. Buenos Aires: Ed. Perrot, 1982.

LOIACONO, Dario. *Il transferimento insolvência funzione di garanzia tra pegno irregolare, riporto e diritto di utilizzazione*. BBTC, suplemento ao nº 6, 2005.

LOZANO, José M. Villagorda. *Doutrina General del fideicomisso*. 2. ed. México: Porrúa, 1950.

MARQUES, Cláudia Lima. *Contratos no Código de Defesa do Consumidor*. 4. ed. São Paulo: RT, 2002.

MARTINEZ, Pedro Romano; PONTE, Pedro Fezeta da. *Garantias de cumprimento*. 4. ed. Coimbra: Almedina, 2003.

MASSIMO, Bianca. *Il divietto del patto commissorio*. Milão: A. Giuffrè, 1957.

MAURO BUSSANI. *Il modello italiano delle garanzie reali, in Contratto e Impresa*. 1997, p. 163 ss.

MIRANDA, Pontes de. *Tratado de Direito Privado*. v. III e IV. Rio de Janeiro: Borsoi, 1954.

MOTA PINTO, C. A. *Teoria geral do Direito Civil*. Coimbra, 1983.

MOTORELL, Mariano Navarro. *La Propiedade Fiduciária*. v. 17. Barcelona, Ed. Bosch, 1950.

NASCIMENTO, Tupinambá Miguel Castro do. CDC e o contrato de locação. *Revista Juridica*. Rio Grande do Sul: Revista Jurídica Editora Ltda., n. 263, p. 78-86, set. 1999.

NEGREIROS, Teresa. *Teoria do contrato*: novos paradigmas. 2. ed. São Paulo: Renovar, 2006.

OESCHLER, Jügen, *Sicherungseigentum - Sicherungübereignung, § 929-936*. 4. ed. v. 6. Munique: Verlag C. H. Beck, 2004.

PEREIRA, Lafayette Rodrigues Pereira. *Direito das coisas*. Rio de Janeiro: Ed. Histórica, 1977.

OPITZ, Oswald; OPITZ, Silvia C. B. *Alienação fiduciária em garantia*. Rio de Janeiro: Borsoi, 1970.

PETTIT, Phillip H. *Equity and the law of trust*. 7· ed. London: Butterworths, 1980.

PEREIRA, Caio Mário da Silva. *Instituições de direito civil*. 19. ed. Rio de Janeiro: Forense, 2001.

PINHEIRO, Luís de Lima. *A cláusula de reserva de propriedade: algumas reflexões sobre a sua função, regime e natureza jurídica*. Coimbra: Almedina, 1988.

PINTO, Carlos Alberto da Mota. *Cessão da posição contratual*. Coimbra: Almedina, 2003.

RESTIFFE NETO, Paulo. *Garantia fiduciária*. São Paulo: Revista dos Tribunais, 1975.

ROPPO, Enzo. *Note sopra Il divieto Del patto commissorio, Rischio contrattuale e autonomia privada*. Nápoles: Jovene Editore, 1982.

RUBINO, Domenico. *Il negozi giuridico indiretto*, Milão: Giuffrè, 1937.

SAAD, Renan Miguel. *A alienação fiduciária sobre bens imóveis*. Rio de Janeiro: Renovar, 2001.

SABATER, Tomás A. El pacto comissorio. *Revista de Derecho Judicial*, ano II, n. 7, julio-septiembre, 1961.

SANTOS, Ernane Fidélis dos. Alienação fiduciária – coisa imóvel Lei 9.514/97. *Revista de Julgados*, Belo Horizonte, v. 68, p. 43-47, jul./set. 1997.

SANTOS, José Beleza dos. *A simulação em direito civil*, Coimbra: Coimbra Editora, 1921.

SCACCHI, Arianna. *La cessione Del credito a scopo di garanzia*. RDCom, 2001, nº. 9 a 12.

SERICK, Rolf. *Eigentumsvorbehat und Sicherungsübereignung*. v. III. Heidelberg: Verlagsgesellschaft Recht und Wirtschaft, 1979.

SERICK, Rolf. *Le garanzie mobiliari nel diritto tedesco*. Milão: Giuffrè, 1990.

SENRA, Andresa Biato et al. Disponível em: <http://www.bndes.gov.br/conhecimento/bnset/set2507.pdf>. Acesso em: 23 de março de 2009.

SILVA, Luiz Augusto Beck da. *Alienação fiduciária em Garantia,* Rio de Janeiro, Forense, 1982.

SERRA, Adriano Vaz. União de contratos – contratos mistos. *BMJ* 91.

SERRA, Adriano Vaz. Cessão de créditos ou de outros direitos. *BMJ*, número especial, 1955.

TAVARES, Miriam Elisabete Gomes. *A separação de patrimónios*, FDL, teses, Lisboa, 2001.

TAVARES, Zilda. *Código de Defesa do Consumidor e a alienação fiduciária imobiliária*, Ed. Método, São Paulo, 2005.

V. LOJACONO. *Il patto commissorio nei contratti de garanzia*. Milão: Giuffrè, 1952.

VARELA, João de Matos Antunes. *Das obrigações em geral*. v. II, 7. ed. Coimbra: Almedina, 1997.

VARRONE, Claudio. *Il trasferimento della proprietà a scopo di garnzia*. Nápoles: Casa editrice dott. Eugenio Jovene, 1968.

VASCONCELOS, Luís Miguel D. P. Pestana de. *A cessão de créditos em garantia e a insolvência*. Coimbra: Coimbra Ed., 2007.

VASCONCELOS, L. Miguel Pestana de. Os contratos de garantia financeira. O debelar do direito Europeu das garantias. In *Estudos em Honra do Professor Doutor José de Oliveira Ascensão*, v. II, Almedina, 2008.

VASCONCELOS, Pedro Pais de. *Contratos atípicos*. Coimbra: Almedina, 2002.

VASCONCELOS, Pedro Pais de. *Teoria geral do direito civil.* 3. ed. Coimbra: Almedina, 2005.

SERRA, Adriano Pais da Silva Vaz *Hipoteca,* Lisboa: [s.n.], 1957. - 559 p.; 24 cm. - Separata do Boletim do Ministério da Justiça, nº 62 e 63.

SERRA, Adriano Pais da Silva Vaz, *Penhor: penhor de coisas, penhor de direitos* Lisboa: [s.n.], 1956. - 537 p.; 24 cm. - Separata do: Boletim do Ministério da Justiça, nº 58 e 59.

WALD, Arnoldo. Da natureza jurídica do fundo imobiliário. *Revista Forense.* Rio de Janeiro, ano 86, n. 309, p. 11, jan.-mar. 1990.

WITZ, Claude. Operations fiduciaires: pratiques, validité, régime juridique dans plusieurs pays européens et dans commerce international. *Colloque de Luxembourg des 20 et 21 septembre 1984.* Paris: Feduci, 1985.

WOLF, Manfred. *Sachenrecht.* Munique: Verlag C.H. Beck, 2004.

WORTLEY, B. H. Le trust et ses applications modernes en droit anglais. *Revue Internationale de Droit Comparé*, 1962, p. 699/710.

Impresso em janeiro de 2018.